B1

studio [21]

Deutsch als Fremdsprache
Intensivtraining und Testheft

交际德语教程 第二版

练习与测试

Intensivtraining

von

Rita von Eggeling

Testheft

von

Dieter Maenner

und

Maria Funk

上海外语教育出版社
外教社 SHANGHAI FOREIGN LANGUAGE EDUCATION PRESS

Cornelsen

图书在版编目（CIP）数据

交际德语教程（第二版）B1练习与测试／（德）埃格林等编.
—上海：上海外语教育出版社，2017（2021重印）
ISBN 978-7-5446-5004-5

Ⅰ.①交… Ⅱ.①埃… Ⅲ.①德语－习题集 Ⅳ.①H339.6

中国版本图书馆CIP数据核字（2017）第205555号

图字：09－2016－165号
http://www.cornelsen.de/studio_21/

出版发行：上海外语教育出版社
　　　　　（上海外国语大学内）　邮编：200083
电　　话：021-65425300（总机）
电子邮箱：bookinfo@sflep.com.cn
网　　址：http://www.sflep.com
责任编辑：陈 懋

印　　刷：句容市排印厂
开　　本：890×1240　1/16　印张11.25　字数280千字
版　　次：2017年10月第1版　2021年10月第6次印刷

书　　号：ISBN 978-7-5446-5004-5 / H
定　　价：35.00元
　　　本版图书如有印装质量问题，可向本社调换
　　　质量服务热线：4008-213-263　电子邮箱：editorial@sflep.com

出版说明

《交际德语教程》（studio d）自 2010 年推出以来，陪伴数万名中国学子学习德语，以全新的模式和方法提高了教师的教学效率和学生的学习效果，在师生当中获得广泛认可和好评。这套教材不仅在我国取得巨大成功，而且在其他国家的德语教学及培训机构中也得到广泛认可。为满足国内读者的最新学习需求，我社继续引进该教材的升级版，并邀请北京歌德学院及上海歌德语言学习中心的教师进行本土化改编，现将交际德语教程（第二版）奉献给大家。这套教材德文原版书名为 studio [21]，在第一版教材的基础之上完善而成，教材体系进一步完善，并融入最新教学法研究成果，且充分利用新兴数字媒体给德语学习带来的便利，为广大师生提供全方位的学习与授课支持。

我社引进版《交际德语教程》（第二版）以欧洲语言共参框架（GER）为依据，共分 3 级，满足 A1 至 B1 级的教学需求。为方便读者使用，我社对原版教材进行了整合与优化，教材体系包括：学生用书、练习与测试、词汇手册和教师用书。

本套教材主编为德国耶拿大学国外德语语言文学及跨文化经济交际学院赫尔曼·冯克教授（Prof. Hermann Funk）和克里斯蒂娜·库恩教授（Prof. Christina Kuhn）。作为对外德语教学法研究领域的知名教授，他们长期从事对外德语教学法、二语习得、教材编写及师资培训等方面的研究工作，擅长将最新的教学法研究成果运用到教材编写当中，以便学习者能够更快、更准、更好地提升各项语言技能，学习地道且实用的语言知识，了解德语国家的国情文化，提升语言交际能力和跨文化沟通能力。交际德语教程（第二版）融入最新教学法研究成果，并保持强大的技术优势，将互联网技术积极运用到语言教学中，为提高语言教学质量和效率服务。与第一版相比，第二版体系更完善、内容更丰富，材料更新颖，技术更先进，版式更美观，具体表现如下：

首先，体系更完善。《交际德语教程》（第二版）比第一版教材增加了大量音视频资源、词汇学习应用、在线资源等，能够更好地满足各类学习者的学习需求，也能满足学校差异化教学需要。

其次，内容更丰富。内容更丰富体现在：学生用书增加了大量阅读、听力、口语、词汇及语法练习。此外，康乃馨教育出版集团还提供大量"在线资源"，包括补充词汇、语法、听力、阅读材料及分级测试，供读者免费下载。

第三，材料更新颖。第二版教材删掉了第一版教材中不合时宜的材料，根据德语国家社会的发展用最新话题来替换第一版的部分话题。新版教材与时俱进，更新教材中相关国情文化知识，努力为学习者绘制更为全面、真实的德语国家社会文化图景。

第四，技术更先进。除纸质版的学生用书、练习与测试、词汇手册和教师用书之外，第二版还推出"爱听外语"APP 应用、"词汇学习应用"和"在线资源"等多媒介学习资源，可满足多样化的学习需求。

最后，版式更美观。第二版图书版式设计美观洋气，图文并茂。每个单元的首个和合页采用大幅彩色图片，良好的视觉效果可激发学生的学习兴趣。学生用书底端切口处图片带列出重点词汇和表达，使得词汇学习更为直观高效。

上海外语教育出版社全心致力于我国外语教育事业的发展，坚持"服务外语教育、传播先进文化、推广学术成果、促进人才培养"的发展方向，坚持为教学科研、学术繁荣、学科建设和人才培养服务。借此机会，我们对北京歌德学院和上海歌德语言中心的领导和专家表示衷心感谢，感谢他们对本套教材的引进及改编工作给予的大力支持。

衷心祝愿各位德语学习者借助本套教材学有所成，学以致用！

上海外语教育出版社

前　　言

几十年来，歌德学院在中国为广大德语界师生提供各类支持，例如提供奖学金、组织教师培训、师资进修及各类教育和交流项目，开设语言培训班，并与中国教育主管部门的各类专业委员会开展深度合作。此外，还作为独立顾问为教材及补充授课资料的编撰与出版提供咨询。这些教学资源使得德语界师生能够更好更快地接触到德语这门语言。

中国德语学习者的数量在增加！2015年德国外交部有关"全球范围内德语学习情况"的最新数据证实，德语学习需求大幅度增加，而且对德语学习感兴趣的主要是年轻人，那些有志赴德留学的年轻人或者是认为德语知识对他们的未来职业前景至关重要的年轻人。在德语学习的路上，德语学习者和授课者都需要合适的教学材料来满足他们的需求。比如，这些教学材料需特别重视德语语音的训练，注重语法结构的实际应用。

在此背景下，令人感到特别高兴的是，德国康乃馨教育出版社对《交际德语教程》（studio d）进行了修订与升级，并准备再次将第二版《交际德语教程》（studio [21]）推向中国市场，以进一步满足中国德语学习者的需求，兼顾其学习兴趣和喜好，同时更好地顺应现代外语课堂的要求。第二版和第一版相比，最重要的变化在于更为丰富的配套多媒体资源。例如，电子书中包含的互动式语音和听力训练，便于学习者开展自主学习；配套视频资源为课堂提供了有趣的国情文化类教学材料，而且这些材料也可以从跨文化交际角度得到很好的运用；学生用书图文并茂，使用了非常新颖且能够吸引学习者的图片。第二版《交际德语教程》通过新的构思，在坚持"语法教学以交际行为为导向"这一要求的同时，系统呈现了德语语言的语法结构。重新设计的备课材料通过有益的提示以及新开发的课堂教学管理软件，减轻了教师的备课量。通过这些软件，教师可根据需要自行生成补充练习。

因此，我们首先要感谢德国康乃馨教育出版集团以及这套教材的作者，是他们通过上述提及的修订和升级对原教材进行了拓展，使其更加完备。我们也要感谢上海外语教育出版社委托上海锦创歌德语言中心对这套教材进行试用。通过试用，授课教师能够对引进版教材的改编提出富有价值的建议。

最后，我们还要感谢阙莺和拜敬两位老师。她们不仅在课堂上试用了这套教材，而且还对引进版教材的改编工作提出许多建议，并补充了语音训练练习。

亲爱的老师们、同学们，现在我们就将这套教材传递给你们。我们祝愿你们在使用这套《交际德语教程（第二版）》进行教授和学习德语的过程中取得成功。

德史凯　　　　　　　　　　　　　莫诗雅博士

歌德学院（中国）　　　　　　　　上海锦创歌德语言中心

Vorwort

Seit mehreren Jahrzehnten fördert das Goethe-Institut Deutschlehrkräfte und Deutschlernende in China: Nicht nur durch Stipendien, Fort- und Weiterbildungen, vielfältige Bildungs- und Austauschprogramme, intensive Zusammenarbeit mit chinesischen Gremien und unsere Sprachkurse, sondern auch als unabhängiger Berater bei der Herausgabe von Unterrichtsmaterialien und Lehrwerken, die einen zeitgemäßen und hochwertigen Zugang zur deutschen Sprache ermöglichen.

Die Zahl der Deutschlernenden in China steigt! Die jüngste Datenerhebung des Auswärtigen Amtes aus dem Jahr 2015 zu Deutsch als Fremdsprache weltweit bestätigt über die stark gewachsene Nachfrage hinaus, dass sich das Interesse am Erlernen der deutschen Sprache überwiegend auf junge Lernende bezieht, auf Lernende, die ein Studium in Deutschland anstreben oder auf Lernende, die ihre Deutschkenntnisse im Blick auf ihre berufliche Zukunft als wichtig erachten. Um sich auf diesen Lernweg zu begeben, brauchen Deutschlehrende und -lernende adäquate Materialien, die ihren Bedürfnissen entsprechen, d.h. dass sie z.B. besonders auf das Aussprachetraining sowie auf die Anwendung von grammatischen Strukturen eingehen.

Vor diesem Hintergrund ist es besonders erfreulich, dass der Cornelsen-Verlag in *Studio [21]* als Nachfolgewerk zu *studio d* ein weiteres Mal bereit ist, auf dem chinesischen Markt zu erscheinen. Cornelsen kommt mit der in *studio [21]* vorgenommenen Überarbeitung den Bedürfnissen chinesischer Deutschlernender, ihren Lernvorlieben und den Forderungen eines modernen Fremdsprachenunterrichts weiter entgegen. Zu den wichtigsten Veränderungen gehören begleitende Medienangebote, wie interaktive Hör- und Ausspracheübungen des E-Books, die sich von den Lernern auch eigenständig und im Sinne autonomer Lernformen nutzen lassen, die interessanten landeskundlichen und interkulturell sehr gut nutzbaren Filmsequenzen auf dem Begleitvideo sowie ein ansprechendes und aktuelles Bildmaterial im Kursbuch. Systematisch werden in der Neukonzeption grammatische Strukturen präsentiert, ohne den Anspruch auf einen handlungsorientierten Ansatz bei der Vermittlung der Grammatik aufzugeben. Das neu erstellte Lehrerbegleitmaterial erleichtert die Unterrichtsvorbereitung durch hilfreiche Tipps sowie durch die Möglichkeiten des ebenfalls neuen Unterrichtsmanagers, der bei Bedarf die Erstellung zusätzlicher Übungen anbietet.

Unser Dank geht folglich in erster Linie an den Cornelsen-Verlag und an seine Autoren, die das Lehrwerk durch die erwähnten Veränderungen vielversprechend erweitert haben. Der Dank gilt ferner dem Fremdsprachenverlag Shanghai (SFLEP), der die Durchführung des Pilotkurses dem Goethe-Jinchuang Sprachlernzentrum Shanghai anvertraut hat. Damit ermöglichte er den verantwortlichen Lehrerinnen wertvolle Vorschläge für die chinesische Adaption des Lehrwerks zu geben.

Bedanken möchten wir uns schließlich auch bei unseren Kolleginnen Frau Que Ying und Frau Bai Jing für die Leitung des Pilotkurses sowie für ihre Hinweise und Ergänzung zum Übungskatalog im Aussprachetraining.

Liebe Lehrerinnen und Lehrer, liebe Deutschlernende, nun werfen wir Ihnen den Ball zu und wünschen Ihnen bei der Vermittlung und beim Erlernen der deutschen Sprache viel Erfolg mithilfe von *studio [21]*!

Rafael D. Deschka
Goethe-Institut China

Dr. Saskia Mohr-Sobkowiak
Goethe-Jinchuang Sprachlernzentrum Shanghai

Inhalt

Intensivtraining

B1

1 **Sparen moderne Technologien Zeit? Lesen Sie den Text. Zu welchen Sätzen im Text passen diese Aussagen? Geben Sie die Zeile an.**

Zeile(n)

1. Unsere Freizeit ist nur etwas mehr als eine halbe Stunde länger als früher.   *5–8*

2. Ein Einkauf im Supermarkt dauert doppelt so lange wie ein Einkauf im traditionellen Lebensmittelgeschäft in der Nachbarschaft.   ....

3. Viele Dinge in unserem täglichen Leben sind heute durch technische Geräte viel bequemer als früher.   ....

4. Vor über 40 Jahren verbrachten die Menschen im Jahr 365 Stunden weniger mit Hausarbeit als heute.   ....

5. Wir haben mehr Freizeit, weil wir zum Beispiel bei den Mahlzeiten Zeit sparen.   ....

6. Der Gebrauch von Computern, Telefonen und Maschinen führt nicht zu mehr Freizeit.   ....

Waschmaschine und Spülmaschine nehmen uns viel Arbeit ab. Viele meinen, mit technischen Geräten kann man eine Menge Zeit sparen. Aber haben wir wirklich mehr Freizeit als unsere Eltern oder Großeltern in den 60er Jah-
5 ren? Eine Untersuchung zum Zeitmanagement der Europäer kam zu dem Ergebnis, dass wir auch mit den vielen neuen technischen Geräten in den letzten 40 Jahren nur 38 Minuten an freier Zeit gewonnen haben. Wo bleibt also die ganze gesparte Zeit?

10 Sehen wir uns zuerst die wöchentliche Arbeitszeit an. Die liegt in Deutschland zwischen 35 und 40 Stunden. So steht es auf dem Papier, aber das ist eine statistische Zahl. Oft arbeiten die Menschen, die Arbeit haben, viel länger: die Studie hat 44,8 Stunden errechnet. Das sind fast drei Stunden in der Woche mehr als 1965.

Dann die modernen Verkehrsmittel. Mit ihnen können wir heute schnell von einem Ort zum
15 anderen fahren. Leider sind die Wege zur Schule, Arbeit und zum Einkaufszentrum oft viel länger als früher. Sogar das Einkaufen im modernen Supermarkt kostet uns mehr Zeit als 1965 ein Einkauf im Tante-Emma-Laden um die Ecke. Was früher 10 Minuten dauerte, dauert heute 20 Minuten.

Und auch mit den High-Tech-Helfern im Haushalt sparen
20 wir kaum Zeit. Denn heute putzt, wäscht und bügelt man durchschnittlich pro Tag eine Stunde länger als 1965. Warum? Wir haben heute andere Vorstellungen von Sauberkeit und unsere Kleidung landet meistens schon nach einem Tag in der Wäsche.

25 Statistisch gesehen haben wir heute wirklich täglich 38 Minuten mehr Freizeit. Aber wo kommt diese Zeit her? Die Antwort ist einfach und hat mit Technik nichts zu tun: Heute isst man schneller und schläft weniger.

2 Nicht vergessen! Wiederholen Sie Uhrzeit und Datum. Hören Sie und tragen Sie die Termine in der offiziellen Zeitform in den Kalender ein.

02

Donnerstag 22. Mai	Freitag 23. Mai	Samstag 24. Mai	Sonntag 25. Mai
17 Uhr:			

3 Zeitangaben machen

a) Tragen Sie die Zeitangaben *manchmal, nie, oft, immer* und *selten* auf der Skala ein.

....

b) Wie oft? Schreiben Sie Sätze ins Heft. Benutzen Sie die Zeitangaben aus Aufgabe a).

ins Kino gehen – fernsehen – spazieren gehen –
Vokabeln lernen – chatten – Zeitung lesen – mit
dem Handy telefonieren – abends kochen – ...

Ich gehe oft spazieren.
Manchmal ...

4 Zeitwörter

a) Lesen Sie die Texte und ordnen Sie die Fotos zu.

1 ☐ In vielen Ländern in Europa beginnt die **Winterzeit** in der Nacht zum letzten Sonntag im Oktober. In dieser Nacht werden die Uhren von 3 Uhr wieder auf 2 Uhr gestellt. Man kann eine Stunde länger schlafen. Am letzten Sonntag im März beginnt dann die

.... und die Uhren werden von 2 Uhr auf 3 Uhr gestellt. Diese Nacht ist eine Stunde kürzer!

2 ☐ Auch für das Jahr 2014 zeigt die Statistik für Deutschland, dass in Familien

mit kleinen Kindern 67,8 Prozent der Frauen .... arbeiten. Im gleichen Jahr arbeiten 94,5 Prozent der Männer **Vollzeit**.

3 ☐ Familien mit Kindern, die noch zur Schule gehen, müssen ihren

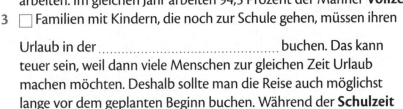

Urlaub in der .... buchen. Das kann teuer sein, weil dann viele Menschen zur gleichen Zeit Urlaub machen möchten. Deshalb sollte man die Reise auch möglichst lange vor dem geplanten Beginn buchen. Während der **Schulzeit** sind die Urlaubsangebote oft günstiger.

4 ☐ Die durchschnittliche .... lag in Österreich im Jahr 2013 mit 38.8 Wochenstunden ca. eine Stunde über dem europäischen Durchschnitt. Ein Vergleich zeigt, dass die Österreicher in dem Jahr insgesamt ca. 74 Stunden weniger **Freizeit** hatten als ihre deutschen Nachbarn.

b) Wie heißt das Gegenteil? Ergänzen Sie die fehlenden Wörter in den Texten aus a).

5 Endlich Samstag. **Zeit zum ... Ergänzen Sie die Verben wie im Beispiel.**

Samstagmorgen, sechs Uhr. Ich liege noch im Bett und denke nach,
was ich heute machen könnte.

> faulenzen – frühstücken – aufräumen – joggen – kochen – telefonieren –
> lesen – ~~ausschlafen~~

1. Jetzt hätte ich *Zeit zum Ausschlafen*, aber ich bin hellwach.

2. Ich hätte heute .... mit Tom, aber der ist in Bonn.

3. Ich hätte ...., aber leider sind meine Laufschuhe kaputt.

4. Jetzt hätte ich ...., aber das hat Eva schon gemacht.

5. Ich hätte ...., aber meine Freunde schlafen sicher noch.

6. Ich hätte auch ...., aber mein Kühlschrank ist leer.

7. Ich hätte viel ...., aber ich habe kein interessantes Buch.

8. Ich glaube, ich bleibe einfach noch im Bett! Heute habe ich ....!

6 Nebensätze mit *während*. **Schreiben Sie Sätze wie im Beispiel.**

Morgens muss bei mir alles schnell gehen. Ich mache immer zwei Sachen gleichzeitig:
1. Ich bin im Bad und mein Teewasser kocht.

   Während ich im Bad bin, kocht mein Teewasser.

2. Ich dusche und putze mir die Zähne.

   Während ....

3. Ich lese die Zeitung und frühstücke.

   ....

4. Ich ziehe mich an und höre die Verkehrsnachrichten im Radio.

   ....

5. Ich gehe aus dem Haus und sehe auf die Uhr.

   ....

6. Ich fahre zur Arbeit und denke an meine Termine.

   ....

7 Der Tag, der alles veränderte

a) Hören Sie den ersten Teil einer Geschichte und bringen Sie die Bilder in die richtige Reihenfolge.

03

b) Lesen Sie jetzt den ersten Teil der Geschichte und ergänzen Sie die unregelmäßigen Verben im Präteritum.

> beginnen – kommen – ~~sein~~ – sehen – sitzen – stehen – verstehen

Annette kenne ich schon seit meiner Schulzeit. Sie ist total nett und immer noch eine gute

Freundin. Das Besondere an ihr ...*war*... schon früher, dass sie nie zu spät ....

Wirklich nie. Wenn der Unterricht ...., ... sie schon auf ihrem Stuhl.

Wenn ich sie zu einer Party abholen wollte, ... sie schon vor der Tür und ....

auf ihre Uhr. Sie .... einfach nicht, dass man auch unpünktlich sein kann.

> fahren – gefallen – gefallen– finden – ~~anfangen~~ – gehen – kommen

Nach der Schule ...*fing*... sie eine Ausbildung zur Mechatronikerin ...*an*... . Der Beruf ....

ihr schon lange. Sie .... nun jeden Morgen mit dem Bus in die Werkstatt. Sie

.... immer schon eine Viertelstunde früher zur Haltestelle, weil sie den Bus auf keinen

Fall verpassen wollte und sie .... nie zu spät zur Arbeit. Ihrem Chef ....

das sehr, aber ihre Kollegen .... das gar nicht so toll.

c) Wie ging es weiter? Lesen Sie den zweiten Teil und ergänzen Sie die passenden unregelmäßigen Verben im Präteritum.

An einem sonnigen Montagmorgen im März hörte Annette zum ersten Mal in ihrem Leben ihren

Wecker nicht. Als sie aufwachte, ...*war*... es schon halb acht! Sie .... schnell mit

ihrem Fahrrad zur Haltestelle, aber der Bus .... weg und sie musste auf den nächsten

warten. An der Haltestelle .... sie Ralf, sie .... ihn sofort toll. Im Bus

.... er neben ihr und als er aussteigen musste, ... er ihr schnell seine

Telefonnummer. Danach .... sie manchmal zusammen aus. Heute ist Annette schon

seit drei Jahren mit Ralf verheiratet und sie haben eine kleine Tochter. Gut, dass sie an dem Morgen

im März unpünktlich ....!

d) Alles richtig? Hören Sie und überprüfen Sie Ihre Lösungen in c).

04

8 Unregelmäßige Verben. **Ergänzen Sie in Ihrem Heft die Tabelle mit den unregelmäßigen Verben aus 7.**

Infinitiv	3. Person Singular, Präsens	3. Person Singular,
beginnen		
kommen		kam
sein	ist	
sitzen		saß

9 Wettergedicht

a) **Ergänzen Sie die passenden unregelmäßigen Verben mit Ihrer Tabelle aus 8.**

Als wir den Zug nach Berlin nahmen,

als wir aus der Schule *kamen*.........,

als wir ein Schokoladeneis aßen,

als wir zum ersten Mal im Kino ....,

als die Ferien anfingen,

als wir im Sommer schwimmen ....,

als wir an der Haltestelle standen,

als wir unseren ersten Job ....,

als wir die Anzeige sahen,

als wir im Fotokurs ....,

schien die Sonne.

b) **Ergänzen Sie nun den zweiten Teil des Gedichts mit passenden regelmäßigen Verben im Präteritum.**

Als du einen Flug nach Istanbul buchtest,

als du deine Brille .... *suchtest* ....,

als du über einen Witz lachtest,

als du deine Prüfung ....,

als du nach dem Weg fragtest,

als du „Auf Wiedersehen" ....,

als du deine Schwester störtest,

als du viel zu laut Musik ....,

als du nach Hause gehen wolltest,

als du mich abholen ....,

regnete es.

10 Wie gut kennen Sie die deutsche Geschichte?

a) **Lesen Sie die Überschriften und ordnen Sie die Daten aus b) zu.**

Der Zweite Weltkrieg beginnt a) ⊡ 1

Sommermärchen: Berlin feiert das Ende der Fußball-WM in Deutschland b) ☐

Die Mauer fällt c) ☐

Deutschland ist wiedervereinigt e) ☐

Die Regierung der DDR baut eine Mauer durch Berlin d) ☐ f) ☐ der Zweite Weltkrieg endlich zu Ende

b) **Schreiben Sie passende Fragen im Präteritum.**

1. _Wann begann der Zweite Weltkrieg?_ .... Am 1. September 1939.

2. .... Am 8. Mai 1945.

3. .... Am 13. August 1961.

4. .... Am 9. November 1989.

5. .... Am 3. Oktober 1990.

6. .... Am 6. Juli 2006.

11 Ach, du liebe Zeit! **Welcher Kommentar passt? Ordnen Sie zu.**

a — Das gab es früher nicht. ☐
b — Der Urlaub auf Bali war viel zu kurz! ☐
c — Sind die Briefe noch nicht fertig? ☐

d — Ich war beim Friseur. ☐
e — Wir sollen 200 Euro mehr Miete zahlen! ☐
f — Peter will sich von mir trennen! ☐

1. Das kenne ich. Wenn etwas schön ist, vergeht die Zeit wie im Flug.
2. Das war auch höchste Zeit! Du siehst so viel besser aus.
3. In einem Jahr sieht die Welt schon ganz anders aus. Die Zeit heilt alle Wunden.
4. Ach ja, als du noch jung warst ... Die Zeiten ändern sich!
5. Alles zu seiner Zeit. Ich habe auch nur zwei Hände.
6. Ach du liebe Zeit! Könnt ihr das noch bezahlen oder müsst ihr jetzt umziehen?

2 Alltag

1 **Immer diese Probleme im Alltag?!**

a) Lesen Sie den Blogbeitrag und markieren Sie alle Probleme.

www.jochenstag.de/blog

Über mich · Kontakt · Gästebuch · Blog

Mein Tag

Ich frage mich oft: Lieber Jochen, warum passiert dir das immer? Ich hatte heute wirklich nur Stress! Auf dem Weg zum Bahnhof hatte ich gleich eine Fahrradpanne. Eine Kollegin hat mich gesehen und mit dem Auto mitgenommen. Sie fährt immer über die Autobahn ins Zentrum. Da gab es einen langen Stau und wir kamen zehn
5 Minuten zu spät ins Büro. Unser Chef wartete schon auf uns. Er war ziemlich sauer, weil wir um acht Uhr einen Termin mit einem wichtigen Kunden hatten. Der Kunde kam aber erst um halb neun, weil er auch im Stau war. Naja, so hatten wir noch etwas Zeit und wir haben noch einmal über unsere Strategie für das Gespräch mit dem Kunden gesprochen.

In der Mittagspause wollte ich dann noch schnell etwas einkaufen. Natürlich stand ich an der Kasse im Super-
10 markt in der längsten Warteschlange, weil eine junge Frau vor mir nicht genug Geld dabei hatte. Sie hat ziemlich lange nach Kleingeld gesucht. Ich war natürlich total gestresst, weil ich noch etwas essen und nicht schon wieder zu spät an meinem Schreibtisch sein wollte. Endlich öffnete eine andere Kasse und da war ich der Erste.
Als ich im Imbiss war, rief mich mein Chef an. Es ging noch einmal um den Kunden von heute Morgen. Unsere Präsentation hat ihm sehr gefallen und er wollte unsere neue Maschine kaufen. Ich sollte die Formulare für den
15 Kauf sofort fertig machen und meinem Chef bringen. Natürlich war gerade heute der Drucker kaputt! Das hat mich fast verrückt gemacht! Irgendwie habe ich ihn dann doch noch repariert und alle waren zufrieden. Ich möchte gar nicht wissen, was morgen alles passiert. Mein Fahrrad ist immer noch kaputt. Ich muss also den Bus zum Bahnhof nehmen. Bestimmt hat der Verspätung!

b) Lesen Sie nun den Kommentar. Was meint die Leserin? Unterstreichen Sie in a).

1 Kommentar

Gärtnerin77 Mal ehrlich: Dein Tag war nicht nur stressig. Vielleicht solltest du mehr auf dein Glück und deinen Erfolg achten ;-)

c) Ergänzen Sie die Tabelle. Hatte Jochen mehr Pech oder mehr Glück?

Pech & Pannen	Glück & Erfolg
Fahrradpanne	Kollegin nimmt ihn mit
Stau auf der Autobahn, zu spät	Kunde kommt 30 Min. zu spät

2 Warum ist das passiert? **Schreiben Sie Gründe mit *darum*, *deshalb* oder *deswegen*.**

1. Er hatte eine Fahrradpanne, deswegen nahm eine Kollegin ihn mit.
   Eine Kollegin nahm Jochen mit.
2. Sie standen im Stau, darum ……………………………
   Sie kamen zu spät zur Arbeit.
3. Der Kunde hatte auch Verspätung, ……………………………
   ……………………………
   Sie hatten etwas Zeit für die Verkaufsstrategie.
4. Im Supermarkt suchte eine Frau lange nach Kleingeld, ……………………………
   Jochen musste lange warten.
5. Eine andere Kasse öffnete, ……………………………
   Jochen konnte gleich bezahlen.
6. Der Kunde wollte die Maschine kaufen, ……………………………
   Der Chef rief Jochen an.

3 Alles nicht so schlimm!

05 a) **Sie hören einen Podcast von Hannes zum Thema Stress. Worüber spricht er? Lesen Sie die Themen und kreuzen Sie beim Hören an.**

1. ☐ am Wochenende putzen müssen
2. ☐ lange im Stau stehen
3. ☐ Streit mit der Freundin haben
4. ☐ eine Prüfung haben
5. ☐ einen chaotischen Freund haben
6. ☐ keinen Platz im Bus finden
7. ☐ Lärm ertragen
8. ☐ einen Parkplatz suchen

b) **Hören Sie den Podcast noch einmal. Was ist für Hannes mehr oder weniger Stress? Tragen Sie passende Situationen aus a) wie im Beispiel ein.**

…………………… einen Parkplatz suchen ……………………

kein Stress ⟷ totaler Stress

…………………… ……………………

4 Das stört mich (nicht). **Welche Aussagen passen zusammen? Ordnen Sie zu.**

1. ☐ Es ist mir ziemlich egal, wenn es am Samstag im Supermarkt sehr voll ist. …
2. ☐ Es stört mich nicht, wenn ich mal etwas auf andere warten muss. …
3. ☐ Im Stau stehen ist für mich kein Stress. Ich fahre früher los und habe immer ein Hörbuch dabei. …
4. ☐ Ich reise viel mit der Bahn und ärgere mich natürlich, wenn die Züge Verspätung haben. …
5. ☐ Ich bin Bauarbeiter und Lärm gewohnt. Bei der Arbeit stört es mich kaum, wenn es laut ist. …

a) Aber es macht mich verrückt, wenn ich selbst zu spät komme.
b) Aber ich finde es noch schlimmer, dass es nicht immer für jeden Fahrgast einen Sitzplatz gibt.
c) Aber ich finde es nervig, wenn die Warteschlangen an der Kasse sehr lang sind.
d) Aber zu Hause macht mich das Handy von meinem Sohn verrückt. Er stellt es nie leise.
e) Aber ich rege mich furchtbar auf, wenn ich endlich ankomme und dann keinen Parkplatz finde.

5 Bank oder Polizei?

a) **Hören Sie die Dialoge. Zu welchem Bild passen Sie?**

06 Dialog 1 ☐   Dialog 2 ☐

a

b

c

b) **Hören Sie noch einmal. Welche Wörter hören Sie? Kreuzen Sie an.**

06

☐ die EC-Karte   ☐ die Rechnung   ☐ die Kontonummer
☐ die Quittung   ☐ die Kopie   ☐ die Anzeige
☐ der Diebstahl   ☐ der Personalausweis   ☐ das Geburtsdatum
☐ das Protokoll   ☐ die Geheimzahl   ☐ das Formular

c) **Wo braucht man das? Ordnen Sie die Wörter aus b) zu.**

bei der Bank	auf der Polizei
die EC-Karte	

6 Wortverbindungen

a) **Welche Nomen passen zu den Verben?**

> einen Anschlusszug – die Geheimzahl – Anzeige – eine Kreditkarte – ein Formular – die Strafe

1. .... ausfüllen   4. .... erstatten

2. .... zahlen   5. .... verpassen

3. .... eingeben   6. .... beantragen

b) **Was ist passiert? Beenden Sie die Sätze mit passenden Wortverbindungen aus a).**

1. Meine EC-Karte ist gesperrt. *Ich habe dreimal die falsche Geheimzahl eingegeben.*

2. Meine Kreditkarte ist weg. Ich war gerade auf der Bank und *habe eine neue* ....

   ....

3. Mein Zug hatte Verspätung und ....

4. Jemand hat mein Handy gestohlen. Ich war bei der Polizei und ....

   ....

5. Ich habe falsch geparkt und muss 15 Euro ....

6. Ich war gestern im Krankenhaus, aber zuerst ....

7 Die Polizei rät: Handy weg – und was jetzt?

a) **Lesen Sie den Text und markieren Sie die Tipps.**

Die Polizei rät

So schützen Sie sich und Ihre Handy-Daten

Die meisten Handys sind heute nicht einfach nur Telefone. Es sind kleine Computer, auf denen unsere Kontakte und viele private Daten wie Fotos, Notizen oder Videos gespeichert sind. Wenn das Handy dann plötz-
5 lich weg ist, ist das nicht nur teuer. Es ist auch sehr ärgerlich. Speichern Sie deshalb wichtige Handydaten regelmäßig zu Hause auf Ihrem Computer.
Ist das Handy einmal weg, rufen Sie sofort Ihren Telefonanbieter an, damit er die SIM-Karte sperrt. So kann
10 niemand Telefongespräche führen oder teure Apps herunterladen. Noch besser ist es, wenn Sie selbst Ihr Handy gleich nach dem Kauf sichern, zum Beispiel mit einer Geheimzahl. Bei manchen Geräten muss man auch mit dem Finger auf dem Display Punkte in einer be-
15 stimmten Reihenfolge verbinden.
20 Viele wissen nicht, dass jedes Handy eine eigene Gerätenummer hat: die
IMEI (International Mobile Equipment Identity). Geben Sie einfach die Kombination *#060# ein und notieren Sie die Nummer an einem sicheren Ort. Bei Diebstahl
25 sollten Sie auf jeden Fall bei der Polizei Anzeige erstatten. Mit Hilfe der IMEI bekommen Sie Ihr Telefon vielleicht doch noch zurück!

b) **Machen Sie sich kurze Notizen (Nomen und Verb) zu den Tipps.**

Handydaten auf Computer speichern,

8 Die Polizei rät: Augen auf und Tasche zu. **Lesen Sie jetzt die Tipps gegen Taschendiebstahl und formulieren Sie freundliche Ratschläge wie im Beispiel.**

Die Polizei rät

Die Zahl der Diebstähle ist in Großstädten, in öffentlichen Verkehrsmitteln und Fußgängerzonen, auf Märkten, Messen und anderen Großveranstaltungen besonders hoch. So können Sie sich auch an Orten mit vielen Menschen vor Taschendieben schützen:

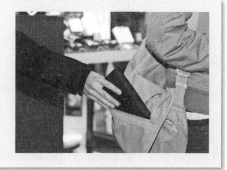

1. Schließen Sie immer Ihre Taschen.   *Sie sollten Ihre Taschen immer schließen.*

2. Hängen Sie Ihre Tasche nie über einen Stuhl. *Sie sollten*

3. Tragen Sie Ihren Rucksack vorne. ....

4. Nehmen Sie nicht zu viel Geld mit. ....

5. Packen Sie nicht alles in eine Tasche. ....

6. Achten Sie auf die Menschen in Ihrer Nähe. ....

9 Milica hat Probleme. Das muss nicht sein!

a) Ordnen Sie die Probleme den Zeichnungen zu.

a ☐   b ☐   c ☑   d ☐   e ☐   f ☐

b) Ordnen Sie die Ratschläge wie im Beispiel.

1. Ich habe viel zu wenig Zeit für meine Kinder.

   – *Du solltest weniger Überstunden machen.*
   Du – Überstunden – weniger – machen – sollen

2. Ich bin immer müde.

   ....
   Du – ins – früher – abends – können – gehen – Bett

3. Ich streite mich oft mit meinem Mann über den Haushalt.

   ....
   Ihr – machen – einen – sollen – Wochenplan

4. Ich habe in der letzten Zeit meistens keine Lust zum Volleyballspielen.

   ....
   Du – Hobby – müssen – anderes – ein – finden.

5. In der Kantine gibt es immer dieselben Gerichte. Montags Nudeln mit Fleischsoße, Dienstags Gemüseauflauf, Mittwochs ... .

   ....
   Du – mitnehmen –zuhause – manchmal – können – etwas – von

6. Meine Eltern in Kroatien sind sauer, weil sie unsere Kinder seit Weihnachten nicht gesehen haben.

   ....
   Ihr – müssen – einladen – öfter – sie – besuchen – oder

10 Stress und Langeweile am Arbeitsplatz. Was ist schlimmer?

a) Lesen Sie die Aussagen. Richtig (r) oder falsch (f)? Was meinen Sie?

1. Stress am Arbeitsplatz kann krank machen, Langeweile auch. ☐
2. Man hört in der letzten Zeit viel über das Thema Langeweile am Arbeitsplatz. ☐
3. Stress hört sich irgendwie auch nach Leistung an. Langeweile nicht. ☐
4. Die Gründe für Langeweile am Arbeitsplatz sind unbekannt. ☐
5. Überstunden helfen gegen Langeweile. ☐

b) Sie hören ein Interview mit einer Psychologin. Überprüfen Sie Ihre Angaben in a).
07

�))) c) **Hören Sie den Text noch einmal und sehen Sie sich die Textgrafik an. Ergänzen Sie**
07   **die Informationen.**

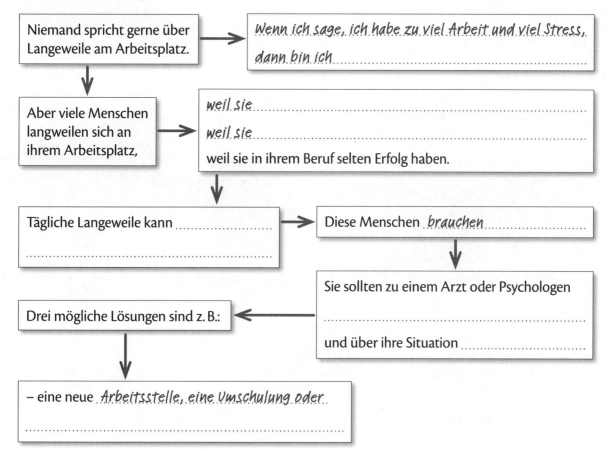

Niemand spricht gerne über Langeweile am Arbeitsplatz.

Wenn ich sage, ich habe zu viel Arbeit und viel Stress, dann bin ich..............

Aber viele Menschen langweilen sich an ihrem Arbeitsplatz,

weil sie..........................
weil sie..........................
weil sie in ihrem Beruf selten Erfolg haben.

Tägliche Langeweile kann...

Diese Menschen *brauchen*......................

Sie sollten zu einem Arzt oder Psychologen..................
und über ihre Situation..................................

Drei mögliche Lösungen sind z. B.:

– eine neue *Arbeitsstelle, eine Umschulung oder*..........................

11 Textkaraoke. **Langeweile oder schlechte Laune?**

�})) a) **Hören Sie, sprechen Sie die ﹏-Rolle und nehmen Sie sich mit dem Handy auf.**
08

   ⟩ ...

   ﹏ Sieht man das schon? Mir geht es auch ziemlich schlecht.

   ⟩ ...

   ﹏ Nein, keine Sorge. Aber heute habe ich mich ganz besonders gelangweilt.

   ⟩ ...

   ﹏ Seit ich nicht mehr arbeite, sind meine Tage sehr leer. Ich habe nichts mehr zu tun.

   ⟩ ...

   ﹏ Ach nee. Vereine finde ich besonders langweilig. Und dann hat man auch gleich wieder so
      viele Termine ...

   ⟩ ...

�))) b) **Hören Sie den kompletten Dialog und markieren Sie die betonten Wörter in der**
09   **﹏-Rolle.**

   c) **Vergleichen Sie Ihre Aufnahme mit dem Dialog. Haben Sie die Wörter auch betont?**

3 Männer – Frauen – Paare

1 Jungen und Mädchen

a) **Wer spielt womit? Sehen Sie sich das Spielzeug an.
Was verbinden Sie eher mit einem Jungen (J)?
Was eher mit einem Mädchen (M)?**

der Teddybär

b) **Schreiben Sie Aussagen zu Ihrer Zuordnung in a) in Ihr Heft.**

Ich denke (nicht), dass	ein Feuerwehrauto	typisch für Jungen/Mädchen ist.
Ich bin (nicht) der Meinung, dass	eine Spielküche	besser zu Jungen/Mädchen passt.
Ich finde (nicht), dass	eine Bahn aus Holz	Jungen/Mädchen mehr Spaß macht als Mädchen/Jungen.
Ich glaube (nicht), dass	ein Teddybär ein Spielzeugpferd ein Fußball ein Bauernhof	

c) **Wem gehört das Spielzeug? Hören Sie das Radiointerview und kreuzen Sie an.**

10

	Max	Juli
1. die Küche	☐	☐
2. der Bauernhof	☐	☐
3. das Feuerwehrauto	☐	☐
4. das Pferd	☐	☐
5. der Fußball	☐	☐
6. der Teddybär	☐	☐
7. die Holzbahn	☐	☐

d) **Max, Juli oder beide? Wer spielt mit dem Spielzeug? Hören Sie das Interview noch
einmal und ergänzen Sie die Tabelle.**

10

Küche	Bauernhof	Feuerwehrauto	Pferd	Fußball	Teddybär	Holzbahn
beide						

2 Mann oder Frau?

a) **Was meinen Sie? Lesen Sie die Fragen und kreuzen Sie an.**

	Mann	Frau
1. Wer machte die erste längere Fahrt mit einem Auto?	☐	☐
2. Wer gründete den ersten deutschen Frauenfußballverein?	☐	☐
3. Wer gibt im Jahr durchschnittlich fast 500 Euro für Kosmetikprodukte aus?	☐	☐
4. Wer bezahlte in Deutschland bis 2012 mehr Geld für die Autoversicherung?	☐	☐

b) **Lesen Sie schnell und ordnen Sie die Fragen aus Aufgabenteil a) dem passenden Text zu.**

a ☐

Man(n) kann es kaum glauben: Viele Männer kaufen eigentlich ganz gerne ein und fragen auch die Verkäuferin. Zum Beispiel, wenn sie einen neuen Duft für sich suchen oder eine Pflegecreme für das Gesicht. Aber noch sind Männer auf dem Kosmetikmarkt eine ziemlich neue Zielgruppe. Trotzdem haben sie im letzten Jahr pro Kopf im Durchschnitt monatlich schon über 40 Euro für Pflegeprodukte ausgegeben, wie die verschiedenen Marktstudien nun gezeigt haben. Denn moderne Männer wollen gepflegt aussehen und auch, gut riechen!

b ☐

Es war am 5. August 1888. In der Mannheimer Waldhofstraße stand Bertha Benz früh auf. Ihr Mann schlief noch, als sie ohne sein Wissen mit ihren beiden Söhnen zu den Großeltern in das etwa 100 km entfernte Pforzheim fuhr. Die Strecke war nicht einfach, denn es gab noch keine Tankstellen und die Straßen waren schlecht. Trotzdem sind sie gut angekommen. Am Abend schickte sie ihrem Mann eine Nachricht: „Lieber Carl! Erste Fernfahrt war ein Erfolg. Wir sind in Pforzheim!

c ☐

Frauen fahren nicht nur vorsichtiger als Männer, sie haben auch weniger Verkehrsunfälle. Deshalb mussten junge Frauen bis vor wenigen Jahren auch nicht so viel für die Autoversicherung bezahlen wie junge Männer. Sind Frauen also die besseren Autofahrer? „Nicht unbedingt", meint der Verkehrsexperte Dr. Specht. „Sicher ist, dass Frauen weniger Unfälle haben, weil sie nicht so aggressiv fahren. Allerdings fahren sie im Durchschnitt auch nicht so viel wie die Männer."

d ☐

Was Männer können, können wir auch!", dachte Lotte Specht. Die sportbegeisterte 19-Jährige aus Frankfurt am Main setzte zu Beginn des Jahres 1930 eine Anzeige in die Zeitung und suchte so andere junge Frauen, die sich auch für Fußball interessierten. Zur Vereinsgründung trafen sie sich in einer Kneipe. Natürlich gab es anfangs viel Kritik, auch in den Zeitungen. Nur eine Journalistin, die für die Frankfurter Nachrichten arbeitete, schrieb: „Wir Frauen treiben den Sport, den wir wollen, und nicht den, den uns die Männer erlauben."

c) **Lesen Sie die Texte noch einmal und überprüfen Sie Ihre Angaben in a).**

3 Berufsbezeichnungen: Männlich oder weiblich? **Hören Sie und notieren Sie die Berufe. Ergänzen Sie dann die männliche oder weibliche Bezeichnung.**

	♀	♂		♀	♂
1.	Krankenschwester –	....	4.	.... –	....
2.	.... –	....	5.	.... –	....
3.	.... –	....	6.	.... –	....

4 Wortverbindungen aus dem Alltag

a) **Welches Verb passt? Ordnen Sie zu.**

> bleiben – einkaufen – gehen – kommen – ~~sein~~ – machen

1. im Bett ....
2. sich auf den Weg ....
3. von der Arbeit ....
4. von Beruf *sein* ....
5. für die Woche ....
6. ins Bett ....

b) **Ergänzen Sie den Text mit passenden Wortverbindungen aus a).**

Birgit und Olaf Heise leben und arbeiten in Heidelberg. Birgit *ist* Krankenschwester *von Beruf*.

Wenn sie Nachtdienst hatte, ist sie morgens sehr müde und .... immer gleich

.... Ihr Mann Olaf hat sich dann meistens schon .... zur Arbeit

.... Er ist Verkehrspolizist. Und wenn er .... nach Hause

........................, ist Birgit schon wieder im Krankenhaus. Nur an zwei Wochenenden im Monat

haben beide frei. Dann .... sie am Samstag etwas länger .... und

.... nach dem Frühstück gemeinsam .... Am
Nachmittag waschen sie die Wäsche und putzen die Wohnung.

5 Mein Beruf muss mir Spaß machen!

a) **Lesen Sie den Text und bereiten Sie ein Interview mit Frau Tengelmann vor. Wählen
Sie zwei Fragen aus, die Sie interessant finden.**

Elisabeth Tengelmann (46) ist beruflich viel unterwegs. Als sie vor 25 Jahren
heiratete, fing sie im Taxiunternehmen ihres Mannes an und machte dort den
Telefondienst. 2004 wurde ihr Mann sehr krank. Sie musste nun auch selbst Taxi
fahren, um genug Geld zu verdienen. Weil die Söhne noch zur Schule gingen,
arbeitete sie oft nachts. Aber der Nachtdienst war immer besonders anstrengend.
Am Tag hat sie dann den Betrieb geleitet, sich um die Buchhaltung gekümmert, den Haushalt
gemacht und ihren Mann gepflegt. Als er 2010 starb, waren die Söhne schon auf der Uni, die
Taxen schon alt, und die Bank wollte viel Geld für einen Kredit für zwei neue Autos. Elisabeth
konnte die Firma nicht weiter führen und musste beruflich noch einmal ganz neu anfangen.

1. ☐ Was hat Frau Tengelmann mit dem Taxiunternehmen gemacht?

....

2. ☐ Was hat sie für den beruflichen Neuanfang getan?

....

3. ☐ Was findet sie an ihrem neuen Beruf so interessant?

....

4. ☐ Wie fanden die Söhne die Entscheidung ihrer Mutter?

....

b) Hören Sie, was Frau Tengelmann im Interview gesagt hat. Notieren Sie die Antworten
12 auf die Fragen, die Sie in a) ausgewählt haben.

c) Hören Sie das Interview noch einmal und beantworten Sie die anderen Fragen.
12

6 Da bin ich anderer Meinung! Antworten Sie auf die Aussagen und ergänzen Sie eine
passende Begründung wie im Beispiel.

a) Kindererziehung ist auch Arbeit.
b) Die meisten Köche sind Männer.
c) Sie kaufen auch Kosmetikartikel.
d) Ich finde meine Chefin super.
e) Frauen haben weniger Verkehrsunfälle.
f) Meine Freundin ist Informatikerin.
g) Fußball ist Männersache.

> **Redemittel**
>
> **jemandem widersprechen**
> Das stimmt doch nicht. / Das sehe ich ganz anders.
> Das kann man so nicht sagen. / Das ist doch ein Klischee.
> Das ist so nicht richtig. / Da bin ich anderer Meinung.

1. Frauen verstehen nichts von Computern und Technik. ☑ f

   Das ist doch ein Klischee! Meine Freundin ist Informatikerin. ....

2. Die besten Chefs sind immer Männer. ☐

   ....

3. Männer sind die besseren Autofahrer. ☐

   ....

4. Männer können nicht kochen. ☐

   ....

5. Männer interessieren sich nicht für ihr Aussehen. ☐

   ....

6. Die deutsche Frauennationalmannschaft ist erfolgreicher als die der Männer. ☐

   ....

7. Männer im Erziehungsurlaub sind zu faul zum Arbeiten. ☐

   ....

7 Infinitiv mit *zu*

a) Britta wird 50. Hören Sie, was Sie sich für die Zukunft wünscht. Kreuzen Sie an.
13

1. ☐ gesund bleiben
2. ☐ mehr Geld verdienen
3. ☐ eine Wohung kaufen
4. ☐ viele Reisen machen
5. ☐ ein teures Auto fahren
6. ☐ viel Zeit für Freunde haben
7. ☐ öfter Sport treiben
8. ☐ einen neue Sprache lernen

b) Was finden Sie (nicht so/auch) wichtig? Schreiben Sie fünf Sätze wie im Beispiel.

> *Für mich ist es nicht so wichtig, viele Freunde zu haben.*
> *Für mich ist es sehr wichtig, ...*

8 Wie oft vergessen Sie, ...?

a) **Welches Verb passt? Verbinden Sie.**

die Wäsche	1	a	machen
meine Passwörter	2	b	einkaufen
meine Rechnungen	3	c	bringen
Lebensmittel	4	d	waschen
die Briefe zur Post	5	e	notieren
meine Hausaufgaben	6	f	bezahlen

b) **Ergänzen Sie die Sätze mit den Angaben aus a). Benutzen Sie den Infinitiv mit *zu*.**

1. Ich vergesse nie, ...

2. Ich vergesse manchmal, ...

3. Ich vergesse oft, ...

4. Ich vergesse selten, ...

5. Ich vergesse immer öfter, ...

6. Ich vergesse immer, ...

9 Gegenteile. **Claudia ist in Peter verliebt. Marie kennt ihn ziemlich gut und mag ihn nicht besonders. Was denkt sie? Ergänzen Sie wie im Beispiel.**

Peter ist so humorvoll.

Er ist humorlos.

Claudia

Marie

1. Peter ist ein sportlicher Typ. ....

2. Mir gefällt besonders, dass er so ehrlich ist. ....

3. Und er ist unkompliziert. ....

4. In seinem Beruf ist er sehr erfolgreich. ....

5. Aber Geld ist für ihn unwichtig. ....

6. Ach, und er ist ein so romantischer Typ. ....

10 Die große Liebe

a) **Charaktereigenschaften: Welche Adjektive klingen positiv? Kreuzen Sie an.**

1. ☐ ehrlich
2. ☐ selbstbewusst
3. ☐ humorvoll

4. ☐ unkritisch
5. ☐ gefühllos
6. ☐ unkompliziert

b) Was bedeuten die Adjektive aus a)? Ordnen Sie zu.

a) ☐ Ich bin ein fröhlicher Mensch und lache viel und gerne.
b) ☐ Ich habe keine eigene Meinung.
c) ☐ Ich weiß, was ich kann und was ich will.
d) ☐ Ich erfinde keine Geschichten und habe auch keine Geheimnisse.
e) ☐ Ich verstehe mich mit fast allen Menschen gut.
f) ☐ Ich kann nicht gut mit Emotionen umgehen.

c) Lesen Sie die Anzeigen. Welcher Partner passt am besten zu A und B? Ordnen Sie zu.

A ☐
Das Leben ist schon ernst genug! Ich (44/1,72) geschieden, kinderlos, suche einen humorvollen, ehrlichen und unkomplizierten Mann bis 50 für eine romantische Beziehung und eine gemeinsame Zukunft.

B ☐
Du bist gerne in der Natur und interessierst dich für andere Kulturen? Dann möchte ich dich kennenlernen. Ich (28/1,86) bin sympathisch, sportlich und selbstbewusst und suche einen netten Mann, der mit mir Neues erleben will.

```
○○○
◄ ► C X ▮ ⌂   www.lonelyhearts.com                        Q
```

1 Du bist auch am liebsten draußen, sportlich und reist gerne? Ich bin begeisterter Radfahrer (35, 1,92), unternehme viel, habe einen großen Freundeskreis und suche eine sympathische Partnerin, die genau weiß, was sie will und ehrlich sagt, was sie meint.

2 Lust auf Gefühle, Zeit zum Lesen, Reisen und einfach nur Zusammensein? Ich bin eher ein ruhiger Typ, 48, beruflich erfolgreich und vermisse eine unkomplizierte Partnerin, die weiß, was sie will und der ich bei einem guten Wein von meinem Tag erzählen kann.

3 Ich (47, 1,78, 85) bin nicht besonders sportlich, selbstbewusst, beruflich sehr viel unterwegs und suche eine attraktive Frau ohne Geheimnisse in meinem Alter, die auch gerne lacht, für eine ruhige und romantische Wochenendbeziehung. Meldest du dich?

11 Ich höre das, was du nicht sagst!

🔊👂 **a) Hören Sie die Aussagen und ordnen Sie passende Bedeutungen zu.**
14

Er/Sie meint:	Er/Sie sagt,
1. ☐ Ich möchte einkaufen gehen.	*dass sie nichts mehr zum Anziehen hat*
2. ☐ Wir sollten auch mal in Urlaub fahren.	....
3. ☐ Wir könnten mal wieder essen gehen.	....
4. ☐ Back mal wieder meinen Lieblingskuchen.	....

🔊👂 **b) Hören Sie die Aussagen noch einmal und ergänzen Sie die rechte Spalte wie im Beispiel.**
14

4 Arbeit im Wandel

1 Das Emsland in Zahlen

a) Lesen Sie und ergänzen Sie die Zahlen.

> 5 – 56 – 95 – 371 – ~~2881~~ – 51000 – 313500

Das Emsland ist eine circa ....2881........
Quadratkilometer große Region im südwestlichen
Niedersachsen. Die längste Strecke von der
westlichen Grenze zu den Niederlanden an die
östliche Grenze des Emslands ist ....
Kilometer lang. Die Entfernung vom nördlichsten
Punkt des Emslands zum südlichsten Punkt an der
Grenze zum Bundesland Nordrhein-Westfalen ist
mit .... Kilometern fast doppelt so
weit. Aber in dieser großen Region leben nicht
sehr viele Menschen und es gibt hier auch nur
.... Städte: Lingen, Papenburg, Meppen, Haren und Haselünne. Die größte Stadt ist Lingen
im südlichen Emsland mit etwa .... Einwohnern. Insgesamt leben ....
Menschen im Emsland und die meisten leben in kleinen Städten und Dörfern auf dem Land. Den
Namen hat das Emsland übrigens von der Ems, einem .... Kilometer langen Fluss, der
mitten durch diese ländliche Region fließt.

))📢 b) Hören Sie und überprüfen Sie Ihre Lösung in a).
15

2 Das Emsland verändert sich

a) Lesen Sie die Texte rechts schnell und ordnen Sie jedem Text ein Foto zu.

1 ☐ Früher nannte man das Emsland auch das „Armenhaus Deutschlands", weil es lange fast keine Industrie gab. Bis 1970 lebten die meisten Emsländer auf kleinen Bauernhöfen von der Landwirtschaft [1]. Nachdem die Regierung der Bundesrepublik am 5. Mai 1950 den Emslandplan verabschiedete, wurde die Infrastruktur [2] in den folgenden Jahrzehnten stark verbessert und das Emsland entwickelte sich zu einer attraktiven Region für Industrie und Handwerk [3].

2 ☐ Neben den neuen Firmen, die in die Region kamen, gibt es bis heute noch viele Familienbetriebe. Die Arbeitslosigkeit ist sehr niedrig. Im Emsland werden heute z. B. Papier, Maschinen, Fahrzeuge [4] und große Luxusschiffe hergestellt. Es gibt auch eine moderne Teststrecke von Mercedes Benz.

3 ☐ Das moderne Emsland ist aber auch sehr traditionsbewusst [5]. Zahlreiche Heimatvereine pflegen die typische ländliche Kultur. In vielen Orten finden in Heimathäusern Ausstellungen, Theateraufführungen oder Vorlesungen statt. Manche Heimathäuser können auch für Familienfeiern [6] gemietet werden oder bieten Touristen eine günstige Möglichkeit zum Übernachten.

4 ☐ Besonders im Sommer kommen viele Besucher ins Emsland. Das Freizeitangebot ist groß. Man kann auf den Flüssen, Wander- und Radwegen Touren durch die schöne Landschaft machen und viele alte Dörfer und Gärten besichtigen. Unterwegs laden Bauerncafés zu einem Glas frischer Milch oder einer Tasse Kaffee oder Tee mit selbstgebackenem [7] Bauernbrot und Kuchen ein.

5 ☐ Aus dem „Armenhaus" wurde eine moderne Region, die ihren ländlichen Charme nicht verlieren möchte. Die Modernisierung brachte aber nicht nur Vorteile. Besonders eine Veränderung macht vielen Emsländern Sorgen: Früher sprach man hier fast immer und überall das für die Region typische Plattdeutsch [8]. Heute können die meisten jungen Menschen „Platt" nur noch verstehen, aber nicht mehr sprechen. Manche Kinder lernen die Sprache deshalb in der Schule.

b) **Lesen Sie noch einmal. Was bedeuten die markierten Wörter? Ordnen Sie sie den Erklärungen zu.**

a) ☐ Arbeitsgebiet der Bauern
b) ☐ Bäcker, Tischler, Maurer etc.
c) ☐ LKWs, Autos, Fahrräder
d) ☐ an traditioneller Lebensweise interessiert

e) ☐ traditionelle Sprache im Emsland
f) ☐ Hochzeiten, Geburtstage etc.
g) ☐ nicht industriell hergestellt
h) ☐ Ämter, Verkehr, Handel

c) **Herr Erdmann (E) und Frau Jürgens (J) sprechen über das Emsland. Wer sagt was?**
16 **Lesen Sie zuerst die Aussagen, hören Sie dann zu und kreuzen Sie an.**

	E	J
1. Heute gibt es im Emsland nicht mehr so viele Bauernhöfe wie früher.	☐	☐
2. An der Schule gibt es Sprachunterricht in Plattdeutsch.	☐	☐
3. Das Emsland ist eine attraktive touristische Region.	☐	☐
4. Nur noch wenige Menschen sprechen die typische Sprache der Region.	☐	☐
5. Im Heimatverein gibt es ein regionaltypisches Kulturprogramm.	☐	☐
6. Das Leben auf dem Land ist günstiger.	☐	☐
7. In der regionalen Küche macht man noch vieles selbst.	☐	☐
8. Früher hatten fast alle Familien in den Dörfern etwas Landwirtschaft und ein paar Tiere.	☐	☐

3 Nichts bleibt, wie es war.

a) Lesen Sie die Texte. Was ist das Thema? Kreuzen Sie an.

1. ☐ Kinderarbeit früher und heute
2. ☐ Dorfschulen früher und heute
3. ☐ Kindheit auf dem Land früher und heute
4. ☐ Leben auf dem Land früher und heute

Martha Gerling (77): Als ich noch ein Kind war, war das Leben auf dem Land ganz anders als heute. Wir sind bei jedem Wetter zu Fuß zur Schule gegangen. Im Winter bei Schnee sind wir sogar mit dem Schlitten zur Schule gefahren – das hat Spaß gemacht! Nachmittags mussten wir den Eltern bei der Arbeit helfen. Das war ganz normal. Wir hatten ein paar Hühner und einen Obst- und Gemüsegarten. Meine Mutter hat mich auch manchmal zum Einkaufen in den Dorfladen geschickt. Und ich habe viel mit den Kindern aus der Nachbarschaft gespielt. Es gab immer viel zu tun, aber die Leute hatten auch immer Zeit für eine kurze Unterhaltung.

Laura Gerling (24): Meine Oma erzählt oft von früher. Vieles hat sich verändert. Aber unser Dorf ist ganz klein geblieben. Deshalb gibt es die Dorfschule nicht mehr und die Kinder fahren mit dem Bus in eine große Schule in der Stadt. Manche machen unterwegs Hausaufgaben, aber die meisten sind mit ihrem Smartphone beschäftigt. Zu Hause sitzen sie oft lange vor dem Fernseher oder Computer. Das kleine Geschäft im Dorf gibt es auch nicht mehr. Zum Einkaufen fährt man heute zum

Supermarkt im Nachbarort. Ohne Auto geht hier fast nichts. Viele haben einen eigenen Garten, aber sie kaufen Obst und Gemüse lieber im Geschäft, weil das nicht so viel Arbeit macht. Heute haben es auch auf dem Land alle eilig.

b) Früher oder heute? Lesen Sie noch einmal und ordnen Sie zu.

1. Alle haben ein Auto und die Kinder fahren mit dem Schulbus. *heute*
2. Auch die Kinder arbeiten in der Landwirtschaft. ....
3. Das Gemüse kommt aus dem eigenen Garten. ....
4. Die Kinder spielen nicht oft draußen. ....
5. Die Leute haben mit ihren Nachbarn viel geredet. ....
6. An der Schule gibt es sehr viele Kinder. ....

c) Schreiben Sie mindestens fünf Vergleiche wie im Beispiel.

Früher sind die Kinder bei jedem Wetter zu Fuß in die Schule gegangen. Heute ....
....
....
....
....
....

4 Ruhrgebiet und Fußball – das gehört zusammen wie Currywurst und Pommes!

a) Hören Sie zu. Über welche Themen spricht der Reporter?

17

1. ☐ Anfänge des Fußballs in Deutschland
2. ☐ Bergarbeitersiedlungen
3. ☐ die Zeit der Industrialisierung
4. ☐ Arbeitsmigration
5. ☐ Freizeit
6. ☐ Traditionen im Ruhrgebiet

b) Lesen Sie die Aussagen und hören Sie noch einmal. Welche Aussagen sind richtig? Kreuzen Sie an.

17

1. ☐ Seit den 1920er Jahren hatten die Arbeiter mehr Zeit zum Fußballspielen.
2. ☐ Es gab am Anfang noch viele sogenannte Straßenmannschaften.
3. ☐ Die meisten Fußballvereine aus dem Ruhrgebiet wurden in Schrebergärten gegründet.
4. ☐ In den ersten Bergarbeitersiedlungen war Fußballspielen verboten.
6. ☐ Beim Fußball ist die Nationalität der Spieler unwichtig.
7. ☐ Die Geschichte des Fußballs und der Industrialisierung sind im Ruhrgebiet eng verbunden.

5 Wortschatz „Ruhrgebiet". Lösen Sie das Rätsel und ergänzen Sie das Lösungswort. Der Text im Kursbuch auf S. 68 hilft.

```
                        1.  S  ▓     O
                    2.  B  ▓ R
        3.    C  H        G  ▓        N
                    4.  K  ▓ M
                5.  T  A  ▓     N
                6.  B     F        E
            7.           R
                8.     R  ▓     T
            9.     U  ▓  P
                10. S  ▓ I  D      G  N
                    11. ▓ O
```

1. „Auf Schalke gehen" bedeutet ins … gehen.
2. Wer „unter Tage" arbeitet, arbeitet im … .
3. In der Gartenkolonie trifft man sich im … .
4. Im Bergbau nennt man Kollegen … .
5. Die … ist ein Treffpunkt für ein Bierchen.
6. Die … ist das „Rennpferd des kleinen Mannes".
7. Der … ist die Freizeit nach der Arbeit.
8. „Malocher" sind … .
9. Das „Revier" wird auch … genannt.
10. Viele Bergarbeiter lebten in … .
11. Die … nennt man auch „schwarzes Gold".

Am Anfang war das Ruhrgebiet sicher keine ☐ R ☐ ☐ ☐ F ☐ ☐ ☐ I ☐

6 Warnhinweise

a) **Was gehört zusammen? Ordnen Sie zu.**

1. ☐ Feuergefährlich
2. ☐ Achtung Absturz!
3. ☐ Achtung Laser!
4. ☐ Achtung Kälte!
5. ☐ Stolpergefahr
6. ☐ Achtung Strom!
7. ☐ Achtung Gift!

a b c d e f g

b) **Sehen Sie sich die Bilder an und ordnen Sie den Situationen passende Warnhinweise aus a) zu.**

1 ☐ 2 ☐ 3 ☐ 4 ☐ 5 ☐ 6 ☐ 7 ☐

7 Ein Arbeitsunfall im Praktikum

a) **Johannes hatte im Praktikum einen Arbeitsunfall. Sehen Sie sich das Bild an. Was glauben Sie, ist passiert?**

Johannes ist vielleicht …

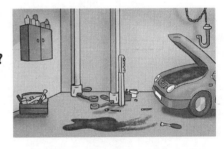

b) **Hören Sie seinen Unfallbericht und machen Sie Notizen zu den W-Fragen.**

18

1. Wann ist der Unfall passiert? ....

2. Wo ist der Unfall passiert? ....

3. Wie ist der Unfall passiert? ....

4. Welche Verletzungen hatte Johannes? ....

5. Wie lange wurde er krankgeschrieben? ....

c) **Lesen Sie den Informationstext und beantworten Sie die Frage.**

War Johannes als Praktikant bei der Berufsgenossenschaft versichert?

…, weil …

Auch im Praktikum ist der Unfallversicherungsschutz wichtig. Dabei ist es egal, wie lange das Praktikum dauert und ob der Praktikant/die Praktikantin dafür Geld bekommt oder nicht, denn auch unbezahlte PraktikantInnen sind vom ersten bis zum letzten Tag des Praktikums am Arbeitsplatz und auch auf dem Weg zur Arbeit und zurück nach Hause versichert. Für ein Praktikum, das von der Schule organisiert wird, ist die Unfallversicherung der Schule verantwortlich. Bei einem freiwilligen Praktikum sind PraktikantInnen bei der Berufsgenossenschaft des Unternehmens versichert. Keinen Versicherungsschutz haben PraktikantInnen, wenn sie ein freiwilliges Praktikum im Ausland machen. Das ist meistens auch dann so, wenn der Arbeitgeber eine deutsche Firma ist.

8 Testen Sie sich selbst!

a) **Wie gut können Sie die Adjektivendungen schon?**

– ☐ Ich schaffe mindestens 90 %.   – ☐ Ich schaffe mindestens 50 %.

– ☐ Ich schaffe mindestens 70 %.   – ☐ Ich schaffe weniger als 50 %.

b) **Ergänzen Sie die fehlenden Endungen.**

Sicherheit am Arbeitsplatz

Die meist_____[1] Unfälle am Arbeitsplatz passieren, weil jemand einen klein_____[2] Fehler macht oder mal nicht richtig aufpasst. Ganz oben auf der Liste von typisch_____[3] Arbeitsunfällen stehen mit ca. 35 Prozent der Unfälle durch Stolpern, Rutschen und Stürzen. Mitarbeiter verletzen sich am Arbeitsplatz, weil sie auf einem nass_____[4] Boden ausrutschen oder eine viel zu schwer_____[5] Kiste aus einem Regal ziehen. In anderen Fällen sind falsch_____[6] Routinen oder zu groß_____[7] Eile schuld. Besonders auf Baustellen kann es zu schwer_____[8] Arbeitsunfällen kommen, wenn Maschinen und Werkzeuge nicht richtig bedient oder die Regeln für Sicherheit am Arbeitsplatz nicht beachtet werden. Hundert Mal geht es gut und dann passiert doch ein schlimm_____[9] Unfall. Ein gebrochen_____[10] Bein oder eine tief_____[11] Schnittwunde führen leicht zu einem lang_____[12] Aufenthalt im Krankenhaus mit hoh_____[13] Kosten.

Die Sicherheit am Arbeitsplatz spielt für alle eine wichtig_____[14] Rolle. Mit ein paar einfach_____[15] Regeln können Mitarbeiter lernen, sich auch in gefährlich_____[16] Situationen richtig zu verhalten. Deshalb sollte es auch in einem klein_____[17] Betrieb einen Plan mit regelmäßig_____[18] Kursen zur Arbeitssicherheit für alle Angestellten geben. Die Berufsgenossenschaft unterstützt Betriebe aus ganz unterschiedlich_____[19] Bereichen wie z. B. Holz, Metall und Chemie mit attraktiv_____[20] Kursangeboten in Arbeitssicherheit und Gesundheitsschutz. Ein sicher_____[21] Arbeitsplatz ist keine Glückssache, sondern das Ergebnis einer gut_____[22] Ausbildung und Zusammenarbeit.

c) **Vergleichen Sie Ihr Ergebnis mit dem Lösungsschlüssel.**

– **90 % und mehr (18 bis 21 Endungen):** Super! Sie können die Adjektivendungen schon sehr gut!

– **70 % und mehr (14 bis 17 Endungen):** Sie haben die Regeln schon ziemlich gut verstanden, aber Sie sollten die Endungen noch etwas üben.

– **50 % und mehr (11 bis 13 Endungen):** Analysieren Sie das Nomen hinter dem Adjektiv (mask./fem./neutr.? – Nominativ/Dativ/Akkusativ/Genitiv? – Singular oder Plural? – best./ unbest. oder kein Artikel?). So finden Sie mithilfe der Tabellen zur Adjektivdeklination (Punkt 15.1–15.3 im Grammatikanhang des Kursbuchs) auch die richtigen Endungen.

– **Weniger als 50 % (weniger als 11 Endungen):** Geben Sie nicht auf! Sie sollten die Adjektivendungen wiederholen. Fragen Sie Ihren Kursleiter/Ihre Kursleiterin nach mehr Übungen.

5 Schule und lernen

1 Projektwoche an der Goethe-Schule

a) **Lesen Sie das Programm der Projektwoche für die Schüler der neunten Klassen.
Ordnen Sie jedem Projekt einen passenden Titel zu.**

> Unsere Geschichte – Regional und gesund – Film ab! – Projektplanung – Physik im Alltag

Programm zur Projektwoche vom 12.–16. September
Anmeldungen müssen bis zum 30. Mai im Sekretariat abgegeben werden!

01 .... Viele haben den Traum, einmal ein berühmter Schauspieler oder eine gefeierte Schauspielerin zu sein. Leider schaffen das nur ganz wenige Menschen. Beim Film gibt es aber noch viele andere interessante Themen, mit denen du dich bei uns beschäftigen kannst. Wir wollen gemeinsam einen Kurzfilm machen. Dazu brauchen wir natürlich Schauspieler und Schauspielerinnen, aber auch eine Idee, ein Drehbuch und Leute für den Ton, das Licht und die Kamera. Wer macht mit?

02 .... Immer mehr Menschen interessieren sich für Elektrofahrräder, kurz E-Bikes, und Elektroautos. Denn Elektromotoren sind sauberer und leiser als andere Motoren. In diesem Projekt wollen wir eine Werkstatt für Elektromotoren besuchen und Physik mal ganz praktisch erfahren. Danach bauen wir selbst Elektromotoren und machen aus ein paar ganz normalen alten Fahrrädern moderne E-Bikes.

03 .... Wer hat hier gelernt und gearbeitet? Seit wann gibt es die Sporthalle? Wie sahen die alten Schulbücher aus? Wir stellen viele Fragen, denn wir wollen zum 150. Geburtstag der Goethe-Schule die eigene Schulgeschichte untersuchen und eine interessante Schulchronik mit vielen Informationen schreiben. Gemeinsam suchen wir im Internet, in alten Zeitungen, im Rathaus und in Interviews mit früheren Schülern und Lehrern nach Antworten auf diese und weitere Fragen.

04 .... In den Medien ist das ein großes Thema: Bio-Lebensmittel aus regionaler Produktion sind in. Wir hören immer wieder, dass regionale Produkte und gesunde Ernährung sehr wichtig sind. Das hört sich auch erst einmal gut an. Aber: Was ist regional? Und was ist gesund? Auf einem Bauernhof, auf dem Wochenmarkt und in einem Supermarkt suchen wir nach Antworten und in der Schulkantine lernen wir, ein gesundes Mittagessen zu kochen.

05 .... Wie entsteht eigentlich ein Buch? Wenn du diese Frage interessant findest, bist du bei uns genau richtig! Wir wollen zu diesem Thema eine kleine Ausstellung und ein Programm für eine tolle Lesenacht für alle Schüler in unserer Schule organisieren. Wir beschäftigen uns mit dem Thema des Buchdrucks und besuchen einen Verlag, ein Buchgeschäft und unsere Schulbibliothek. Außerdem laden wir einen Autor oder eine Autorin zu unserer Lesenacht ein.

b) **Lesen Sie die Texte noch einmal und ergänzen Sie passende Verben.**

1. sich mit einem Thema ....
2. einen Film ....
3. Fragen ....
4. nach Antworten ....
5. eine Ausstellung ....
6. die Geschichte ....

2 Was machst du in der Projektwoche?

a) **Luise und Kilian haben sich entschieden. Hören Sie und notieren Sie den**
19 **Projektnamen.**

Luise: _____

Gründe: _____

_____

_____

Kilian: _____

Gründe: _____

_____

_____

_____

b) **Warum finden die beiden ihr Projekt interessant? Hören Sie noch einmal und**
19 **ergänzen Sie in a) die Gründe.**

c) **Nach der Projektwoche. Was haben Luise und Kilian gelernt? Hören Sie und kreuzen**
20 **Sie an.**

	ja	nein
1. Man kann aus Stoff Papier machen.	☐	☐
2. Der Erfinder des Buchdrucks heißt Johannes Gutenberg und kommt aus Deutschland.	☐	☐
3. E-Books werden immer beliebter.	☐	☐
4. Texte und Bilder dürfen nicht einfach so kopiert werden.	☐	☐
5. Aber Schulen können Texte und Fotos billiger „einkaufen".	☐	☐
6. Man sollte in einem Interview viele offene Fragen stellen.	☐	☐
7. Die Schulbibliothek ist die älteste Bibliothek der Stadt.	☐	☐
8. Eine bekannte Krimiautorin war Schülerin an der Goethe-Schule.	☐	☐

3 Was lernt man wo? **Ordnen Sie die Fächer zu.**

1. Mathe
2. Physik
3. Bio
4. Deutsch
5. Politik
6. Geographie

a) ☐ warum Bäume Licht brauchen
b) ☐ wie man Rechnungen überprüft
c) ☐ welche Aufgaben ein (Bundes)Präsident hat
d) ☐ wie man Bewerbungsbriefe schreibt
e) ☐ wie die größten Flüsse in Europa heißen
f) ☐ warum manche Menschen blaue Augen haben
g) ☐ wie lang der Bremsweg eines Autos ist
h) ☐ wie man wichtige Informationen in einem Zeitungsartikel findet
i) ☐ warum die Erde sich dreht
j) ☐ wie viel man spart, wenn etwas 20 Prozent preiswerter ist
k) ☐ wie die Hauptstädte Europas heißen
l) ☐ welche Parteien es gibt

))⊚ **4** Ein Gespräch im Schulbus. **Kilian und Luise sprechen auf dem Weg zur Schule über ihre**
21 **Stundenpläne. Hören Sie zweimal und ergänzen Sie die Schulfächer.**

	Kilian	Luise
1. Stunde		
2. Stunde	Englisch	
3. Stunde		
4. Stunde		
5. Stunde		
6. Stunde		

5 Schule und lernen. **Ergänzen Sie passende Verben aus dem Wortgitter.**

```
        K O W Q B
      S T A J Z S W A S
    U M E B R Y L C R C W
  W E C H S E L N D V H T G
  S X H Y U C I S F O R E W
S P V X I P H X R O R E I Q N
E P K A U L N Z F O B I L Q C
H R X U P E E S K N E B N L P
E K A L I I N A G A R E E P W
N A C H S C H L A G E N H N E
G A R B E I T E N I O M Y
R N E G E G X B B T M E G
  T W T F L E R N E N N
    M E F X M O Y N S
      O N O C S
```

1. mit Anwendungen auf Tablets *arbeiten*........
2. in der Bibliothek für eine Prüfung ....
3. in Englisch ein Video ....
4. nach der Grundschule die Schule ....
5. an einer Arbeitsgemeinschaft ....
   ....
6. etwas ins Heft oder an die Tafel ....
7. mit dem Taschenrechner ....
8. eine Präsentation ....

6 Berufe in der Schule. **Sortieren Sie die Tätigkeiten. Dann ergänzen Sie die fehlenden**
Berufe in der Tabelle.

Stundenpläne machen – Glühbirnen wechseln – bei Problemen vermitteln – Schnee
räumen – Arbeitsgemeinschaften leiten – kaputte Stühle reparieren – Unterrichtsmaterial
bestellen – Schüler, Eltern und Lehrer beraten – Pausenbrötchen und Getränke verkaufen –
Einschulungen organisieren – Konflikte ohne Gewalt lösen – Zeugnisse vorbereiten –
Bewerbungsgespräche führen

Berufe	Direktor/in		
Tätigkeiten	Stundenpläne machen		Schüler, Eltern und Lehrer beraten

7 Schulbiografien

a) **Sebastian (S) oder Roland (R)? Lesen Sie die Texte und ordnen Sie die Namen den Aussagen aus b) zu.**

Meine Eltern sind Lehrer. Als ich noch zur Schule gegangen bin, war das ganz schön anstrengend. Zum Glück hatte ich keine Probleme mit dem Lernen. Aber als ich mich entschieden habe, kein Abitur zu machen, waren meine Eltern nicht sehr glücklich. Ich hatte keine Lust mehr auf Schule und wollte lieber gleich arbeiten. Ich habe dann nach einem guten Realschulabschluss in Hamburg eine Ausbildung zum Koch gemacht. Da musste ich morgens oft früh anfangen und auch abends und am Wochenende arbeiten. Es hat auch ziemlich lange gedauert, bis ich selbst kochen und nicht nur Gemüse schneiden durfte. Trotzdem hat mir die Arbeit immer viel Spaß gemacht. Ich meine nicht, dass jeder studieren muss. Und auch meine Eltern sind heute mit meinem Beruf zufrieden.

Sebastian, 27

Roland, 34

Ich denke nicht so gerne an meine Schulzeit. In der Grundschule war es noch einfach. Die Hausaufgaben habe ich immer so schnell wie möglich gemacht. Meine Zeugnisse waren aber ganz gut und so kam ich nach der vierten Klasse auch aufs Gymnasium. Da war dann alles ganz anders. Wir bekamen viele Hausaufgaben und ich hatte oft keine Lust zu lernen. Die siebte Klasse musste ich dann wiederholen, weil mein Zeugnis so schlecht war. Damals hatte ich ziemlich viel Stress mit meinen Eltern, die selbst nie an der Uni waren. Sie haben sich Sorgen gemacht und immer gesagt, dass ich ohne Abitur nicht studieren kann. Mir war das in dem Alter noch egal, aber dann habe ich das Abitur doch geschafft und danach auch studiert. Ich bin Lehrer geworden und meine Eltern sind jetzt stolz auf mich.

b) **Formulieren Sie passende Fragen.**

Frage 1: Wie *waren Sie in der Schule?* ....

a) .... Ich war in einigen Fächern kein guter Schüler.

b) .... Ich hatte in der Schule immer gute Zeugnisse.

Frage 2: Wann ....

a) .... Eigentlich immer, aber im zehnten Schuljahr hatte ich keine Lust mehr auf Schule.

b) .... Die Grundschule hat mir am meisten Spaß gemacht. Später war das anders.

Frage 3: Wer ....

a) .... Meine Eltern haben mich immer unterstützt. Eigentlich wollten sie, dass ich Abitur mache.

b) .... Ich sollte als Erster in der Familie Abitur machen. Das habe ich dann ja auch mit der Hilfe von ein paar Lehrern und guten Freunden geschafft.

Frage 4: Was ....

a) .... Ich unterrichte meine alten Lieblingsfächer: Bio und Sport.

b) .... Ich bilde in meinem eigenen Betrieb junge Menschen aus. Das macht mir Spaß.

Frage 5: Was ....

a) .... Schüler sollten sich gut informieren und sich Berufe aussuchen, die ihnen Spaß machen.

b) .... Schwache Schüler sollten nie aufgeben, denn jeder von uns kann etwas besonders gut!

8 Schülersorgen

a) **Lesen Sie die Gedanken des Schülers.**

Die Pausen sind zu kurz.

Wir spielen immer Basketball.

Wir sprechen die Sprache nur im Unterricht.

Ich habe Angst vor dem Zeugnis.

Ich kann nicht gut rechnen.

b) **Wie könnte Schule mehr Spaß machen? Ergänzen Sie die Sätze im Konjunktiv II.**

1. Ich würde mich auf die Ferien freuen, *wenn ich keine Angst vor dem Zeugnis hätte.*

2. Ich wäre sicher besser in Englisch, *wenn* ....

....

3. Ich hätte mehr Spaß am Sportunterricht, ...

....

4. Ich könnte mich im Unterricht besser konzentrieren, ...

5. Ich würde gern Mathe machen, ...

9 Schülerwünsche

a) **Formulieren Sie die Ratschläge als Wunsch wie im Beispiel.**

1. Alle Lehrer sollten uns mit mehr Respekt behandeln.

   Ich wünschte, alle Lehrer würden uns mit mehr Respekt behandeln.

2. Die Lehrer sollten immer gute Laune haben.

   Ich wünschte, ...

3. Wir sollten die Unterrichtsthemen selbst aussuchen.

   ....

4. Die Lehrer sollten im Unterricht mehr Videos zeigen.

   ....

5. Wir sollten im Unterricht mehr Projektarbeit machen.

   ....

b) **Alles richtig? Hören Sie die Wünsche und überprüfen Sie Ihre Sätze aus a).**

22

10 Projekttage. **Verbinden Sie die Sätze mit Relativpronomen.**

1. An unserer Schule gibt es jedes Jahr Projekttage. An den Tagen ist der Unterricht ganz anders.

   An unserer Schule gibt es jedes Jahr Projekttage, an denen der Unterricht ganz anders
   ist.

2. Alle Schüler können zwei Fächer wählen. Sie interessieren sich sehr für die Fächer.

   ....

   ....

3. Sie werden dann in Gruppen aufgeteilt. In den Gruppen arbeiten sie an einem bestimmten Thema.

   ....

   ....

4. Jeder bekommt eine Projektpartnerin / einen Projektpartner. Mit der Partnerin / dem Partner bearbeitet er eine Aufgabe.

   ....

   ....

5. Zum Schluss werden Eltern und Geschwister zu einer Veranstaltung eingeladen. Auf der Veranstaltung präsentieren alle Gruppen ihre Ergebnisse.

   ....

   ....

11 Was ist das? **Wählen Sie ein passendes Wort aus. Schreiben Sie dann eine Worterklärung mit Relativpronomen. Achten Sie auch auf die Präpositionen!**

> ~~Sporthalle~~ – Unterrichtsvorbereitung – Ferien – Hausmeister – Stundenplan – Schulhof
> Lieblingsfach – Realschule – Zeugnis – Gymnasium – Hausaufgaben – Lehrerzimmer

1. In dem Gebäude findet der Sportunterricht statt: *die Sporthalle*

   Eine Sporthalle ist ein Gebäude, in dem der Sportunterricht stattfindet.

2. Auf dieser Schule kann man in Deutschland das Abitur machen: *das* ....

   ....

3. Auf dem Platz verbringen die Schüler die Pausen: *der* ....

   ....

4. In dem Fach macht der Unterricht am meisten Spaß: *das* ....

   ....

5. Diese Aufgaben macht man nicht im Unterricht: ....

   ....

6. In diesen Wochen haben die Schüler/innen frei: ....

   ....

1   Natur in der Stadt

a) Sehen Sie sich die Fotos an. Dann verbinden Sie.

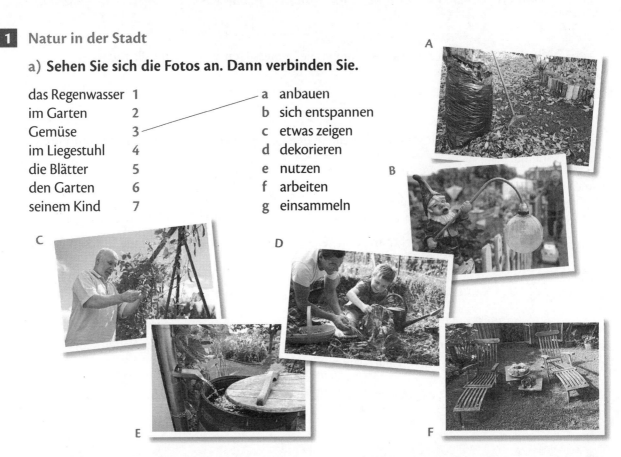

das Regenwasser   1   a   anbauen
im Garten   2   b   sich entspannen
Gemüse   3   c   etwas zeigen
im Liegestuhl   4   d   dekorieren
die Blätter   5   e   nutzen
den Garten   6   f   arbeiten
seinem Kind   7   g   einsammeln

b) Schreiben Sie zu jedem Foto einen Satz mit den Wortverbindungen aus a).

Der Mann auf Foto C arbeitet ...

c) Lesen Sie die Texte und ordnen Sie jedem Text ein Foto aus a) zu. Welches Foto passt nicht?

1 ☐ Ich bin in Duisburg aufgewachsen. Das ist eine große und nicht besonders grüne Stadt im Ruhrgebiet. Trotzdem weiß ich alles über Gartenarbeit. Denn meine Eltern hatten einen Schrebergarten und schon als kleiner Junge war ich fast jedes Wochenende mit ihnen dort. Das fand ich nicht immer toll. Ich wäre in den Ferien viel lieber in den Urlaub nach Spanien oder Italien oder wenigstens an die Nordsee gefahren! Aber jetzt habe ich den Kleingarten übernommen und auch mir macht es Spaß, meinem Sohn zu zeigen, wie man sein eigenes Gemüse anbauen kann. Aber in den Urlaub fahren wir auch manchmal!

2 ☐ Ich liebe meinen Schrebergarten. Mir ist es sehr wichtig, dass er wirklich schön aussieht. Früher waren meine Frau und ich nur an den Wochenenden im Garten, aber jetzt bin ich Rentner und verbringe – vor allem von April bis September – fast jeden Tag dort. Meine Frau kümmert sich um die Blumen, ich mache die schwereren Arbeiten. Ich freue mich immer sehr, wenn ich wieder etwas finde, was unseren Garten noch schöner macht. Ist dieser Gartenzwerg, der die Lampe hält, nicht toll?

3 ☐ Ich wollte schon immer mein eigenes Gemüse essen und hätte sehr gern ein Haus mit einem großen Garten. Aber ich bin ein einfacher Arbeiter und es war nie genug Geld da. Der Schrebergarten war und ist eine gute Alternative. Die Arbeit macht mir großen Spaß und meine Frau freut sich über das frische Gemüse.

4 ☐ Meine Freundin und ich leben in Köln und wir lieben das Leben in der Großstadt. Aber wir haben auch gemerkt, dass uns der Kontakt zur Natur fehlt. Natürlich kann man Ausflüge ins Grüne machen, aber das war uns irgendwann zu anstrengend. Dann hatte meine Freundin die Idee mit dem Schrebergarten. Ich war zuerst dagegen, weil ich dachte, das wäre nur etwas für alte Leute oder spießige Familien. Jetzt genieße ich es sehr, sich im Garten zu entspannen. Wir bauen kein Gemüse an und haben nur Pflanzen, die nicht so viel Arbeit machen. Schön ist unser Garten trotzdem.

5 ☐ Wir haben den Schrebergarten jetzt schon seit 15 Jahren, aber wir überlegen, den Pachtvertrag zu kündigen. Der Garten ist schön, aber er macht auch viel Arbeit. Wenn man ihn nicht gut pflegt, gibt es gleich Ärger mit den Nachbarn oder der Vereinsleitung: Immer muss man das Laub einsammeln, den Rasen sauber halten, etwas am Zaun oder an der Laube reparieren und so weiter – ständig hat man zu tun. Ich habe einen anstrengenden Job und möchte mich in meiner Freizeit erholen – und nicht arbeiten.

d) Ergänzen Sie die Kommentare mit Aussagen aus den Texten.

1. Ich finde es wichtig, dass mein Sohn etwas über Natur und Pflanzen lernt. Deshalb ....
   ....

2. Unser Schrebergarten ist unser ganzer Stolz. Wir arbeiten ständig dafür, dass ....
   ....

3. Leider konnte ich mir ein eigenes Haus mit Garten nie leisten. Deswegen ....
   ....

4. Ich habe gedacht, ein Kleingarten wäre nichts für uns. Aber heute ....
   ....

5. Ein Schrebergarten macht sehr viel Arbeit. Wir haben immer weniger Lust, dort zu sein. Deshalb
   ....

2 Der Schrebergarten. **Lesen Sie den Infokasten und markieren Sie die Fakten zu den folgenden Begriffen.**

> 1 Gebäude – 2 international – 3 Namen – 4 Regeln und Gesetze – 5 Organisation – 6 Zweck

Landeskunde

Der **Schrebergarten**, auch *Kleingarten* oder (besonders in der Schweiz) *Familiengarten* genannt, soll den Stadtbewohnern Erholung und die Möglichkeit bieten, ihr eigenes Obst und Gemüse anzubauen. Auf jeder Parzelle steht ein kleines Häuschen, die Laube.

Jede Schrebergartenanlage gehört zu einem Kleingartenverein. Der Verein vermietet die Gärten, ein Kauf ist in der Regel nicht möglich. In der Vereinssatzung sind die Regeln festgelegt, an die jeder Kleingartenpächter sich halten muss. In Deutschland gibt es zusätzlich sogar ein eigenes Bundeskleingartengesetz. Weil das Konzept so viele soziale und ökologische Vorteile bietet, wird es heute auch gerne ins Ausland exportiert. So gibt es zum Beispiel seit 2003 auf den Philippinen mehrere *Kleingartenanlagen für städtische Arme* mit Unterstützung deutscher und belgischer Partner.

1   Unwettermeldungen

a) **Lesen Sie in beiden Texten den ersten Satz und ordnen Sie je eine Überschrift zu.**

Winter verabschiedet sich mit Sturm und Eisregen

Der Klimawandel und seine Folgen

Stürmisches Ende der Hitzewelle in Bayern

A ....

Berlin. Nach dem schweren Unwetter mit Sturm und Eisregen gab es Sachschäden von mindestens 8,5 Millionen Euro. Viele Einwohner riefen die Polizei und/oder Feuerwehr wegen abgedeckter Dächer und entwurzelter Bäume an. In der Innenstadt kam es auf den Straßen an vielen Orten zu starken Verkehrsbehinderungen und Staus. Im Umland von Berlin zerstörte der Sturm mehrere Oberleitungen. Viele Haushalte blieben deshalb am Abend stundenlang ohne Strom. Wegen des Eisregens hat die Deutsche Bahn bereits gestern Abend gestrichene Zugverbindungen wieder aufgenommen. Auch auf dem Berliner Flughafen kam es zu großen Verspätungen. Einige Straßen, die gestern von der Polizei wegen umgestürzter Bäume gesperrt wurden, konnten erst heute Vormittag wieder für den Verkehr geöffnet werden.

B ....

München. Nach der langen Trockenperiode in den Monaten Juli und August und Temperaturen um 30°C noch in der ersten Septemberwoche kam es in weiten Teilen Bayerns am Wochenende zu schweren Gewittern mit starken Regenfällen und orkanartigen Stürmen. In Erlangen war die Feuerwehr gestern wegen des Unwetters pausenlos im Einsatz. Stundenlanger Sturm und starke Regenfälle entwurzelten im gesamten Stadtgebiet viele Bäume und überall standen Keller unter Wasser. Die Camper an der Regnitz mussten die Campingplätze wegen des Hochwassers verlassen. In Ingolstadt gab es ebenfalls große Sachschäden. Das Gewitter verursachte ein Feuer in einer Fabrikhalle, die vollständig zerstört wurde. Auch die Polizei hatte viel zu tun. Bei Nürnberg musste die A9 in Richtung München wegen eines umgestürzten LKWs bis in die späten Abendstunden gesperrt werden. Durch das Unwetter fielen die Temperaturen in ganz Bayern innerhalb von wenigen Stunden von durchschnittlich 28 ° C auf 13° bis 17 ° C. In den nächsten Tagen bleibt es regnerisch und weiterhin kühl.

b) **Sie sind Redakteur/in. Wählen Sie ein passendes Foto für die Artikel in a) aus.**

c) **Sie hören zwei Wetterberichte. Ordnen Sie die Unwettermeldungen aus a) einem Wetterbericht zu.**

Wetterbericht 1 .... Wetterbericht 2 ....

2 Unwetter und ihre Folgen

a) **Lesen Sie die Texte noch einmal und finden Sie die Gründe. Dann verbinden Sie.**

Gründe		Folgen
eines umgestürzten LKWs	1	a Die Feuerwehr war pausenlos im Einsatz.
abgedeckter Dächer	2	b Einige Straßen wurden gesperrt.
des Unwetters	3	c Viele Haushalte blieben ohne Strom.
eines Feuers	4	d Zugverbindungen wurden gestrichen.
zerstörter Oberleitungen	5	e Die Camper mussten die Plätze verlassen.
des Eisregens	6	f Die A9 wurde gesperrt.
umgestürzter Bäume	7	g Eine Fabrikhalle wurde vollständig zerstört.
des Hochwassers	8	h Viele Einwohner riefen die Feuerwehr.

b) **Schreiben Sie aus den Verbindungen in a) Sätze mit *wegen*.**

Wegen eines umgestürzten LKWs wurde die A9 gesperrt. ....

....
....
....
....
....
....
....

3 Wettererfahrungen

a) **Hören Sie ein Interview mit Herrn Lehmann. Worüber spricht er? Kreuzen Sie an.**

1. ☐ Hitzewelle 3. ☐ Gewitter 5. ☐ Orkan
2. ☐ Schneesturm 4. ☐ Lawine 6. ☐ Hochwasser

b) **Hören Sie den Bericht noch einmal und machen Sie sich Notizen.**

Wie beschreibt Herr Lehmann die aktuelle Situation?	Was hat er in den letzten Tagen gemacht?	Was macht Herr Lehmann jetzt?
1.	1.	1. ....
2.	2.	2. ....
3.	3.	3. ....

4 Ernährung und Umwelt

a) **Lesen Sie die Überschrift. Worum geht es wahrscheinlich in dem Text? Kreuzen Sie an.**

Der Weg vom Feld auf den Teller wird immer weiter

a) ☐ Landwirtschaft
b) ☐ Lebensmitteltransporte
c) ☐ Gesundheit

b) **Lesen Sie den Text. Zu welchen Abschnitten passen die Fotos?**

1 Zeilen .... 2 Zeilen .... 3 Zeilen ....

Eine Studie zeigte schon 1997, dass ein typisches Frühstück in Wien mit Brot oder Brötchen, Schinken, Käse, Milch, Zucker,
5 Eiern, Joghurt und Saft aus Österreich insgesamt mindestens 5.000 Kilometer unterwegs war. Mit einem Kaffee aus Brasilien kommen noch einmal etwa 10.000
10 Kilometer auf dem Schiff und 800 Kilometer auf der Straße dazu. Das macht insgesamt schon 15.800 Kilometer.
Billige Arbeitskräfte und niedrige
15 Transportkosten machen Lebensmittel, die viele tausend Kilometer weit gereist sind, oft billiger als Produkte aus der Region. Diese Entwicklung ist für die Gesundheit
20 der Verbraucher nicht ungefährlich, denn die Lebensmittel können auf den langen Wegen oft nur durch eine chemische Behandlung frisch bleiben. Auch die Umwelt leidet
25 unter dem hohen Energieverbrauch durch die langen Transportwege. Kühlmaschinen, Schiffs- und LKW-Motoren produzieren Kohlendioxyd (CO_2) und verstärken so die
30 Entstehung von Treibhausgasen. Internationale Lebensmitteltransporte bringen uns nicht nur tropische Früchte und das ganze Jahr über frische Erdbeeren aus
35 fast allen Teilen der Welt, sondern tragen leider auch zum Klimawandel bei. Also: Augen auf beim Einkauf! Kaufen Sie regionale Produkte!

c) **Lesen Sie den Artikel noch einmal und ergänzen Sie die Textgrafik.**

Studie: Typisches Frühstück in Wien	Lebensmittel aus Österreich:	→	.... km
	+ Kaffee	→	.... km
Gründe für den Import billiger Produkte	1. .... 2.		
Folgen für die Verbraucher	....		
Folgen für die Umwelt	....		

5 Die Einführung der Sommerzeit. **Zeitangaben wiederholen.**

a) Präpositionen und Zeitangaben. Was passt zusammen?

	im	in der	am	um	
1.	X	☐	☐	☐	Jahr, Monat, Januar, Februar, …
2.	☐	☐	☐	☐	Tag, Montag, Dienstag, …
3.	☐	☐	☐	☐	Morgen, Vormittag, Mittag, Nachmittag, Abend
4.	☐	☐	☐	☐	Zeit, Nacht, Woche
5.	☐	☐	☐	☐	halb drei, Viertel vor zwei, neunzehn Uhr, …

b) Lesen Sie den Text und ergänzen Sie die Präpositionen und Artikel aus a).

In der nächsten Woche beginnt wieder die Winterzeit. .... Nacht von Samstag auf

Sonntag müssen Sie Ihre Uhren .... zwei Uhr eine Stunde zurückstellen. Sie können

dann .... Sonntag eine Stunde länger schlafen, aber .... Morgen ist es

länger dunkel. Wenn .... nächsten Jahr der Frühling kommt, stellen wir die Uhren

.... März eine Stunde vor.

Die Sommerzeit wurde 1980 eingeführt, weil man

Energie sparen wollte. Dieses Ziel wird leider kaum

erreicht, denn .... Winter schalten viele

Menschen .... Morgen die Heizung
früher ein. Dann wird die Energie, die man

.... Sommer wegen des längeren

Tageslichts gespart hat, wieder verbraucht. Die Mehrheit der Deutschen findet die Sommerzeit

nicht gut. Viele mögen es aber, dass es .... Sommerzeit .... Abend länger

hell bleibt.

6 Zukunft oder Gegenwart?

a) Lesen Sie die Sätze und ordnen Sie zu.

a) Präsens – b) Futur: *werden* und Infinitiv – c) Präsens mit Zeitangabe

1. ☐ Heute Nachmittag regnet es bestimmt noch.
2. ☐ Durch die lange Trockenperiode wird die Ernte in diesem Jahr nicht gut.
3. ☐ Wegen des Klimawandels wird es immer mehr Unwetter geben.
4. ☐ Hochwasser und Stürme werden auch dieses Jahr Sachschäden verursachen.
5. ☐ Die Temperaturen steigen weiter, warnen die Klimaforscher.
6. ☐ Nächste Woche scheint die Sonne bei 20 bis 25°C.

b) Zukunft. Ergänzen Sie die Regel.

Wenn man über die Zukunft spricht, kann man entweder das .... , das

.... oder das .... mit Zeitangabe (*bald, morgen, im nächsten Jahr, heute
Nachmittag* etc.) benutzen.

7 Prognosen machen und begründen. **Eine Ursache, viele Folgen. Sehen Sie sich die Grafik an und wählen Sie eine Ursachenkette aus. Schreiben Sie in Ihrem Heft Sätze wie im Beispiel. Benutzen Sie** *weil*, *deshalb* **und** *deswegen*.

Die Menschen produzieren zu viel CO_2.

Die Temperaturen steigen.

a)

Die Gletscher schmelzen.

Es gibt nur noch in Skigebieten über 1000 m Schnee.

Es gibt immer weniger Wintersportorte.

b)

Das Eis an den Polen schmilzt.

Der Meeresspiegel steigt immer höher.

Viele Küstenregionen sind von Hochwasser und Sturmfluten bedroht.

Die Zahl der Arbeitsplätze im Tourismus sinkt.

Weil die Menschen zu viel CO_2 produzieren, steigen die Temperaturen.
Die Temperaturen steigen, deswegen schmelzen die Gletscher.
Weil die Gletscher schmelzen, ...

8 Umweltschutz geht alle an!

a) Welche Aussagen passen zusammen? Ordnen Sie zu.

1. ☑ Alte Bücher sollte man wegwerfen.
2. ☐ Man sollte mit dem Auto in die Stadt fahren.
3. ☐ Wichtige Dokumente sollte man ausdrucken.
4. ☐ Alte Flaschen und Gläser sollte man in die Mülltonne werfen.
5. ☐ Man sollte technische Geräte auf Standby stellen.
6. ☐ Man sollte jeden Tag Fleisch essen.

a) Falsch. Man sollte sie elektronisch speichern.
b) Nein, man sollte mehr Gemüse und fleischlose Gerichte kochen.
c) Ganz sicher nicht. Man sollte sie ganz einfach abschalten.
d) Nein, man sollte sie auf dem Flohmarkt verkaufen.
e) So ein Unsinn! Man sollte lieber den Bus nehmen.
f) Das ist nicht richtig. Man sollte sie unbedingt recyceln.

b) Schreiben Sie Tipps mit *nicht ..., sondern ...* **wie im Beispiel.**

1. Alte Bücher sollte man nicht wegwerfen, sondern auf dem Flohmarkt verkaufen.

9 *Je* mehr Menschen beim Umweltschutz mitmachen, *desto* besser!

a) **Was passt zusammen? Verbinden Sie.**

wenig Lebensmittel kaufen **1**   a) mehr Wasser sparen
oft mit öffentlichen Verkehrsmitteln fahren **2**   b) mehr für unsere Umwelt tun
viele Wertstoffe recyceln **3**   c) weniger wegwerfen
oft auf das Baden verzichten und duschen **4**   d) weniger CO_2 produzieren
regelmäßig eine Tasche zum Einkaufen   e) mehr Plastikmüll vermeiden
mitnehmen **5**

b) **Schreiben Sie mit den Verbindungen aus a) gute Ratschläge.**

1. *Je weniger Lebensmittel Sie kaufen, desto weniger werfen Sie weg.*

2. ....

3. ....

4. ....

....

5. ....

....

10 Intonation. **Sätze mit *je ..., desto ...***

a) **Hören Sie die Sätze aus Übung 9. Kontrollieren Sie Ihre Lösung und markieren Sie die betonten Wörter.**
25

b) **Hören Sie noch einmal und sprechen Sie nach. Nehmen Sie Ihre Stimme mit dem Handy auf.**
25

11 Aktiv für den Umweltschutz.

a) **Ergänzen Sie *mehr, weniger, öfter* oder *seltener*.**

1. ☐ Ich werde öfter öffentliche Verkehrsmittel nutzen.

2. ☐ Ich werde .... Fleisch und .... Gemüse essen.

3. ☐ Ich werde die Heizung .... ausschalten, wenn ich die Wohnung verlasse.

4. ☐ Ich werde .... eine Tasche zum Einkaufen mitnehmen.

5. ☐ Ich werde .... sparsame Geräte kaufen und so Energie sparen.

6. ☐ Ich werde beim Einkauf .... auf regionale Produkte achten.

7. ☐ Ich werde .... baden und .... duschen.

8. ☐ Ich werde .... Dokumente ausdrucken.

9. ☐ Ich werde .... Papier, Glas und Plastik recyceln.

b) **Was aus a) würden Sie nie tun? Kreuzen Sie an.**

1 Ganz schön peinlich!

🔊 a) **Hören Sie den Anfang einer Geschichte und bringen Sie die Bilder in die richtige Reihenfolge.**

26

a

b

c

d

e

b) **Welches peinliche Ende passt zu dem Anfang aus a) und zu den Bildern? Kreuzen Sie an.**

1. ☐ Mein Mann rief den Kellner. Er erklärte ihm, dass die Frau jeden Nachmittag nach 14 Uhr an diesem Tisch saß. Deshalb hatte er seine Sachen einfach an einen anderen Tisch gestellt und der Frau „ihren" Tisch frei gemacht. Weil mein Mann gerade nicht da war, konnte er ihn nicht fragen. Mein Mann verstand die Situation und setzte sich an den anderen Tisch.

2. ☐ Mein Mann ärgerte sich und ging an den Tisch. Er wollte die Frau fragen, warum sie seine Zeitung liest und und seinen Kuchen isst. In dem Moment schaute sie ihn an. Er hatte vorher schon das komische Gefühl gehabt, dass er sie kannte. Jetzt merkte er, dass es meine beste Freundin war. Sie hatte ihn gesehen und wollte ihn überraschen. Da mussten beide lachen.

3. ☐ Mein Mann überlegte einen Moment und fragte die Frau: „Was machen Sie an meinem Tisch? Warum bestellen Sie sich nicht selbst einen Kaffee und ein Stück Kuchen?" Die Frau sah ihn überrascht an. Da merkte Peter, dass er einen Fehler gemacht hatte. Auf dem Nachbartisch lag seine Zeitung neben einer Tasse Kaffee und einem Stück Kuchen. Er war am falschen Tisch!

c) **Wie könnte der Mann in der Situation reagieren? Kreuzen Sie vier passende Möglichkeiten an.**

1. ☐ So ein Pech! Das wäre mir nicht passiert.
2. ☐ Das wollte ich nicht. Pardon!
3. ☐ Das ist ein Missverständnis. Entschuldigen Sie!
4. ☐ Das ist jetzt aber wirklich sehr ärgerlich!
5. ☐ Das ist mir jetzt sehr unangenehm. Bitte entschuldigen Sie.
6. ☐ Das ging daneben. Warum passiert mir das immer?
7. ☐ Entschuldigen Sie bitte. Das war ein Versehen.
8. ☐ Oh Verzeihung, das tut mir aufrichtig leid.

2 Kleiner Knigge zur Tischkultur

a) **Wer benimmt sich falsch? Markieren Sie die acht Fehler im Bild.**

die Serviette

b) **Lesen Sie den Text. Markieren Sie die Sätze, die die Fehler aus Aufgabe a) beschreiben.**

Gutes Benehmen bei Tisch

Wie in vielen anderen Kulturen hat das Essen und Trinken in Gesellschaft auch in Deutschland, Österreich und der Schweiz Tradition. Daher haben sich gerade in 5 diesem Bereich viele Regeln entwickelt, die man kennen sollte.

Nachdem man sich an seinen Platz gesetzt hat, legt man sich zum Beispiel die Serviette auf die Hose oder den Rock. 10 Man wartet also nicht, bis das Essen auf dem Tisch steht. Auf keinen Fall sollten Sie sich die Serviette um den Hals binden. Wenn Sie beim Essen einmal aufstehen müssen, legen Sie die Serviette auf den 15 Stuhl. Denn eine auf dem Tisch liegende Serviette bedeutet, dass Sie Ihr Essen beendet haben.

Zur guten Tischkultur gehört auch, dass Sie mit geradem Rücken auf dem 20 Stuhl sitzen. Die Beine stehen dabei unter dem Tisch auf dem Boden und die Füße bleiben ruhig. Auch wenn Sie unbequeme Schuhe tragen, dürfen Sie sie nicht

ausziehen. Das ist sehr unhöflich! Man 25 sollte auch auf keinen Fall die Ellenbogen auf den Tisch stellen und den Kopf in den Händen halten. Wenn Sie nicht gerade essen oder ein Glas in der Hand haben, liegen die Hände neben dem Teller auf 30 dem Tisch. Die Finger spielen nicht mit dem Brot, den Blumen oder der Kerze und man zeigt auch nicht mit Messer, Gabel oder Löffel auf andere. Achten Sie auch immer auf Ihren Tischnachbarn, er 35 soll genug Platz haben.

Das Essen führt man mit der Gabel oder dem Löffel zum Mund. Während Sie mit dem Löffel Suppe essen, liegt die linke Hand neben Ihrem Teller auf dem 40 Tisch. Das Messer wird nur zum Schneiden benutzt. Man schneidet vom Fleisch ein kleines Stück ab und isst es gleich. Legen Sie Messer und Gabel nur kurz auf den Tellerrand, wenn Sie etwas 45 trinken möchten. Mit der Serviette reinigen Sie sich vor dem Trinken kurz den Mund, damit das Glas beim Trinken sauber bleibt.

3 Konsonantentraining

27 a) **Hören Sie und lesen Sie laut mit.**

perfekt – ist optisch und technisch – Das Produkt ist optisch und technisch perfekt.
Kontakte – weltweit wichtige Kontakte – Mein Geschäftspartner hat weltweit wichtige Kontakte.
stellen vor – die Entwicklung der Öffentlichkeit – Wir stellen die Entwicklung der Öffentlichkeit vor.

28 b) **Schließen Sie das Buch. Hören Sie und sprechen Sie nach.**

4 Alltag im Büro

a) **Sie hören vier Gespräche. Welches Bild passt nicht zu den Dialogen? Kreuzen Sie an.**

a

b

c

d

e

b) **Hören Sie die Dialoge noch einmal und ergänzen Sie die Sätze wie im Beispiel.**

1. Obwohl Frau Knoll erkältet ist, *ist sie ins Büro gekommen.*

2. Obwohl Herr Müller sehr viel zu tun hat, ...

3. Obwohl Frau Seifert ihre Kollegin nicht mag, ...

4. Obwohl Herr Bayer der Chef ist, ...

5 Gegensätze mit *obwohl* ausdrücken

a) **Ordnen Sie die Bilder den passenden Aussagen zu.**

1. ☐ In Deutschland ist das Rauchen in Restaurants verboten.
2. ☐ Altpapier muss man in den blauen Container werfen.
3. ☐ Man soll in Krankenhäusern leise sein.
4. ☐ Man soll in dieser Straße langsam fahren.

a

b

c

d

b) **Ergänzen Sie nun die Nebensätze mit *obwohl*.**

1. *Obwohl man in dieser Straße langsam fahren soll* ...., fahren viele zu schnell.

2. ...., wirft sie das Papier in den Hausmüll.

3. ...., unterhalten sich die Besucher laut auf dem Flur.

4. ...., raucht der Mann.

6 Jung und Alt

a) Lesen Sie den Text und ordnen Sie die Überschriften den Abschnitten zu.

2 *Immer ein gutes Beispiel?*

3 *Nicht alle sind gleich*

1 *Auch wir waren mal jung*

4 *Diese Jugend von heute*

Ist gutes Benehmen eine Frage des Alters?

☐ „In meiner Jugend hätte es das nicht gegeben!" So oder so ähnlich werden junge Leute oft für ihr Benehmen kritisiert. Viele meinen, die Jugend von heute tut nicht mehr,
5 was die Eltern sagen, hat keinen Respekt vor dem Alter, ist laut und unhöflich. Sie macht, was sie will, hört schreckliche Musik, ist schlecht angezogen und hat keine Lust zu arbeiten. Die Liste negativer Meinungen ist oft
10 noch viel länger.

☐ Aber stimmt das wirklich? Wenn man sich junge Leute heute in der Öffentlichkeit ansieht, dann findet man sicher schnell viele Beispiele für schlechtes Benehmen. Im Park
15 stellen sie ihre Füße auf die Parkbank und in der Bahn legen sie sie einfach auf die andere Sitzbank. Viele hören auch mit ihrem Smartphone so laut Musik, dass sich andere darüber ärgern. Aber wenn sie sich gut
20 benehmen, wird darüber selten gesprochen. Gutes Benehmen fällt einfach nicht so stark auf wie schlechtes Benehmen. Ich kenne jedenfalls auch viele junge Leute, die höflich und nett sind, anderen ihre Hilfe anbieten und
25 ordentlich auf ihrem Platz sitzen. Und vielleicht ist es ja auch gut, dass die Jugend immer etwas anders ist als ihre Eltern und Großeltern, denn unsere Gesellschaft lebt von Veränderungen.
30 ☐ Als ich jung war, hörten wir auch oft Kommentare wie „Das hätte es in meiner Jugend nicht gegeben ..." Damals, das war in den 60er Jahren, hörten wir ‚wilde' Musik von den Beatles, junge Männer hatten plötzlich lange Haare und Frauen trugen auch Hosen. In 35 meiner Schule war das zum Beispiel nicht erlaubt. Deshalb versteckten die Schüler ihre Haare unter Mützen und die Schülerinnen mussten sogar einen Rock über der Hose anziehen! Irgendwann war das dann aber 40 nicht mehr nötig, weil man sich an die neue Mode gewöhnt hatte.

☐ Und wie sieht es eigentlich mit dem Benehmen älterer Menschen aus? Ist Ihnen auch schon einmal aufgefallen, dass manche 45 ältere Menschen schon in den Bus einsteigen, obwohl noch nicht alle ausgestiegen sind? Oder haben Sie vielleicht auch schon einmal beobachtet, dass eine ältere Frau von ihrem Sitz aufgestanden ist, weil sie nicht neben 50 einer Ausländerin sitzen wollte? Oder dass eine Gruppe älterer Menschen sich im Treppenhaus unterhält und dabei die ganze Treppe blockiert? Warum sagt dann eigentlich keiner „Diese Alten von heute!"? 55

Susanna Moormann

b) Lesen Sie „zwischen den Zeilen"! Welchen Aussagen stimmt die Autorin zu? Welchen nicht? Kreuzen Sie an.

	ja	nein
1. Als ich jung war, habe ich auch nicht alles gemacht, was meine Eltern wollten.	☐	☐
2. Ich finde es völlig in Ordnung, dass man seine Füße auf einen freien Sitz legt. Das mache ich in der Bahn auch manchmal.	☐	☐
3. Ich mag die Musik, die die jungen Leute heute hören, nicht. Das finde ich aber ganz normal. Meine Eltern fanden unsere Musik auch unmöglich.	☐	☐
4. Ich bin der Meinung, dass ältere Menschen sich auch schlecht benehmen dürfen. Das ist unser gutes Recht!	☐	☐
5. Man sollte wirklich mehr über die guten Seiten der Jugend sprechen.	☐	☐

7 Alltag in der Arztpraxis

a) **Lesen Sie den Text und markieren Sie alle Partizip I-Formen.**

In der Kinderarztpraxis von Dr. Huber ist immer viel los. Jeden Tag gibt es wartende und leider auch zu spät kommende Patienten. Im Wartezimmer sieht man spielende und manchmal auch

weinende Kinder. Die Arbeit macht Dr. Huber trotzdem viel Spaß. Er untersucht laufende Nasen und hustende Patienten. Manchmal behandelt er auch schmerzende Wunden. Das ist

oft gar nicht so einfach. „Behandelnde Ärzte brauchen deshalb Hilfe von netten Assistenten.", meint Dr. Huber.

b) **Ergänzen Sie nun die Erklärungen mit den Partizip I-Formen aus dem Text.**

1. Zu spät .... sind Patienten, die sich verspätet haben.

2. .... haben oft Schmerzen oder Angst vor dem Arzt.

3. .... kümmern sich um die Patienten.

4. .... beschäftigen sich mit einem Teddy oder Spielzeug.

5. *Wartende Patienten* .... waren noch nicht im Untersuchungszimmer.

6. .... können ein Zeichen für einen Schnupfen sein.

7. .... sind Verletzungen, die sehr weh tun.

8. .... haben wahrscheinlich eine Erkältung.

8 Verstehen Sie „Schildersprache"? **Ergänzen Sie die Sätze.**

1. Nur Personen, die hier ...., dürfen den Raum betreten.

2. Das Schild warnt vor Hunden, die frei ....

3. Hier muss man auf Kinder achten, die auf der Straße ....

4. Das Schild warnt vor Gegenständen, die .... könnten.

5. Während die Maschinen ...., darf an diesen Maschinen nicht gearbeitet werden.

9 Textkaraoke: ein Missverständnis

a) Hören Sie und sprechen Sie die [Mund]-Rolle mit.

30

Neumann?

...

Das Auto? Welches Auto?

...

Nachdem ich gegen den Baum gefahren war, haben Sie mein Auto in die Werkstatt mitgenommen?

...

Nachdem man mich ins Krankenhaus gebracht hatte, hat meine Tochter Sie angerufen?

...

Ich hatte mich am Kopf verletzt? Sagen Sie mal, wovon sprechen Sie überhaupt? Ich habe kein Auto, keine Tochter, hatte in den letzten Tagen keinen Unfall und war auch nicht im Krankenhaus!

....

....

b) Wie könnte sich der Mann aus der Werkstatt entschuldigen? Wählen Sie aus und schreiben Sie den Satz ans Ende des Dialogs in a).

1. Ach, verzeihen Sie bitte, das war ein Versehen. Sind Sie verletzt?
2. Pardon, das ist ein Missverständnis. Ich kläre das gleich. Ist Ihre Tochter zu Hause?
3. Oh, entschuldigen Sie. Das ist mir sehr unangenehm. Ich habe die falsche Nummer gewählt.
4. Na, Sie hatten ja so ein Pech! Das tut mir leid!

c) Hören Sie jetzt den ganzen Dialog und überprüfen Sie Ihre Antwort aus b).

31

10 Eine Kettengeschichte erzählen

a) Schreiben Sie die Geschichte wie im Beispiel weiter.

Pablo öffnet die Tür. → Er geht ins Haus. → Er macht das Licht an. → Er sieht eine Notiz auf dem Tisch. → Er liest sie. → Er nimmt sein Handy aus der Tasche. → Er wählt eine Nummer. → Er ...

Nachdem Pablo die Tür geöffnet hatte, ging er ins Haus. Nachdem er ins Haus gegangen war,

....

....

....

....

....

b) Wie endet die Geschichte? Schreiben Sie mindestens einen letzten Satz.

8 Generationen

1 Eine Buchempfehlung

a) Sehen Sie sich das Bild an. Worum geht es wahrscheinlich in dem Buch?

1. Wer ist die Hauptperson in diesem Buch?

   Vermutlich geht es um *einen König, der Dezember heißt.*

2. Wie sieht der König aus?

   Auf dem Bild kann man sehen, *dass* ....

   ....

3. Wo lebt der König?

   Es könnte sein, *dass* ....

   ....

4. Der König unterhält sich manchmal mit dem Erzähler.

   Was sind ihre Themen?

   Vermutlich ....

5. Wer sollte das Buch lesen?

   Wahrscheinlich ....

Axel Hacke

DER KLEINE KÖNIG
DEZEMBER

Mit Bildern von Michael Sowa

Kunstmann

b) Hören Sie die Buchempfehlung. Machen Sie sich Notizen zu den Fragen.

32

1. Wer ist die Hauptperson in diesem Buch? ....

2. Wie sieht der König aus? ....

3. Wo lebt der König? ....

4. Was ist das Thema ihrer Gespräche? ....

   ....

5. Wer sollte das Buch lesen? ....

**c) Vergleichen Sie die Angaben aus der Buchempfehlung mit Ihren Vermutungen.
Was ist anders?**

**d) Was passt in der Welt des kleinen Königs zu Personen, die schon lange gelebt haben?
Lesen Sie die Angaben, hören Sie dann den Text noch einmal. Kreuzen Sie an.**

32

1. ☐ klein sein
2. ☐ lesen können
3. ☐ vergessen
4. ☐ arbeiten müssen
5. ☐ zu Hause bleiben

6. ☐ spielen dürfen
7. ☐ groß sein
8. ☐ schreiben können
9. ☐ zu Geschäftsessen gehen

2 Vom Größer- und Kleinerwerden

a) **Lesen Sie die ersten vier Zeilen aus dem folgenden Text. Wer spricht?**

1. Wer ist mit *er* gemeint?   a) ☐ der Erzähler   b) ☐ der kleine König
2. Wer ist mit *ich* gemeint?   a) ☐ der Erzähler   b) ☐ der kleine König
3. Und wer ist mit *ihr* gemeint?   a) ☐ die Menschen in der   b) ☐ die Menschen in der
                                        Welt des kleinen Königs   Welt des Erzählers

[...] Ich glaube, es stimmt gar nicht, dass ihr größer werdet. Ich glaube, es sieht nur so aus.", sagte *er*. „Wie kommst du denn darauf?", fragte *ich*. „Ich glaube, *ihr* fangt auch ganz groß an, wenn es stimmt, was du mir erzählst ... also, ich stelle es mir so vor: *Ihr* habt alle

5 Möglichkeiten und jeden Tag werden euch ein paar genommen. Ihr habt eine große *Fantasie*[1], wenn ihr klein seid, aber ihr wisst ganz wenig. Weil das so ist, müsst ihr euch alles vorstellen. Ihr müsst euch vorstellen, wie das Licht in die Lampe kommt und das Bild in den Fernseher, und ihr stellt euch vor, wie die *Zwerge*[2] unter den

10 *Baumwurzeln*[3] leben und wie es ist, auf der Hand eines *Riesen*[4] zu stehen. Und dann werdet ihr größer, und die noch Größeren erklären euch, wie eine Lampe funktioniert und ein Fernsehapparat. Dann lernt ihr, dass es keine Zwerge gibt und keine Riesen. Eure Vorstellungen werden immer kleiner und euer Wissen immer größer.

15 Ist das richtig?"

„Ja", *flüsterte*[5] ich und noch leiser: „Aber es ist doch auch nicht schlecht, wenn man wächst und lernt und die Welt versteht und ..." Er redete weiter: „Älter werdet ihr. Am Anfang wolltet ihr noch Feuerwehrmänner werden oder ganz was anderes und Kranken-

20 schwestern oder ganz was anderes, und eines Tages seid ihr dann Feuerwehrmänner und Krankenschwestern. Und ganz was anderes könnt ihr nicht mehr werden, dazu ist es zu spät. Das ist doch auch ein Kleinerwerden, nicht?

[1] Fantasie – Wenn man sich vieles (auch, was es nicht gibt) denken und vorstellen kann, hat man viel Fantasie.
[2] Zwerge – Ganz kleine Fantasiegestalten, die unter der Erde leben.
[3] Baumwurzel – Die Baumwurzeln sind in der Erde. Sie sind die „Füße" der Bäume und holen das Wasser aus dem Boden.
[4] Riesen – Sehr, sehr große Fantasiegestalten, die wie die Zwerge in Märchen auftreten.
[5] flüstern – ganz leise sprechen

b) **Lesen Sie jetzt den ganzen Text und ergänzen Sie die Tabelle: Was wird im Leben der Menschen kleiner, was größer.**

größer	die Fantasie
kleiner	

c) **Welche Textzeilen passen zu den folgenden Aussagen? Notieren Sie die Zeilen.**

1. Der kleine König meint, dass die Menschen in Wirklichkeit gar nicht größer werden.   Zeilen ....
2. Kinder wissen noch nicht viel. Deshalb denken sie sich viel aus.   Zeilen ....
3. Dann lernen die Kinder immer mehr, aber sie können sich immer weniger ausdenken.   Zeilen ....
4. Als Erwachsener hat man nicht mehr alle Möglichkeiten.   Zeilen ....
5. Deshalb ist das Älterwerden der Menschen auch ein Kleinerwerden.   Zeilen ....

3 Familienbeziehungen

a) Ergänzen Sie die Wortpaare.

♂	♀		♂	♀
1. der Vater	*die Mutter*		5. der Enkel	
2. der Bruder			6. der Onkel	
3. der Neffe			7. der Sohn	
4. der Cousin			8. der Großvater	

b) Wer ist das? Schreiben Sie wie im Beispiel.

1. Er ist der Bruder meiner Mutter: *Das ist mein Onkel.*

2. Sie ist die Tochter meiner Tante:

3. Er ist der Sohn meines Bruders:

4. Sie ist die Schwester meines Vaters:

5. Er ist der Großvater meiner Tochter:

6. Sie ist die Tochter meines Sohnes:

4 Meine Großeltern. **Ergänzen Sie die Possessivbegleiter im Genitiv.**

Das ist mein Großvater Ludwig mit meiner Tochter Klara. Die Geschichte seines Lebens habe ich mir bestimmt schon hundertmal angehört. Er spricht besonders oft über seine Geschwister und die Zeit _s_____ Kindheit. Das waren harte Zeiten, damals. Er sagt oft: „Ihr wisst gar nicht, wie glücklich die Zeit _e_____

Generation ist. Wir hatten oft Hunger und Angst. Abends haben wir manchmal das leise Weinen

_u_____ Mutter gehört, wenn wieder lange kein Brief gekommen war." Als Opa ein Kind war, war Krieg, und sein Vater war viele Jahre in Russland.

Und das ist meine Großmutter Erika. Kinder sind die größte

Freude _i_____ Lebens. Für uns ist sie der gute

Geist _u_____ Familie. Wenn sie sich die alten

Fotos _i_____ Kinder ansieht, wird sie manchmal

traurig, weil alle so schnell erwachsen geworden sind. Sie sagt

oft zu mir: „Genieß die Kindheit _d_____ Tochter. Du solltest mehr

Zeit für sie haben und öfter mit ihr spielen." Ohne die Unterstützung _m_____

Großeltern könnte ich vermutlich nur halbtags arbeiten. Dank _i_____ Hilfe ist das

zum Glück kein Problem! Ich hoffe sehr, dass sie noch lange gesund bleiben.

5 Goldene Hochzeit: 50 Jahre verheiratet! *Sicher* (✓) oder *nicht sicher* (?)? Kreuzen Sie an.

	✓	?
1. Ich bin mir sicher, dass meine Großeltern ihre goldene Hochzeit groß feiern.	☐	☐
2. Wahrscheinlich laden sie die ganze Familie, die Nachbarn und ihre Freunde ein.	☐	☐
3. Ich bin überzeugt, dass das ein ganz besonders schöner Tag wird.	☐	☐
4. Vielleicht ist es zum Fest im Juni sogar schon schön sommerlich warm.	☐	☐
5. Vermutlich werden meine Tanten wieder viele leckere Kuchen backen.	☐	☐
6. Es könnte auch sein, dass wir Enkelkinder ein Lied für die Großeltern singen.	☐	☐

6 Ingas Familienalbum

a) Wann könnte das gewesen sein? Ordnen Sie die Fotos den Zeiten zu.

3	im Sommer	☐	in der Weihnachtszeit	☐	im Winter
☐	im Herbst	☐	in der Karnevalszeit	☐	in den Sommerferien

b) Wer? Was? Wann? Ergänzen Sie die Beschreibungen der Fotos mit den folgenden Angaben und den Zeitangaben aus a) wie im Beispiel.

~~Hochzeitsfoto von Ingas Eltern~~ – Foto von ihrem ersten Schultag – Urlaubsfoto von ihrer Familie – Foto von Inga als Prinzessin – Familienfoto mit ihrem kleinen Brüderchen – Foto ihres neunten Geburtstags

1. Ich bin überzeugt, *dass das ein Hochzeitsfoto von Ingas Eltern ist* .

   Vermutlich *haben sie im Herbst geheiratet* .

2. Ich bin mir sicher, .

   Wahrscheinlich *war das* .

3. Es könnte sein, .

   Möglicherweise .

4. Vermutlich ist das .

   Ich nehme an, .

5. Ich vermute, .

   Ganz sicher .

6. Ich bin mir ganz sicher, .

   Wahrscheinlich, .

7 Geschichten aus dem Leben

🔊 33 a) *Seit wann ...?* Drei Personen erzählen. Hören Sie die Berichte und beantworten Sie die Fragen in Ihrem Heft.

Text 1:
a) Seit wann interessiert sich Heiner für Technik?
b) Seit wann weiß er, wie ein Radio funktioniert?

> *Seit er ein Kind war.*

Text 2:
c) Seit wann wollte Shirin Lehrerin werden?
d) Seit wann weiß sie, dass sie Lehrerin für Sprachen sein will?

Text 3:
e) Seit wann interessiert sich Miriam für die Natur?
f) Seit wann findet sie den Beruf ihrer Eltern spannend?

b) **Schreiben Sie mit den Angaben aus a) Sätze wie im Beispiel.**

1. *Seit Ingo ein Kind war, interessiert er sich für Technik.*

   Er weiß, wie ein Radio funktioniert, seit

2. Seit Shirin

   Sie

3. Seit Miriam

   Sie findet

8 Dafür und dagegen. **Lesen Sie die Argumente und ergänzen Sie *weder ... noch* und *nicht nur ..., sondern auch.***

1. 💬 Alle älteren Menschen sollten nicht mehr arbeiten und auch keinen Sport treiben.

   👍 Ich finde, es gibt für manche Dinge im Leben .... ein richtiges ....
   ein falsches Alter.

2. 💬 Die meisten Erwachsenen freuen sich schon auf das schöne Leben im Rentenalter.

   👍 Das glaube ich nicht. Viele Menschen haben .... Angst vor dem Alter,

   .... vor Krankheiten.

3. 💬 Ich meine, Kinder dürfen auch schon mal ein Bier probieren, wenn die Eltern dabei sind.
   👍 Das sehe ich ganz anders. Es spricht wirklich alles dafür, dass Kinder und Jugendliche

   .... Alkohol trinken .... rauchen sollten.

4. 💬 Alles spricht dafür, dass jeder einmal im Leben eine lange Auslandsreise macht.

   👍 Das klingt gut, aber leider haben viele .... die Zeit .... das Geld
   für so eine Reise.

5. 💬 Ich bin dafür, dass Kinder ihren Eltern im Haushalt helfen.

   👍 Da stimme ich dir nicht zu. Kinder sollten .... im Haushalt helfen

   .... auf ihre kleineren Geschwister aufpassen. Sie sollten viel spielen und Zeit
   für Freunde haben.

9 Kindheit – ein Fragebogen für Erwachsene

a) Ordnen Sie jeder Frage eine passende Antwort zu.

1. ☐*b* Was war dein größter Wunsch?

2. ☐ Was mochtest du gar nicht?

3. ☐ Was wolltest du werden?

4. ☐ Wovor hast du als Kind Angst gehabt?

5. ☐ Welche Musik hast du damals gerne gehört?

6. ☐ Was hast du als Kind am liebsten gegessen?

7. ☐ Wen hättest du damals gerne kennengelernt?

a) Als ich noch klein war, hätte ich gerne Superman getroffen.

b) Ich wollte unbedingt ein Pferd haben, aber meine Eltern waren dagegen.

c) Kinderlieder, besonders, wenn meine Oma sie für mich gesungen hat.

d) Ich fand Spaghetti mit Tomatensoße lecker. Das habe ich mir immer gewünscht.

e) Weil ich immer vom Fliegen geträumt habe, wollte ich natürlich Pilotin werden.

f) Ich fand es sehr unangenehm, wenn meine Tanten mir einen Kuss geben wollten.

g) Mein Vater war einmal ein paar Monate arbeitslos. Das war schrecklich und ich habe gedacht, dass es vielleicht immer so bleiben würde.

b) Und Sie? Beantworten Sie die Fragen aus Aufgabe a). Schreiben Sie auch, wie es heute ist.

> 1. Mein größter Wunsch war, einmal nach Disneyland zu fahren. Heute ist mein größter Wunsch, dass es meiner Familie gut geht.
> 2. Ich musste immer schon um sechs zu Hause sein. Das habe ich gehasst, denn ...
> 3. ...

10 Fitte Rentner

a) Was möchten die Rentner machen? Verbinden Sie.

Ich möchte endlich einen Computerkurs machen und 1

Ich möchte ein Haus auf dem Land kaufen und 2

Ich will nach Indien fahren und 3

Ich will einen Tanzkurs machen und 4

Ich möchte Englisch lernen und 5

Ich möchte jeden Tag drei Stunden am Schreibtisch sitzen und 6

a mir den Taj Mahal ansehen.

b dann eine Rundreise durch die USA machen.

c meiner Enkelin in Buenos Aires E-Mails schreiben.

d meine Biografie schreiben.

e meine Frau mit einem Tango überraschen.

f einen großen Garten haben.

b) Und Sie? Können Sie sich vorstellen, was Sie mal machen möchten, nachdem Sie in Rente gegangen sind? Schreiben Sie zwei Wünsche in Ihr Heft.

9 Migration

1 Migration – für beide Seiten ein Gewinn!

a) Hören Sie die Geschichte von drei Menschen mit Migrationshintergrund. Welches Foto passt zu wem? Ordnen Sie zu.

34

a ☐   b ☐   c ☐

1. Niguyen Gan
2. Victor Göllner
3. Emin Demir

b) Hören Sie noch einmal. Zu wem passen die Informationen? Kreuzen Sie an.

34

	Niguyen Gan	Victor Göllner	Emin Demir
1. Er hat seinen Schulabschluss nicht in Deutschland gemacht.	☐	☐	☐
2. Er fühlte sich in Deutschland zuerst nicht willkommen.	☐	☐	☐
3. Er hatte in den ersten Jahren Probleme mit der deutschen Sprache.	☐	☐	☐
4. Er ist in Deutschland aufgewachsen.	☐	☐	☐
5. Er ist heute stolzer Hausbesitzer.	☐	☐	☐
6. Er hat die Träume seiner Eltern nicht immer verstanden.	☐	☐	☐
7. Er reist regelmäßig in seine alte Heimat.	☐	☐	☐
8. Er wollte nicht in das Land seiner Eltern zurückkehren.	☐	☐	☐

c) So geht es weiter. Lesen Sie die Texte und ordnen Sie eine Person aus b) zu.

1. ....

Ganz langsam wurde alles besser. Die Kinder waren in der Schule, seine Frau arbeitete in einem Frisörsalon und 2003 ist die Familie in ihr eigenes Haus mit Garten umgezogen. Das hat der Familienvater selbst gebaut! Sein Chef, mit dem er sich immer gut verstanden hat, hat keine Kinder. Deshalb hat sein ältester Sohn nach der Ausbildung den Betrieb übernommen. Heute beschäftigt er über zehn Angestellte aus der Region und bietet jedes Jahr mindestens zwei Ausbildungsplätze an.

2. ....

Heute ist der gelernte Bankkaufmann ein bekannter Politiker in seiner Heimatstadt. Er spricht offen über seine Vergangenheit, denn er möchte Jugendlichen mit Migrationshintergrund zeigen, dass sie in Deutschland eine Chance haben, wenn sie zur Schule gehen, die Sprache lernen und sich anstrengen.

3. ....

Die Menschen in dem kleinen Dorf warten schon auf ihn, denn der Mann aus Deutschland bringt ihnen wichtige Medikamente und Material für die neue Dorfschule mit. In seiner Arztpraxis in Berlin kümmert er sich auch um viele Flüchtlinge, die oft noch keine Krankenversicherung haben und noch nicht Deutsch sprechen. Mit dieser Arbeit möchte er sich bei den Deutschen bedanken.

d) Hören Sie jetzt die Fortsetzungen. Waren Ihre Antworten aus c) richtig?

35

2 Wortschatz Migration.
Ordnen Sie den Definitionen passende Nomen zu.

1. _Zuwanderer_ ....: Menschen aus dem Ausland, die bei uns leben und arbeiten.

2. ....: Erste Unterkunft für Flüchtlinge, die gerade angekommen sind.

3. ....: So wurden Menschen, die als Arbeitskräfte angeworben wurden, genannt.

4. ....: Bildungsangebot für Zuwanderer: Sprache und Orientierung.

5. ....: Deutsche, die z. B. aus Russland nach Deutschland zurückgekommen sind.

6. ....: Die Aus- und Einwanderung von Menschen.

7. ....: Menschen, die ihre Heimat aus verschiedenen Gründen verlassen.

8. ....: Menschen, die ihre Heimat aus Angst vor Verfolgung und Krieg verlassen.

3 Relativpronomen im Genitiv. **Verbinden Sie die Sätze wie im Beispiel.**

1. Meine Nachbarin kommt aus Polen. Ich passe manchmal auf ihre Kinder auf.

   Meine Nachbarin, auf deren Kinder ich manchmal aufpasse, kommt aus Polen. ....

2. Herr Özdemir geht im Juli in Rente. Ich kaufe oft in seinem Lebensmittelgeschäft ein.

   ....

3. Heute steht ein Artikel über Frau Tran in der Zeitung. In ihrem Frisörsalon sind noch zwei Ausbildungsplätze frei.
   Über ....

   ....

4. Mein Freund Ivan fühlt sich hier in Bremen zu Hause. Seine Eltern kommen aus der Ukraine.

   ....

5. Die Meiers reisen zum ersten Mal nach Indien. Ihr Sohn arbeitet in Neu Delhi.

   ....

6. Mein neuer Chef kommt aus Korea. Seine Kinder besuchen hier die internationale Schule.

   ....

7. Unsere Software-Firma ist schon seit 14 Jahren hier. Die Zentrale ist in Singapur.

   ....

4 Arbeitsalltag. **Lesen Sie die Texte und markieren Sie alle Aufgaben aus dem Arbeitsalltag. Dann schreiben Sie Sätze mit** *lassen* **+ Infinitiv.**

> **Jekaterina Lutschko (28)** kommt aus der Ukraine und arbeitet seit zwei Jahren an der Rezeption in einem großen Hotel in München. Die Arbeit ist oft anstrengend. Ständig klingelt das Telefon. Ihre Gäste haben ganz unterschiedliche Wünsche. Oft soll sie den Gästen ein Taxi rufen, oder sie möchten, dass jemand ihr Gepäck zum Flughafen bringt. Manche wollen auch, dass Jekaterina ihnen Karten für die Oper oder das Theater reserviert oder möchten, dass der Kellner das Essen aufs Zimmer bringt. Langweilig wird es in ihrem Beruf nie!

1. *Die Gäste lassen Frau Lutschko ein Taxi rufen.*

2. ....

3. ....

4. ....

> **Khalil Salim Jandali (34)** ist eigentlich Bauingenieur. Er kommt aus Syrien und lebt seit zehn Monaten mit seiner Frau und den beiden Kindern in Deutschland. Khalil arbeitet jetzt in einem arabischen Lebensmittelgeschäft in Frankfurt, das einem Freund seiner Eltern gehört. Weil er schon etwas Deutsch konnte und einen Führerschein hat, muss er jeden Morgen zuerst auf dem Großmarkt einkaufen. Anschließend räumt er die frischen Waren in die Regale und Kühlschränke. Um 8 Uhr öffnet Kahlil das Geschäft. Dann bereitet er noch die Rechnungen für seinen Chef vor. Wenn er um 9 Uhr kommt, muss alles fertig sein.

5. *Sein Chef lässt Khalil jeden Morgen auf dem Großmarkt einkaufen.*

6. *Sein Chef lässt ihn* ....

....

7. ....

8. ....

5 Was glauben Sie: **Was macht Frau Piepenbrink selbst, was lässt sie machen?**

1. ihre Haare waschen / ihre Haare schneiden

   Sie wäscht ihre Haare selbst, aber sie lässt sie schneiden.

2. ihre Wohnung neu streichen / ihre Wohnung putzen

   ....

3. eine neue Waschmaschine aussuchen / eine neue Waschmaschine nach Hause bringen

   ....

4. den Teppich staubsaugen / den Teppich einmal im Jahr chemisch reinigen

   ....

5. die Bäume schneiden / den Garten pflegen

   ....

6 Das Verb *lassen* in der Alltagssprache

a) Sehen Sie sich die Bilder an und ordnen Sie die Aussagen zu.

a) Jetzt lasse ich es mir richtig gut gehen.

b) Das lasse ich mir nicht gefallen! Ich mache jetzt auch nichts mehr.

c) Hmm, Apfelkuchen mit Sahne. Das lasse ich mir nicht nehmen.

d) So kannst du sie nicht gehen lassen!

e) Das lasse ich lieber andere machen, die das besser können.

f) Lass mich jetzt nicht allein!

b) Hören Sie und überprüfen Sie Ihre Lösung aus a).

36

7 Wiederholung Passiv im Präteritum. **Ergänzen Sie die fehlenden Verben wie im Beispiel.**

> nennen – stoppen – akzeptieren – ~~holen~~ – erlauben – unterschreiben – gründen

1. 1961 .... *wurde* .... von der Bundesrepublik Deutschland und der Türkei ein Vertrag über die Einwanderung von Arbeitskräften ....

2. In den folgenden Jahren .... *wurden* .... viele Gastarbeiter aus der Türkei nach Deutschland .... *geholt* ....

3. Ausländer, die in dieser Zeit zum Arbeiten nach Deutschland kamen, ... Gastarbeiter ....

4. Schon 1962 .... der erste Verein türkischer Arbeitnehmer in Köln und Umgebung ....

5. Wegen der Wirtschaftskrise .... die Einwanderung weiterer Arbeitskräfte aus der Türkei und anderen Ländern 1973 ....

6. Den direkten Familienangehörigen der Gastarbeiter .... auch nach 1973 die Einwanderung in die Bundesrepublik Deutschland ....

7. Trotzdem .... die Bundesrepublik von der Politik noch sehr lange nicht als Einwanderungsland ....

8 Passiversatzform *man*. **Für Touristen und Einwanderer können deutsche Schilder ein Problem sein. Was soll *man* hier (nicht) machen?**

Betreten des Rasens verboten!
Hunde an der Leine führen
Der Verwalter

1

Tiere bitte nicht füttern

2

3 Zeigen Sie Ihren Ausweis an der Kasse vor.

Nur weißes Glas einwerfen!

4

5 Das Spielen im Treppenhaus ist verboten!
Der Eigentümer.

1. *Man soll den Rasen nicht betreten und* ....

2. ....

3. ....

4. ....

5. ....

9 Berufe beim Film. **Wer macht was? Verbinden Sie.**

Regisseure 1
Schauspieler 2
Autoren 3
Kameramänner und -frauen 4
Maskenbildner 5
Produzenten 6

a nehmen die Bilder auf.
b schminken die Schauspieler.
c kümmern sich u.a. ums Geld.
d spielen eine Figur aus dem Film.
e schreiben das Drehbuch.
f leiten die Dreharbeiten.

10 Neues Land – neues Glück? Ein Leserbrief

a) **Lesen Sie den Leserbrief rechts und sammeln Sie in der Tabelle positive und negative Aspekte zum Thema Migration.**

positiv ☺	negativ ☹
alle machen positive Erfahrungen	Bürokratie
neue Heimat ist interessanter	finanzielle Unsicherheit

Ihre Meinung ist uns wichtig – Leserbriefe

In Ihrem Artikel „Gut angekommen" vom 24.05.2016 berichten Sie über Deutsche, die ihre Heimat verlassen haben und in die USA, nach Spanien oder Thailand ausgewandert
5 sind. Alle haben nur positive Erfahrungen gemacht. Auswandern, so sagen diese Menschen, war schon immer ihr Traum und sie haben lange dafür gespart. In ihren Augen ist die neue Heimat interessanter, das Wetter
10 besser oder das Leben nicht so teuer. Sicher, am Anfang hatten sie Probleme mit der Sprache, der Bürokratie oder der anderen Kultur. Aber schon nach kurzer Zeit haben sie Arbeit, ein schönes Haus und viele neue
15 Freunde. Alles ist gut. Nicht nur für Kinder und Jugendliche sind die neue Sprache und das Kennenlernen der anderen Kultur ein Vorteil. Einverstanden.

Trotzdem habe ich mich auch ein wenig über
20 Ihren Artikel geärgert. Besonders in der letzten Zeit gibt es wieder viele Menschen, die ihre Heimat für immer verlassen müssen, weil sie sich dort nicht mehr sicher fühlen oder keine Arbeit finden können. Bei den
25 meisten Migranten, die nach Deutschland, Österreich oder in die Schweiz kommen, stehen politische oder religiöse Konflikte und finanzielle Unsicherheit am Anfang ihres Weges. Die Angst vor der Zukunft im eigenen
30 Land ist oft größer als die Angst vor den Problemen einer Flucht oder Auswanderung. Wer nicht aus persönlichem oder privatem Interesse, sondern als Einwanderer ohne eine qualifizierte, anerkannte Ausbildung
35 und mit nur wenig Geld in ein fremdes Land kommt, der ist nicht bei allen willkommen. Manche Menschen sind unfreundlich zu den Zuwanderern. Oft ist das so, weil sie Angst vor Fremden haben, die eine andere Sprache sprechen und eine andere Religion und Kul-
40 tur haben. Dann kann es leicht zu Missverständnissen auf beiden Seiten kommen.

Die Auswanderer in Ihrem Artikel fühlen sich im Ausland willkommen und haben schnell neue Freunde gefunden. Wer in der neuen
45 Heimat aber fast nur Probleme hat, verliert schnell seine Offenheit und vielleicht auch seine Energie. In einer schwierigen Situation sucht wohl jeder Mensch nach anderen Menschen aus seiner Heimat, bei denen er sich
50 ein bisschen zu Hause fühlen kann.

Aber ich glaube auch, dass es für alle besser ist, wenn man dem neuen Land oder den neuen Nachbarn gegenüber neugierig bleibt. Dabei hilft es sehr, wenn man die Sprache
55 lernt. Dann ist es leichter, Kontakte aufzubauen und in der neuen Heimat Arbeit und auch neue Freunde zu finden. Deshalb ist es auch sehr wichtig, dass der Staat beim Lernen der neuen Sprache hilft, zum Beispiel
60 mit Integrationskursen. Ich stimme Ihnen daher zu, dass Migration ein Gewinn für alle sein kann. Aber die Probleme sollten auch gesehen werden. Nur dann kann man sie lösen!
65

Işkin Demir, Wuppertal.

b) Sehen Sie sich noch einmal Ihre Angaben in der Tabelle an. Was finden Sie (nicht) richtig?

1. Ich vermute, *dass nicht alle deutschen Auswanderer im Ausland nur positive Erfahrungen machen.*

2. Ich meine auch, dass

3. Ich nehme an, dass

4. Wahrscheinlich ist es so, dass

5. Ich kann mir gut vorstellen, dass

6. Die beste Lösung ist meiner Meinung nach, dass

10 Europa

1 Herzlichen Glückwunsch, Europäische Union! **Die EU feierte im Jahr 2007 ihren 50. Geburtstag. Drei Europäer haben ihr damals in einem Forum gratuliert.**

a) **Lesen Sie die Beiträge. Welche Themen kommen vor? Kreuzen Sie an.**

	Geschichte	Wirtschaft	Sicherheits-politik	Migration	Reisen	Sprachen	Kulturen	Kindheit	Arbeit	Lebensmittel/Spezialitäten
Beitrag 1	☐	☐	☐	☐	☐	☐	☐	☐	☐	☐
Beitrag 2	☐	☒	☐	☐	☐	☐	☐	☐	☐	☐
Beitrag 3	☐	☐	☐	☐	☐	☐	☐	☐	☐	☐

---

www.freundedereu.com

Suche   Aktuelles   Presse   Forum

Liebe Europäische Union,

ich war drei Jahre alt, als der Zweite Weltkrieg zu Ende und wieder Frieden war. Als Kind habe ich vom Krieg fast nichts gemerkt. Davon habe ich erst später durch Erzählungen und aus Büchern mehr erfahren. So habe ich verstanden, wie wichtig es für uns alle ist, in Frieden und Freiheit zu leben. In Westeuropa begannen die Politiker schon in den 1950er Jahren, eine Gesellschaft des Dialogs aufzubauen.

Sie wussten damals schon, dass gemeinsames Handeln dem Frieden dient. Zum Dialog gehört auch, dass meine Enkel heute in der Schule z. B. Englisch, Französisch oder Spanisch lernen und Partnerschulen im europäischen Ausland besuchen. In Europa leben heute auch viele Menschen, die ihre Heimat verlassen mussten, weil es für sie dort nicht mehr sicher war. Hoffen wir, dass hier bald alle wirklich friedlich zusammenleben können!

Herzlichen Glückwunsch und alles Gute für die Zukunft von Louis de Clerk aus Belgien!

Liebe Europäische Union,

ich danke dir für die Möglichkeiten, die du mir und meinen Mitbürgern aus Lettland seit 2004 bietest. Die Mitgliedschaft in der Europäischen Union zeigt sich nicht nur in der Arbeit von EU-Institutionen und in der wirtschaftlichen Entwicklung. Europa bedeutet für mich viel mehr! Da sind zum Beispiel der wunderbare Kaffee in Rom, ein Urlaub am Mittelmeer in Spanien, meine Freunde aus Riga, die

jetzt in Kopenhagen leben und arbeiten, Käse aus Holland und Walzertanzen in Wien. Vor 2004 war das für mich unvorstellbar! Du hörst nicht auf, mich jeden Tag zu überraschen. Ich frage mich manchmal, wann endlich alle Europäer sich über deine Mischung aus Einheit und Vielfalt freuen können.

Herzlichen Glückwunsch zum Geburtstag von Girts Salmgriezis aus Lettland!

www.freundedereu.com

Suche   Aktuelles   Presse   Forum

Liebe EU,

das Interrail-Ticket, das die Deutsche Bahn 1972 eingeführt hat, war die Fahrkarte meiner Generation nach Europa. Wir waren auch die Ersten, die in Europa der offenen Grenzen groß geworden sind. Während sich die europäische Gemeinschaft in der großen Politik weiter entwickelte und du zum ersten Mal um drei Länder – Irland, Großbritannien und Dänemark – gewachsen bist, haben wir Europa im Kleinen – Bahnhof für Bahnhof und Stadt für Stadt – entdeckt. So konnten wir andere Kulturen und neue Perspektiven kennenlernen. Die Offenheit, die wir unterwegs lernten, war für uns auch später im beruflichen Leben sehr hilfreich.

Ich meine, wir sollten mehr an die positiven Dinge denken, die dich in den letzten 50 Jahren nach vorne gebracht haben: Wir sollten optimistischer sein, nicht so viel Angst vor den Schwierigkeiten haben, anderen gegenüber offen und tolerant sein und so mutig sein, nicht nur Probleme, sondern auch Vorteile und Lösungen zu sehen.

Alles Gute zum 50. Geburtstag von Günter Schwenker aus Deutschland!

b) **Lesen Sie die Beiträge noch einmal. Zu welchen Personen passen diese Aussagen am besten?**

Louis   Girts   Günter

1. Am wichtigsten ist, dass es zwischen den europäischen Staaten nie wieder Krieg gibt. Das wünsche ich den nächsten Generationen!   [X] [ ] [ ]
2. Die Europäische Union war in den 70er Jahren für meinen Start ins Berufsleben nützlich.   [ ] [ ] [ ]
3. Ich finde Europa toll, weil wir jetzt die Möglichkeit haben, auch ohne komplizierte Visumanträge in den westeuropäischen Ländern zu leben und zu arbeiten.   [ ] [ ] [ ]
4. Dieses Jahr machen meine Kinder eine Europareise. Schade, dass sie fliegen und nicht mit der Bahn fahren. So lernen sie unterwegs nicht so viel über Europa.   [ ] [ ] [ ]
5. Meine Enkelin spricht Französisch, Niederländisch und Englisch. Ich wünschte, wir hätten in der Schule auch zwei europäische Sprachen gelernt.   [ ] [ ] [ ]
6. Vielleicht mache ich bald eine Reise nach Dänemark und besuche dort Freunde aus meiner Heimat.   [ ] [ ] [ ]
7. Obwohl wir wirklich nicht mehr die Jüngsten sind, reisen wir noch immer gern durch Europa. Im Frühling machen wir eine Mittelmeer-Kreuzfahrt.   [ ] [ ] [ ]

2 Das ist Europa

a) Welche Präpositionen passen zu diesen Verben? Lesen Sie den Text und ergänzen Sie.

1. gehören ....
2. bestehen ....
3. sich bewerben ....
4. beitragen ....
5. verstoßen ....
6. sich wenden ....

Im Jahr 1957 unterschrieben die Regierungs-chefs von sechs europäischen Staaten die Römischen Verträge. Neben Frankreich, Belgien, den Niederlanden, Luxemburg und Italien gehörte auch Deutschland zu den Gründungsmitgliedern. Heute besteht die EU schon aus 28 Staaten, und weitere Länder bewerben sich um die Mitgliedschaft. Aber es gibt auch Kritiker, die z.B. meinen, dass die Verwaltung der EU zu bürokratisch und viel zu teuer ist. In einigen Mitgliedstaaten gibt es auch Probleme mit der Wirtschaft oder der Integration. Trotzdem kann man sagen, dass die EU in Europa auch zu mehr Frieden und Sicherheit beigetragen hat. Auch ein Staat kann gegen die Gesetze verstoßen. Dann können sich anderen Mitgliedstaaten an den Europäischen Gerichtshof wenden.

b) Schreiben Sie mit den Angaben im Text aus a) passende Fragen mit *wo* (+*r*) + Präposition.

1. *Wozu gehört Deutschland?* ....

   Zu den Gründungsmitgliedern.

2. ....

   Aus 28 Mitgliedstaaten.

3. ....

   Um die Mitgliedschaft in der EU.

4. ....

   Zu mehr Frieden und Sicherheit in Europa.

5. ....

   Gegen die Gesetze.

6. ....

   An den Europäischen Gerichtshof.

3 Assoziationen zu Europa. Welche Wörter fallen Ihnen ein? Ergänzen Sie.

.... F R I E D E N ....

.... U ....

.... R ....

.... O ....

.... P ....

.... A ....

4 Wie gut kennen Sie Europa? **Kreuzen Sie die richtige Antwort an.**

1. Welche Institution hat ihren Sitz in Frankfurt am Main?

   a) ☐ der Europäische Rat
   b) ☐ die Europäische Zentralbank (EZB)
   c) ☐ der Europäische Gerichtshof

2. In welchem Jahr feierte die Europäische Union ihren 50. Geburtstag?

   a) ☐ 1989
   b) ☐ 2004
   c) ☐ 2007

3. Welches Land wurde u. a. 2004 Mitglied der EU?

   a) ☐ Belgien
   b) ☐ Irland
   c) ☐ Lettland

4. Welches Land ist kein Gründungsmitglied?

   a) ☐ Frankreich
   b) ☐ Großbritannien
   c) ☐ Italien

5 Podcast von Hannes: Wer regiert eigentlich die Europäische Union?

)))👂 **a) Hören Sie den ersten Teil des Podcasts und schreiben Sie die Fragen mit.**

37 Frage   Antwort

1. *Wie viele Mitgliedstaaten hat die EU?* ....

2. ....

3. ....

4. ....

5. ....

b) Beantworten Sie nun die Fragen von Hannes.

)))👂 **c) Hören Sie im zweiten Teil die Lösungen zu den Fragen. Haben Sie alles gewusst?**

38

6 Über Politik sprechen. **Verbinden Sie die Satzteile und schreiben sie die Sätze.**

1. Bei uns in ... spricht man
2. Ich interessiere mich auch/aber
3. Ich bin/war in (meiner Heimat)
4. Meine Freunde finden es (auch)
5. Für mich sind Frieden und Sicherheit
6. Wenn ich Politiker(in) wäre, würde ich

(nicht) oft/nie
nie/lange
(nicht) die wichtigsten
(nicht/sehr) wichtig,
nicht/sehr
mehr

Mitglied in einer Partei.
über Politik.
Ziele der Politik.
mit den Bürgern sprechen.
für Politik.
über Politik zu sprechen.
...

1. *Bei uns in Deutschland spricht man oft über Politik.* ....

2. ....

3. ....

4. ....

5. ....

6. ....

7 Wortbildung mit *-keit* oder *-heit*

a) **Finden Sie die Adjektive in den Nomen.**

1. Mehrsprachigkeit *mehrsprachig*

2. Unpünktlichkeit ....

3. Möglichkeit ....

4. Gemeinsamkeit ....

5. Zufriedenheit ....

6. Sicherheit ....

7. Krankheit ....

8. Freiheit ....

b) **Ergänzen Sie den Text mit sechs passenden Nomen aus Aufgabe a).**

In meiner Familie sprechen alle mindestens drei Sprachen!

Meine Eltern sind in den 70er Jahren aus Portugal nach Deutschland gekommen und ich bin hier aufgewachsen. In meiner

Familie ist ___*Mehrsprachigkeit*___ ganz selbstverständlich. Weil mein Mann aus Polen kommt, hatten unsere Kinder die

.... [1], zu Hause Portugiesisch und Polnisch zu lernen. Natürlich sprechen wir auch alle Deutsch. Am Anfang fehlte meinem Mann noch die

sprachliche .... [2], aber jetzt spricht er sogar fast ohne Akzent Deutsch. Ich habe Michal zufällig in Portugal kennen gelernt. Auch er hat als Pole 1992 die neue

.... [3] genossen und ist durch ganz Europa gereist. Auf dem Bahnhof in

Lissabon ärgerte sich Michal am Fahrkartenschalter über die .... [4] der Züge. Ich wollte ihm helfen, damit es schneller geht, und merkte, dass er Deutsch sprach.

Ich glaube, ohne diese überraschende .... [5] hätte ich seine Einladung auf einen Kaffee nicht angenommen. Ein Jahr später haben wir geheiratet. Wir leben in Deutschland, aber unsere Heimat heißt Europa. Uns geht es richtig gut!

Diese .... [6] wünschen wir uns auch für unsere Kinder.

8 Endlich in Rente!

a) **Negation mit *nicht* oder *keine*? Ergänzen Sie.**

1. *nicht* früh aufstehen

2. .... pünktlich im Büro sein

3. .... E-Mails schreiben

4. .... Präsentationen vorbereiten

5. .... Geschäftsreisen machen

6. .... nett zu allen Kunden sein

b) **Formulieren Sie die Angaben aus der Liste in a) mit *brauchen* + *zu* + Infinitiv.**

1. *Ab morgen brauche ich nicht früh aufzustehen.*

2. *Ich brauche* ....

3. ....

4. ....

5. ....

6. ....

9 Ich mache das trotzdem!

a) Was passt zusammen? Verbinden Sie.

Ich habe kein Geld.	1	a	Ich verspäte mich manchmal.
Ich habe viel Arbeit.	2	b	Ich fahre nach Paris.
Ich stehe immer früh auf.	3	c	Ich plane einen teuren Urlaub.
Ich spreche kein Französisch.	4	d	Ich habe nie Langeweile.
Ich habe keine Hobbys.	5	e	Ich nehme mir Zeit für meine Kinder.

b) Schreiben Sie Sätze mit *trotzdem* wie im Beispiel.

1. *Ich habe kein Geld. Trotzdem plane ich einen teuren Urlaub.* ....
2. ....
3. ....
4. ....
5. ....

c) Machen Sie aus den Hauptsätzen in b) Nebensatzverbindungen mit *obwohl*.

1. *Obwohl ich kein Geld habe, plane ich einen teuren Urlaub.* ....
2. ....
3. ....
4. ....
5. ....

10 *Entweder ... oder ...* **Wie entscheiden Sie sich? Ergänzen Sie die Sätze.**

> ein paar Tage wegfahren – ins Kino gehen – eine Party machen – ~~eine Pause machen~~ – im Bett bleiben – etwas kochen – ~~Yoga machen~~ – essen gehen – darüber reden – einen Kaffee trinken – mit meiner Partnerin/meinem Partner feiern – zum Arzt gehen – einen Mittagsschlaf machen – in Internetforen nach einer Lösung suchen

1. Wenn ich Stress habe, *mache ich entweder eine Pause oder ich mache Yoga.* ....
2. Wenn ich Hunger habe, ...
3. Wenn ich krank bin, ...
4. Wenn ich Zeit habe, ...
5. Wenn ich müde bin, ...
6. Wenn ich Geburtstag habe, ...

   ....
7. Wenn ich Probleme habe, ...

   ....

1 Ein Herz für den Bodensee

a) **Sehen Sie sich die Fotos und die Karte an. Wo liegen die Orte? Schreiben Sie Sätze wie im Beispiel.**

a Stadtzentrum Überlingen

b Konstanz

c Friedrichshafen bei Nacht

d St Maria und Markus auf der Klosterinsel Reichenau

e Hafen in Lindau

f Seebühne Bregenz

Überlingen liegt im Westen am Bodensee, nördlich der Stadt Reichenau.

b) Lesen Sie den Prospekt und die Aussagen. Für wen ist was besonders interessant? Ordnen Sie die Städte zu, manchmal gibt es mehrere Möglichkeiten.

Ein  für den Bodensee

Am Bodensee kann man einen herrlichen Urlaub verbringen. Segeln, Baden, Wandern oder Bootsausflüge sind beliebte Aktivitäten. Aber nicht nur das Wasser und die wunderschöne Landschaft machen einen Besuch zu einem Erlebnis. Es gibt auch viel Kulturelles zu entdecken. Wir haben einige Highlights für Sie zusammengestellt:

In **Friedrichshafen** gibt es das Zeppelin-Museum. Es ist ein ganz besonderes Museum, denn hier finden Sie die weltweit größte Sammlung zur Geschichte und Technik der Zeppelin-Luftschifffahrt.

Die **Klosterinsel Reichenau** ist seit dem Jahr 2000 Weltkulturerbe der UNESCO. Die gut erhaltenen Kirchen sind wunderschöne Beispiele der klösterlichen Architektur des 9. bis 11. Jahrhunderts. Entdecken Sie zahlreiche Schätze aus der Kunstgeschichte des frühen Mittelalters!

Sie haben Lust auf Theater oder Oper? Dann müssen Sie unbedingt eine Aufführung in der einzigartigen Atmosphäre der **Seebühne Bregenz** genießen.

Sie haben genug in der Sonne gelegen und wollen Stadtluft schnuppern? Dann besuchen Sie **Konstanz**, die moderne Stadt mit Mittelalter-Flair. Hier können Sie bummeln, zahlreiche Museen besuchen und das vielfältige Musikprogramm lädt zu einem unterhaltsamen Abend bei Life-Musik ein.

Sie wollen Ihr Fotoalbum vom Urlaub um einige spektakuläre Motive erweitern? Dann fahren Sie nach **Lindau**. Die Lindauer Hafeneinfahrt ist das Wahrzeichen der Stadt. Die sechs Meter hohe Löwen-Statue und der neue Leuchtturm mit einer Höhe von 33 Metern sind besonders reizvolle Fotomotive. Wenn Sie die 139 Stufen nach oben steigen, können Sie einen atemberaubend schönen Rundumblick auf die Inselstadt, den Bodensee und die Alpen genießen.

Sie sind Garten-Fan? Dann hat **Überlingen** Ihnen was ganz Besonderes zu bieten: Der 1875 angelegte Stadtgarten ist eine der bedeutendsten botanischen Sehenswürdigkeiten am Bodensee. Außerdem kann man bei einem Spaziergang durch das Städtchen bezaubernde Renaissancegebäude entdecken, wie zum Beispiel die ehemalige Kanzlei, in der heute das Stadtarchiv zu finden ist.

1. Ich bin Amerikanerin und habe Kunstgeschichte studiert. Deshalb liebe ich Europa, weil es da so viele tolle Beispiele der verschiedenen architektonischen Stile gibt.

2. Ich bin Hobbygärtner, deshalb besuche ich gerne botanische Gärten. Da bekomme ich gute Ideen für meinen eigenen Garten.

3. Natürlich liebe ich es, mich im Urlaub zu entspannen. Aber nur am Wasser liegen ist mir zu langweilig. Ich will auch ausgehen und Spaß haben oder mal eine schöne Theateraufführung sehen.

4. Ich bin ein echter Technik-Freak. Besonders faszinieren mich die Anfänge des Fliegens.

5. Ich fotografiere sehr gern. Nach jedem Urlaub lege ich ein Album mit den besten Fotos an. Ich habe sogar schon Fotos verkauft!

6. Ich bin kein großer Opernliebhaber. Aber wenn die Bühne im Freien ist, vor einer atemberaubenden Naturkulisse, dann kann ich mich dafür begeistern.

c) Was würden Sie am liebsten tun? Schreiben Sie Ihr persönliches Programm.

Hörtexte des Intensivtrainings

Hier finden Sie alle Hörtexte, die nicht oder nicht komplett in den Einheiten abgedruckt sind.

1 Zeitpunkte

2

+ Hallo Çem!
– Mensch, Sabine, wie geht's?
+ Ganz gut. Und dir?
– Prima. Ich habe eine neue Stelle in einem Fitnessstudio in Dortmund gefunden. Am Donnerstag lerne ich schon die Kollegen und Kolleginnen bei einem Fitnesstrainer-Work-Out kennen.
+ Ach, Das klingt ja toll! Aber ich wollte dich eigentlich am Donnerstag zu einem Kaffee einladen.
– Tja. Unser Fitnesstrainer Work-Out findet in Dortmund statt und beginnt um fünf. Ich möchte auf jeden Fall pünktlich sein und fahre schon eine Stunde früher los.
+ Schade. Hast du am Freitagabend auch schon etwas vor?
– Am Freitagabend? Warum?
+ Na ja, da gibt es in der Philharmonie ein Konzert mit Werken von Mozart. Du magst doch klassische Musik, oder?
– Klar. Sehr! Gibt es denn noch Karten?
+ Keine Ahnung, aber ich habe schon zwei Eintrittskarten. Eigentlich wollte ich mit meiner Schwester in das Konzert gehen, aber jetzt kann sie doch nicht.
– Wann beginnt das Konzert denn?
+ Um sieben.
– Kein Problem. Ich komme gerne mit. Treffen wir uns dann um halb sieben in der Philharmonie?
+ Ja. Das hört sich gut an. Und anschließend gehen wir noch etwas trinken. Einverstanden?
– Immer, gerne. Dann bis Freitag.
+ Ja, tschüss!
– Ach, warte mal, Sabine. Hat Peter dich auch zu seinem Geburtstag am Sonntag um elf eingeladen?
+ Um elf? Ach ja, richtig. Er will ein Geburtstagsfrühstück machen.
– Genau und ich weiß nicht, was ich mitbringen kann?
+ Ach so. Also, ich bringe schon Sekt mit. Mach doch einen leckeren Obstsalat. Das passt immer gut.
– Keine schlechte Idee. Danke! Also, ich muss jetzt auch weiter. Bis dann!
+ Bis Freitag. Tschüss!

7 a)

Annette kenne ich schon seit meiner Schulzeit. Sie ist total nett und immer noch eine gute Freundin. Das Besondere an ihr war schon früher, dass sie nie zu spät kam. Wirklich nie. Wenn der Unterricht anfing, saß sie schon auf ihrem Stuhl. Wenn ich sie zu einer Party abholen wollte, stand sie schon vor der Tür und sah auf ihre Uhr. Sie verstand einfach nicht, dass man auch unpünktlich sein kann. Nach der Schule fing sie eine Ausbildung zur Mechatronikerin an. Der Beruf gefiel ihr schon lange. Sie fuhr nun jeden Morgen mit dem Bus in die Werkstatt. Sie ging immer schon eine Viertelstunde früher zur Haltestelle, weil sie den Bus auf keinen Fall verpassen wollte und sie kam nie zu spät zur Arbeit. Ihrem Chef gefiel das sehr, aber ihre Kollegen fanden das gar nicht so toll.

7 d)

An einem sonnigen Montagmorgen im März hörte Annette zum ersten Mal in ihrem Leben ihren Wecker nicht. Als sie aufwachte, war es schon halb acht! Sie fuhr schnell mit ihrem Fahrrad zur Haltestelle, aber der Bus war weg und sie musste auf den nächsten warten. An der Haltestelle sah sie Ralf, sie fand ihn sofort toll. Im Bus saß er neben ihr und als er aussteigen musste, gab er ihr einfach schnell seine Telefonnummer. Danach gingen sie manchmal zusammen aus.
Heute ist Annette schon seit drei Jahren mit Ralf verheiratet und sie haben eine kleine Tochter. Gut, dass sie an dem Morgen im März unpünktlich war!

2 Alltag

3

Hallo, hier ist wieder euer Hannes aus Berlin. Und heute soll es in meinem Podcast um das Thema „Stress" gehen. Ich habe manchmal das Gefühl, alle reden nur noch über Stress.
Mal sehen. Da ist zum Beispiel mein Freund Max. Der hat gerade wieder Prüfungsstress. Ehrlich gesagt finde ich, dass das auch kein Wunder ist, denn er fängt immer erst kurz vor der Prüfung mit dem Lernen an. Ich habe bei Prüfungen auch manchmal ein bisschen Stress, weil ich Zeitdruck habe, aber das finde ich auch ziemlich normal. Ich finde andere Sachen stressiger, zum Beispiel, wenn ich keinen Parkplatz finde. Seit ich ein Auto habe, passiert mir das hier in Berlin sehr oft.
Und dann ist da noch Jan. Gestern habe ich ihn beim Volleyballtraining getroffen. Der hat gerade totalen Stress mit seiner Freundin Maja. Schon wieder! Oder immer noch? Ich weiß es nicht, und es interessiert mich auch nicht wirklich, weil ich ihm schon mindestens tausendmal gesagt habe, dass er mit ihr reden muss oder sich von ihr trennen soll. Ich kenne Maja jetzt auch schon ziemlich lange und finde nicht, dass sie dauernd Stress macht. Sie ist wirklich ganz nett, aber Jan kann manchmal ziemlich chaotisch sein. Dauernd vergisst er etwas: den Hausschlüssel, eine Verabredung, seine Sporttasche, die Pin für seine Bankarte. Das geht mir dann allerdings ziemlich auf die Nerven. Den meisten Stress hat Jan aber mit Maja, weil sie am Wochenende die Wohnung putzen möchte und er keine Lust dazu hat. Zum Glück habe ich damit keine Probleme mehr. Ich wohne jetzt alleine und kann aufräumen, wann ich will. Das ist total stressfrei. So richtig viel Stress habe ich eigentlich nur, wenn es irgendwo sehr laut ist. Lärm, zum Beispiel von einer Baustelle oder

so, kann ich gar nicht ertragen! Max stört das weniger. Wir sind eben nicht alle gleich. Wie ist das bei euch? Ich bin schon gespannt auf eure Kommentare!

5 a) und b)
Dialog 1:
+ Guten Tag, was kann ich für Sie tun?
– Hallo! Ich habe mein Portemonnaie verloren und jetzt ist meine EC-Karte weg. Deshalb möchte ich sie sperren.
+ Kein Problem. Können Sie mir Ihre Kontonummer sagen?
– Ja, Moment, hier, ich habe sie notiert.
+ Aha ja. So, jetzt müssen Sie nur noch eine neue Karte beantragen. Bitte füllen Sie dieses Formular aus.
– Dauert das lange?
+ In ca. einer Woche haben Sie die neue Karte. Die Geheimzahl schicken wir Ihnen getrennt zu.
– Und wie bekomme ich jetzt Geld?
+ Das ist kein Problem. Haben Sie Ihren Personalausweis dabei? Wie viel brauchen Sie?
– Einhundert Euro, bitte.
+ Gut. Bitte unterschreiben Sie die Quittung. Ja, danke. Und hier Ihr Geld.
– Vielen Dank. Auf Wiedersehen.

Dialog 2:
+ Hallo? Guten Tag. Sie müssen mir helfen. Mein Handy – man hat es mir gestohlen!
– Ja. Guten Morgen. Klingberg, mein Name. Sie wollen also Anzeige erstatten?
+ Ja genau. Also, das war so …
– Moment, zuerst brauche ich Ihren Namen, Geburtsdatum und -ort, Ihre Adresse und Telefonnummer.
+ Ach so, ja natürlich. Also, ich heiße Inmaculada Sánchez Moreno. Ich wurde am 22. Juli 1984 in Málaga, in Spanien geboren und wohne hier in der Alstergasse 13 in 22337 Hamburg. Meine Mobilnummer ist die 0173 856 43 22.
– Okay. Jetzt beschreiben Sie bitte, was, wann, wo passiert ist und wer beteiligt war.
+ Ich war heute zwischen 14 und 15 Uhr mit meiner Freundin in der Mönckebergstraße shoppen. Gegen 14:20 Uhr kamen wir aus dem Kaufhaus Galería. Am Eingang war es sehr voll und ein junger Mann stieß mit mir zusammen. Er entschuldigte sich sofort, aber ich hatte gleich ein komisches Gefühl. Deshalb habe ich sofort in meine Hosentasche nachgesehen und das Handy war weg. Der Mann leider auch.
– Wie sah er denn aus?
+ Tja, ganz normal eigentlich. Er war vielleicht 20, 25 Jahre alt, dunkelhaarig und ich glaube, er hatte Jeans und eine Lederjacke an.
– Gut, ich lese Ihnen das Protokoll vor und Sie unterschreiben es dann.
+ Und wie geht es dann weiter?
– Wir melden uns bei Ihnen. Sie bekommen auch gleich noch eine Kopie der Anzeige. Bitte warten Sie einen Moment. Ich muss die Anzeige noch ausdrucken.

10 b) und c)
+ Frau Dr. Haller, Stress und Langeweile am Arbeitsplatz – was ist schlimmer?
– Die Frage kann ich nicht so einfach beantworten. Ich finde auch nicht wichtig, was schlimmer oder weniger schlimm ist.
+ Sie sind Psychologin und beschäftigen sich intensiv mit dem Thema „Langeweile am Arbeitsplatz". Warum?
– Naja, ich glaube, ich finde das Thema so interessant, weil eigentlich niemand darüber sprechen möchte. Man hört ja immer nur, dass alle unheimlich viel zu tun und total viel Stress haben. Oder hat Ihnen schon einmal jemand erzählt, dass er sich an seinem Arbeitsplatz langweilt?
+ Nein, das hat mir wirklich noch niemand erzählt.
– Genau das meine ich. Wenn ich sage, dass ich zu viel Arbeit und viel Stress habe, dann ist das, was ich tue, wichtig. Man braucht mich. Stress hört sich also irgendwie gut an. Aber Langeweile …
+ Stimmt. Das hört sich wirklich nicht so gut an.
– Viele Menschen haben aber Probleme mit Langeweile am Arbeitsplatz, weil sie nicht viel zu tun haben oder die Aufgaben nicht interessant finden, oder weil sie in ihrem Beruf nur selten Erfolg haben. Aber jeden Tag Langeweile – das kann krank machen! Aber kaum jemand geht deswegen zum Arzt. Irgendwie ist ihnen das Thema peinlich. Sie denken: Durch Stress krank werden ist ja in Ordnung, aber durch Langeweile … Manche machen dann sogar noch Überstunden! Die Kollegen und die Familie sollen ja nicht wissen, dass sie Probleme haben. Naja. Bis sie dann richtig krank sind. Dann brauchen sie dringend Hilfe und gehen endlich zum Arzt oder kommen in meine Praxis.
+ Aha. Und wie helfen Sie diesen Menschen?
– Ich spreche mit ihnen über ihre Situation. Ich muss möglichst genau wissen, wie ihr Alltag aussieht, was sie jeden Tag tun und wie es ihnen damit geht. Viele Patienten merken erst in unseren Gesprächen, dass die Langeweile der Grund für ihre Krankheit ist. Und wir suchen dann gemeinsam nach einer Lösung.
+ Und das funktioniert?
– Ja. Man sollte auf jeden Fall gut überlegen, ob man die Situation selbst ändern kann, zum Beispiel durch eine neue Arbeitsstelle oder eine Umschulung. Manchmal hilft auch schon ein Gespräch mit dem Chef über andere oder neue Aufgaben.

11 a) und b)
– Was ist denn mit dir los? Du siehst ja ganz fertig aus!
…
– Bist du krank? Dann solltest du dich lieber ausruhen.
…
– Ganz besonders? Das verstehe ich nicht.
…
– So ein Quatsch! Früher hattest du immer viel zu viel zu tun und keine Zeit für Hobbys. Jetzt hast du Zeit! Du solltest dir endlich mal eine Sportgruppe suchen oder in einen Verein gehen.
…
– Jetzt hör aber auf! Ich glaube, du hast nicht nur Langeweile. Du hast auch schlechte Laune!

3 Männer – Frauen – Paare

1 c) und d)

+ So, wir haben schon den ersten Anruf zu unserem heutigen Thema „Jungen spielen anders – Mädchen auch". Guten Morgen, Frau Berger. Sie haben zwei Kinder?
– Guten Morgen, Herr Lehmann. Ja, das ist richtig. Wir haben einen Sohn und eine Tochter. Der Max ist gerade sechs geworden und unsere Tochter Juli ist fast fünf.
+ Dann sind Sie ja eine richtige Expertin für unser Thema. Wie ist das bei Ihren Kindern? Spielt Ihr Sohn mit anderen Sachen als Ihre Tochter?
– Naja, nicht immer. Und die beiden spielen ja auch oft zusammen. Zum Beispiel mit der Kinderküche, die Juli von der Oma zu Weihnachten bekommen hat. Und dem Max gehört ein Bauernhof mit vielen Tieren. Damit spielen sie auch oft gemeinsam.
+ Aha. Haben Ihre Kinder denn auch Lieblingsspielzeuge?
– Oh ja, aber es sind nicht immer die gleichen Sachen. Im Moment spielt Max am liebsten mit seinem Feuerwehrauto. Das hat er von uns zum Geburtstag bekommen, und es ist noch ziemlich neu. Wenn Juli auch mal mit dem Auto spielen möchte, wird er richtig sauer. Das erlaubt er gar nicht. Und Juli hat ein kleines Spielzeugpferd, das Max nicht haben darf. Sie weiß, dass er beim Spielen oft nicht vorsichtig ist und dann auch mal etwas kaputt geht. Das gibt dann manchmal schon einen richtig lauten Streit.
+ Das kann ich mir gut vorstellen. Aber das passt ja auch gut zu der typischen Aussage, dass Jungen sich in dem Alter für Autos interessieren und Mädchen für Pferde, oder?
– Das stimmt. Trotzdem glaube ich aber nicht, dass das immer so ist. Der Max hat zum Beispiel zu seinem vierten Geburtstag einen Fußball von uns bekommen. Der lag dann lange in seinem Zimmer einfach nur im Regal, bis Juli ihn entdeckt hat. Sie nimmt den Ball jetzt immer mit auf den Spielplatz und spielt dort mit den anderen Kindern Fußball. Max findet Fußball bis jetzt noch ziemlich uninteressant. Vielleicht wird das noch anders, wenn er in die Schule kommt.
+ Oft wird ja auch gesagt, dass Jungen sich schon früh für Elektronikspielzeug interessieren. Ist das bei Max auch so?
– Nein, bis jetzt noch nicht. Er spielt noch gerne mit dem Spielzeug, das wir als Kinder auch schon hatten. Zum Beispiel einen Teddy oder eine Bahn aus Holz. Das war auch das erste richtige Weihnachtsgeschenk für unseren Sohn. Da war er zwei. Und später hat auch Juli noch lange mit der Bahn gespielt. Und natürlich hat auch jedes Kind einen eigenen Teddy. Juli spielt oft mit ihrem Teddy, Max eigentlich nie. Aber sein Teddy muss abends immer in seinem Bett liegen. Sonst kann er nicht einschlafen.
+ Eine letzte Frage: Finden Sie es in Ordnung, wenn Jungen mit einer Küche spielen und Mädchen Fußball?

– Warum denn nicht? Mir ist besonders wichtig, das Jungen und Mädchen zusammen spielen und das tun dürfen, was ihnen auch Spaß macht!
+ Das war ein schönes Schlusswort. Vielen Dank für das Gespräch.

3

Krankenschwester – Mechaniker – Ärztin – Anwalt – Polizistin – Hausfrau

5 b) und c)

+ Frau Tengelmann, Sie sind seit vier Jahren LKW-Fahrerin. Wie sind Sie auf die Idee gekommen?
– Naja, ich konnte den Betrieb von meinem Mann nach seinem Tod nicht weiter führen. Es war einfach nicht genug Geld da. Also habe ich das Taxiunternehmen verkauft. Meine Söhne fanden das zum Glück okay. Dann habe ich ein Jahr gar nicht gearbeitet. Aber immer zu Hause sitzen, wenn man vorher fast immer mit dem Taxi unterwegs war, das ist auch nichts für mich gewesen. Ein Freund brachte mich dann auf die Idee. Ich war gleich begeistert, habe eine Umschulung und den LKW-Führerschein gemacht und auch gleich eine Stelle gefunden.
+ Aha. Sie waren also von dem Beruf begeistert. Ist das nach vier Jahren auch noch so?
– Ja. Ich finde meinen Beruf toll. Ich habe einen sicheren Arbeitsplatz und war mit meinem LKW schon in vielen europäischen Ländern. Das ist auf jeden Fall interessanter, als zu Hause zu sitzen! Und die meisten Kollegen sind auch sehr nett. Es gibt natürlich auch manchmal blöde Kommentare. Aber da höre ich gar nicht zu. Ich mache meine Arbeit und gut. Meine Söhne finden es toll, dass ich in meinem Alter noch einen typischen Männerberuf angefangen habe.
+ Vielen Dank für das Gespräch.
– Gerne, jetzt muss ich auch weiter.

7

+ Sag mal Britta, du wirst ja bald 50. Wie fühlt sich das an?
– Naja, das ist für mich schon ein besonderer Geburtstag. Ehrlich gesagt habe ich bei meinen letzten Geburtstagen nie darüber nachgedacht, wie meine Zukunft aussieht. Jetzt denke ich oft darüber nach, was ich mir für die nächsten Jahre noch wünsche.
+ Interessant. Was wünscht du dir denn für die nächsten Jahre?
– Naja, am wichtigsten finde ich Gesundheit. Für meine Gesundheit möchte ich viel mehr tun, zum Beispiel mehr Sport machen und gesünder essen, also mehr Gemüse und so.
+ Das hört sich gut an.
– Ja, ist aber nicht immer so einfach.
+ Und was wünscht du dir noch?
– Freundschaft. Die Kinder sind nun schon groß. Ich möchte endlich mehr Zeit mit Freunden verbringen und öfter mit meiner besten Freundin verreisen. Wir träumen schon lange von tollen Reisen nach Südamerika oder Asien.

+ Das wird nicht billig.
– Es muss aber auch nicht teuer sein. Ich finde Reisen jedenfalls wichtiger als ein tolles Auto oder eine eigene Wohnung.
+ Na denn, auf die Zukunft!

11 a) und b)

A Ich habe nichts zum Anziehen!
B Am Markt gibt es einen neuen Italiener.
C Ich habe schon lange keine Sachertorte gegessen.
D Hach, meine Kollegin fliegt schon wieder nach Bali!

4 Arbeit im Wandel

1 b)

Das Emsland ist eine circa 2881 Quadratkilometer große Region im südwestlichen Niedersachsen. Die längste Strecke von der westlichen Grenze zu den Niederlanden an die östliche Grenze des Emslands ist 56 Kilometer lang. Die Entfernung vom nördlichsten Punkt des Emslands zum südlichsten Punkt an der Grenze zum Bundesland Nordrhein-Westfalen ist mit 95 Kilometern fast doppelt so weit. Aber in dieser großen Region leben nicht sehr viele Menschen und es gibt hier auch nur fünf Städte: Lingen, Papenburg, Meppen, Haren und Haselünne. Die größte Stadt ist Lingen im südlichen Emsland mit etwa 51000 Einwohnern. Insgesamt leben 313.500 Menschen im Emsland und die meisten leben in kleinen Städten und Dörfern auf dem Land. Den Namen hat das Emsland übrigens von der Ems, einem 371 Kilometer langen Fluss, der mitten durch diese ländliche Region fließt.

2 c)

Herr Erdmann: Ich bin Emsländer. Ich bin hier in einem kleinen Dorf geboren und wollte auch nie weg. Seit meiner Kindheit hat sich die Region natürlich sehr verändert. Es fehlt ganz viel, was einmal typisch war. Früher hatten zum Beispiel fast alle Familien im Dorf etwas Landwirtschaft, eine Kuh, ein paar Schweine und Hühner. Heute ist das nicht mehr so. Es gibt eigentlich gar keine kleinen Bauernhöfe mehr. Und Plattdeutsch, unsere traditionelle Sprache, hört man auch immer weniger. Ich kenne hier Kinder, die Platt gar nicht mehr verstehen. Das finde ich sehr schade. Diese alte Sprache ist doch Teil unserer Kultur! Naja, aber es hat auch gute Veränderungen gegeben. Nach dem Emslandplan wurde die Region für Handwerk und Industrie attraktiv und es gibt auch heute noch Familienbetriebe. Deshalb wollen viele junge Menschen hier bleiben. Das Leben auf dem Land ist auch nicht so teuer wie in der Stadt. Das Emsland ist heute eine moderne ländliche Region. Ich bin immer noch sehr gerne hier!

Frau Jürgens: Ich komme aus dem Ruhrgebiet, aber ich fühle mich im Emsland sehr wohl. Mein Mann ist Ingenieur und hat hier vor sieben Jahren Arbeit gefunden. Am Anfang habe ich gedacht: Emsland? Wo ist das denn? Da gibt es doch nur Bauern, Hühner und Kühe! Naja, da kannte ich das Emsland ja noch nicht. Wir haben schnell Freunde gefunden und schon bald in einem kleinen Dorf ein Haus gebaut. Hier kennt eigentlich jeder jeden. Seit ein paar Jahren bin ich auch im Heimatverein. Da gibt es eine Theater- und eine traditionelle Tanzgruppe; wir machen auch viele Ausflüge und laden andere Heimatvereine zu Festen, Vorträgen und Kochkursen ein. Hier macht man insgesamt viel selbst. In vielen Familien wird noch Brot gebacken, Marmelade gekocht und Wurst gemacht. Das finde ich total spannend! Unsere Freunde aus dem Ruhrgebiet kommen in den Sommerferien hierher, um Urlaub zu machen. Die Landschaft ist sehr schön, es gibt viele Flüsse und Wander- und Radwege und man kann besonders im Sommer sehr schöne alte Bauerngärten besichtigen. Langweilig ist das Emsland sicher nicht! Unsere Kinder sind übrigens richtige Emsländer. Sie sind hier geboren und lernen in der Schule sogar auch etwas Plattdeutsch.

4 a) und b)

Zu Beginn des zwanzigsten Jahrhunderts war der Fußball als Sport in Deutschland noch nicht so bekannt wie heute. Besonders Schüler fanden ihn attraktiv und gründeten die ersten Fußballmannschaften, oft noch auf der Straße. Als die Arbeitszeiten im Bergbau, in den Stahlwerken und den Fabriken in den zwanziger Jahren kürzer wurden, hatten die Malocher endlich mehr Zeit und spielten deshalb in ihrer Freizeit auch manchmal auf der Straße Fußball gegen andere Straßenmannschaften. Das kostete nichts, machte Spaß und war auch noch gesund.
Bis heute ist der Fußball im Ruhrgebiet sehr wichtig. In der Region zwischen Lippe und Ruhr gibt es mehr Fußballvereine, aktive Spieler, Fußballplätze und große Fußballstadien als in anderen Teilen Deutschlands. Fußball hat im Ruhrgebiet nicht nur Tradition, der Sport ist auch Teil der regionalen Kultur. Die Nationalität der Spieler ist unwichtig. Wichtig ist nur, dass sie gute Spieler sind.

7 b)

Ich komme aus Dortmund und habe gerade ein freiwilliges Praktikum bei einer Autofirma in Essen angefangen. Gestern, am 2. November 2016, hatte ich einen Unfall am Arbeitsplatz. Es passierte, als ich einem Kollegen ein Werkzeug holen sollte. Als ich es endlich gefunden habe, bin ich schnell mit dem Werkzeug zurückgelaufen, weil der Kollege schon auf mich gewartet hat. Neben dem Auto war Öl auf dem Boden. Das habe ich nicht gesehen. Ich rutschte aus und habe mir dabei zwei Finger an der linken Hand gebrochen. Mein Chef hat mich gleich zum Arzt gebracht und jetzt habe ich eine Krankschreibung für zwei Wochen. Deswegen kann ich mein Praktikum nicht beenden. Ich weiß auch noch gar nicht, ob ich als Praktikant auch bei der Berufsgenossenschaft versichert bin.

5 Schule und lernen

2 a) und b)

+ Hallo Kilian, hast du das Programm für unsere Projektwoche schon gesehen?
– Hallo Luise. Ja, ich weiß auch schon, was ich machen möchte.

+ Klar, du machst doch bestimmt bei „Physik im Alltag"
mit, oder?
– Warum das denn?
+ Ganz einfach: Physik ist dein Lieblingsfach.
– Ja, schon, aber ich möchte lieber etwas ganz anderes
machen und habe mich für „Projektplanung"
entschieden.
+ Projektplanung? Das hätte ich nicht gedacht. Warum
hast du das denn gewählt?
– Ganz einfach: Ich möchte wissen, wie ein Buch entsteht
und finde es auch spannend, dass wir etwas über die
Technik des Buchdrucks lernen. Das interessiert mich.
Und du? Was machst du?
+ Ich habe mich schon für „Unsere Geschichte"
angemeldet. Ich gehe schon fast vier Jahre hier zur
Schule und ich bin gerne hier. Deshalb möchte ich mehr
über unsere Schule erfahren.
– Auch nicht schlecht. Außerdem bist du gut in Deutsch
und Geschichte. Ich finde, das Thema passt zu dir!

2 c)

+ Hallo Luise! Na, wie war die Projektwoche?
– Sehr interessant, aber auch super anstrengend! Und bei
dir?
+ Toll! Ich habe wirklich sehr viel gelernt. Wusstest du zum
Beispiel, dass man Papier früher aus alter Kleidung
gemacht hat? Wir haben es selbst ausprobiert. Das ist
gar nicht so einfach.
– Ich habe mir eure Ausstellung in der Schulbibliothek
angesehen. Das Papier sieht aber ziemlich grau und dick
aus. Kann man darauf auch schreiben?
+ Klar. Früher hat man darauf sogar gedruckt, zum Beispiel
Bücher. Bis zur Erfindung des modernen Buchdrucks
mussten die Bücher noch von Hand geschrieben
werden. Das hat natürlich ziemlich lange gedauert.
Bücher waren deshalb auch noch sehr, sehr teuer. Der
moderne Buchdruck ist übrigens eine deutsche
Erfindung.
– Ach, interessant.
+ Ja. Das war damals fast so eine Revolution wie die
E-Books heute. Ach ja, E-Books. Beim Besuch im
Buchgeschäft haben wir erfahren, dass immer mehr
Menschen E-Books nutzen, die sie online kaufen. Für die
Geschäfte ist das immer mehr ein Problem.
– Das kann ich mir vorstellen. Mit den neuen Medien
kann man ja auch echt viel machen. In unserem Projekt
haben wir uns deshalb auch die Frage gestellt, was man
machen *darf*. Videos, Musik, Texte und Bilder darf man
zum Beispiel nicht einfach aus dem Internet
herunterladen oder kopieren. Ich war im
Redaktionsteam für unsere Schulchronik und wir
mussten alle Texte aus dem Autorenteam prüfen.
+ Das Projekt hört sich ziemlich langweilig an.
– War es aber gar nicht! Am meisten Spaß hat mir die
Vorbereitung der Interviews gemacht. Als Redakteurin
musste ich gute Fragen für die Interviews mit früheren
Lehrern und Schülern formulieren. Wusstest du
eigentlich, dass es offene und geschlossene Fragen gibt?
+ Nö, keine Ahnung. Was soll das heißen?

– Ganz einfach. Geschlossene Fragen sind Fragen, die man
nur mit Ja oder Nein beantworten kann. Für ein
Interview sind sie deshalb nicht so gut wie offene Fragen.
+ Hast du auch selbst ein Interview gemacht?
– Ja. Ich habe mit Frau Holm gesprochen. Sie ist in den
70er Jahren auf unsere Schule gegangen …
+ … und heute eine bekannte Krimiautorin.
– Genau. Ihr habt sie ja auch zur Lesenacht eingeladen.
Wusstest du eigentlich schon, dass unsere
Schulbibliothek in diesem Jahr ihren 25. Geburtstag
feiert? Ich wusste das nicht.
+ Ich glaube, die meisten von uns wissen das noch nicht.
Aber mit der Lesenacht wollen wir diesen Geburtstag in
der Bibliothek feiern. Ich freue mich schon darauf!

4

+ Was machst du da?
– Wir schreiben heute in der zweiten Stunde einen
Vokabeltest und ich kann noch nicht alle Wörter aus
Einheit 4.
+ Dann hast du aber nicht mehr viel Zeit. Was habt ihr
denn in der ersten Stunde?
– Deutsch bei Frau Hermann. Da kann ich bestimmt keine
Vokabeln lernen. Ich sitze ganz vorne und die merkt
echt alles.
+ Ich habe heute in den ersten beiden Stunden Mathe. Ich
weiß nicht, ob ich die Hausaufgaben richtig gemacht
habe. Irgendwie habe ich das wieder nicht ganz
verstanden.
– Mathe macht doch Spaß!
+ Dir vielleicht. Mir macht Englisch mehr Spaß.
Hoffentlich hat Herr Morris nach dem Test bei euch
keine schlechte Laune! Wir wollen in der dritten Stunde
mit ihm ein paar Texte von unseren englischen
Lieblingsliedern übersetzen.
– Wir haben in der dritten und vierten Sport. Das ist mein
absolutes Lieblingsfach. Hoffentlich spielen wir wieder
Fußball oder so.
+ Fußball? Naja, aber das wäre immer noch besser als in
der vierten Stunde Physik. Der Unterricht ist echt
langweilig.
– Bei mir wird es in der fünften und sechsten Stunde
langweilig: Erst haben wir Geschichte bei Frau Moll und
dann noch Religion.
+ Wir haben in der fünften Stunde Bio. Im Moment
bearbeiten wir das Thema Gesundheit und Krankheit.
Ist ziemlich interessant. Und in der letzten Stunde habe
ich Musik bei Frau Moll. Ich präsentiere heute mein
Projekt zur Wiener Klassik.
– Wiener Klassik? Mozart und so?
+ Genau.
– Dann wünsch ich dir viel Erfolg! Ich mach mal lieber
noch ein bisschen mit meinen Vokabeln weiter.

9 b)

1. Ich wünschte, alle Lehrer würden uns mit mehr Respekt behandeln.
2. Ich wünschte, die Lehrer hätten immer gute Laune.
3. Ich wünschte, wir würden die Unterrichtsthemen selbst aussuchen.
4. Ich wünschte, die Lehrer würden im Unterricht mehr Videos zeigen.
5. Ich wünschte, wir würden im Unterricht mehr Projektarbeit machen.

6 Klima und Umwelt

1 c)

1. Und hier noch der Wetterbericht für morgen: In der Mitte und im Norden Deutschlands wird es wieder schön und bis in die späten Nachmittagsstunden bleibt es bei Temperaturen um 23 Grad an der Nordsee und 27 Grad in Berlin und Brandenburg sommerlich heiß und trocken. Ganz anders sieht es in der südlichen Hälfte Deutschlands aus, denn von Osten kommt ein Sturm mit kalter Luft und Regen zu uns. Für Bayern gibt es eine Unwetterwarnung. Besonders im Osten Bayerns wird mit starken Gewittern gerechnet. In Baden-Württemberg ist es dagegen anfangs noch schön. Am Nachmittag sorgt der stürmische Ostwind aber auch hier für dicke Wolken, Gewitter und Regen. Die Temperaturen fallen auf 13 bis 17 Grad, in der Nacht gehen sie in Rosenheim sogar auf 8 Grad zurück. In der Mitte und im Norden bleibt es auch nachts bei Temperaturen zwischen 15 Grad in Frankfurt und 17 Grad in Berlin noch einmal warm.

2. Auch heute haben wir in den Nachrichten wieder über die Folgen des Klimawandels berichtet. Trotzdem kommt der Frühling in diesem Jahr mit großer Verspätung. Herr Moser, wie geht es denn morgen mit dem Wetter weiter?
Tja, leider müssen wir besonders im Norden und Nordosten wohl noch ein bisschen länger auf den Frühling warten. Während es im Süden Deutschlands bei Temperaturen von 12 bis 15 Grad schon schön sonnig und warm ist, bleibt es im Norden bei Sturm, Regen und Temperaturen um 0 Grad weiterhin sehr kühl und winterlich. Hier zeigt der Winter auch im April noch einmal, was er kann. Schneestürme und Eisregen wechseln sich ab. Besonders im Raum Berlin wird es morgen bei minus 3 Grad zu schweren Unwettern kommen. Alle Schulen der Hauptstadt bleiben deshalb geschlossen. Die Deutsche Bahn und der Flughafen erwarten, dass es zu großen Verspätungen kommt.

3

+ Wir berichten heute aus Grimma an der Mulde im Bundesland Sachsen. Ich stehe hier mit Herrn Lehmann vor seinem Haus, das er sich heute zum ersten Mal nach der Hochwasserkatastrophe ansehen konnte. Herr Lehmann, wie sieht es aus?
− Naja, das sehen Sie ja selbst. Wir haben immer gedacht, das Hochwasser kommt nur einmal in hundert Jahren. Aber schon vor elf Jahren stand hier die ganze Altstadt unter Wasser. Jetzt ist im Haus wieder alles nass, der Teppichboden ist kaputt und die Wände sind dreckig.
+ Wie haben Sie das Hochwasser in den letzten Tagen erlebt?
− Wir haben aus der letzten Überschwemmung gelernt und dieses Mal die meisten Möbel in die zweite Etage gebracht und unser Auto weiter oben am Stadtrand geparkt. Vor drei Tagen kam dann mitten in der Nacht die Feuerwehr und hat uns abgeholt. Wir mussten das Haus verlassen und in der Sporthalle übernachten.
+ Und was werden Sie jetzt machen?
− Natürlich aufräumen, den Nachbarn helfen und die Versicherung über den Schaden informieren. Das Leben geht ja weiter!

10

1. Je weniger Lebensmittel Sie kaufen, desto weniger werfen Sie weg.
2. Je öfter Sie mit öffentlichen Verkehrsmitteln fahren, desto weniger CO_2 produzieren Sie.
3. Je mehr Wertstoffe Sie recyceln, desto mehr tun Sie für unsere Umwelt.
4. Je öfter Sie auf das Baden verzichten und duschen, desto mehr Wasser sparen Sie.
5. Je regelmäßiger Sie eine Tasche zum Einkaufen mitnehmen, desto mehr Plastikmüll vermeiden Sie.

7 Das ist mir aber peinlich!

1 a)

Meinem Mann ist letzte Woche etwas total Peinliches passiert, als er gemütlich in einem Café seine Zeitung lesen wollte. Er suchte sich einen freien Tisch aus, bestellte eine Tasse Kaffee und ein Stück Kuchen und ging dann auf die Toilette. Aber als er etwas später an den Tisch zurückkam, saß dort schon eine Frau. Sie las in aller Ruhe die Zeitung, trank seinen Kaffee und aß seinen Kuchen. Peter konnte nicht glauben, was er sah. So etwas war ihm noch nie passiert!

4

Gespräch 1:
+ Frau Knoll, Sie sind ja total erkältet. Ich glaube, Sie gehören ins Bett.
− Aber es gibt hier im Büro doch so viel zu tun und zu Hause ...
+ Das schaffen wir ein paar Tage auch ohne Sie. Gehen Sie nach Hause und werden Sie schnell wieder gesund!

Gespräch 2:

+ Herr Müller, gut, dass ich Sie treffe. Bringen Sie die Pakete noch zur Post?
– Ach, ich habe noch zwei Termine mit Kunden, muss noch mit den Kollegen in China telefonieren und der Chef will auch noch mit mir sprechen.
+ Tja, ich kann es wirklich nicht mehr schaffen. Ich muss gleich zum Flughafen. Bitte.
– Na gut. Dann mache ich das auch noch. Gute Reise!

Gespräch 3:

+ Herzlichen Glückwunsch zum Geburtstag, Frau Engel.
– Oh, Danke! Die Blumen sind aber schön!

Gespräch 4:

+ Wer hat denn die Kopien für die Präsentation gemacht?
– Das war ich. Ich weiß ja, dass Sie viel zu tun haben und hatte gerade noch etwas Zeit. Haben Sie den Kaffee und die kalten Getränke schon vorbereitet?
+ Ja, ich habe alles schon im Konferenzraum auf den Tisch gestellt.
– Prima. Dann nehme ich die Kopien gleich selbst mit.

9 a) und c)

+ Neumann?
– Guten Tag, ich rufe aus der Werkstatt an. Sie können das Auto jetzt abholen.
+ Das Auto? Welches Auto?
– Ja. Wir haben es doch vor ein paar Tagen zur Reparatur mitgenommen, nachdem Sie gegen den Baum gefahren waren.
+ Nachdem ich gegen den Baum gefahren war, haben Sie mein Auto in die Werkstatt mitgenommen?
– Genau. Ihre Tochter hat uns angerufen, nachdem man Sie ins Krankenhaus gebracht hatte.
+ Nachdem man mich ins Krankenhaus gebracht hatte, hat meine Tochter Sie angerufen?
– Können Sie sich denn an gar nichts erinnern? Der Notarzt war an der Unfallstelle, nachdem Sie sich bei dem Unfall am Kopf verletzt hatten.
+ Ich hatte mich am Kopf verletzt? Sagen Sie mal, wovon sprechen Sie überhaupt? Ich habe kein Auto, keine Tochter, hatte in den letzten Tagen keinen Unfall und war auch nicht im Krankenhaus!
– Oh, entschuldigen Sie. Das ist mir sehr unangenehm. Ich habe die falsche Nummer gewählt.

8 Generationen

1 b) und d)

Das Buch der Woche

Das Buch „Der kleine König Dezember" von Axel Hacke mit sehr schönen Bildern von Michael Sowa berichtet von dem Treffen des Erzählers mit dem kleinen König Dezember. Den kennen Sie nicht? Das ist schade, denn er ist etwas ganz Besonderes. Der kleine König ist sehr neugierig und möchte alles über die Menschen wissen. Deshalb besucht er den Erzähler und unterhält sich mit ihm. Manchmal sind ihre Gespräche über das Leben lustig und manchmal auch ein bisschen traurig. Ich empfehle das

Buch allen Lesern, die sich Gedanken über das Leben machen und dabei auch mal lächeln möchten.

Die Geschichte beginnt ungefähr so: Der kleine König Dezember steht plötzlich im Zimmer des Erzählers auf dem Tisch. Zu der Zeit ist er zwar dicker, aber nicht viel größer als ein Finger. Trotzdem sieht er wie ein Erwachsener aus und spricht auch so. Er ist klein, aber schon ziemlich alt und er sagt, dass er hinter dem Bücherregal im Zimmer des Erzählers lebt. In der Welt hinter dem Bücherregal ist alles ganz anders. Man wird zum Beispiel groß geboren und kann gleich alles tun, was Erwachsene tun. Denn man kann schon am Anfang des Lebens lesen, schreiben, ins Büro und zu Geschäftsessen gehen. Dann wird man langsam kleiner und immer kleiner, bis man so klein wie ein Kind und dann noch viel kleiner ist. Je kleiner man wird, desto mehr vergisst man. Der Kopf wird langsam leer. Wenn einer schon viel vergessen hat und nicht mehr zu Geschäftsessen gehen kann, dann muss er auch nicht mehr ins Büro kommen. Er darf dann zu Hause bleiben und im Garten spielen. Die Großen müssen für ihn kochen. Und eines Morgens ist er dann so klein geworden, dass man ihn im Bett nicht mehr findet. Die Kindheit liegt am Ende des Lebens. So hat man etwas, auf das man sich freuen kann, meint der kleine König. Und ich meine, dass dieses kleine Buch ganz sicher auch etwas ist, auf das man sich freuen kann! Sie sollten es unbedingt lesen!

7 a)

Text 1: Seit ich ein Kind war, interessiere ich mich für Technik. Ich bin im Jahr 1950 geboren. Als ich noch nicht in die Schule ging, habe ich stundenlang mit meinem Großvater Radio gehört. Er interessierte sich für die Nachrichten, aber ich wollte eigentlich nur wissen, ob in dem Radio ganz kleine Menschen leben, die uns immer etwas erzählen und Musik machen. Mein Großvater fand das lustig. Aber er konnte mir nicht erklären, wie ein Radio funktioniert. Das weiß ich erst, seit ich in der Schule Physik hatte.

Text 2: Ich wollte eigentlich schon Lehrerin werden, als ich noch ein kleines Mädchen war. Im Kindergarten gab es eine große Tafel. Ich habe da oft mit meinen Freundinnen Schule gespielt. Natürlich waren sie meine Schüler und ich war die Lehrerin. Mein erster Schultag war einer der schönsten Tage in meinem Leben. Endlich war ich auch groß und durfte Schreiben und Lesen lernen! Später hatten wir am Gymnasium auch Sprachen. Englisch und Französisch waren schon bald meine Lieblingsfächer. Seitdem war für mich klar, dass ich Lehrerin für Sprachen sein wollte.

Text 3: In unserer Familie bin ich die jüngste von fünf Schwestern. Meine Schwestern haben sich aber noch nie für den Bauernhof meiner Eltern interessiert. Ehrlich gesagt, hat mir die Arbeit mit den Tieren und auf dem Feld auch nicht besonders gefallen, als ich noch kleiner war. Ich habe erst mit 17 angefangen, mich für die Natur zu interessieren. Damals musste ich in der Schule ein Praktikum machen. Und weil ich nichts anderes finden konnte, habe ich ein Praktikum in einem Bioladen gemacht. Auf einmal fand ich unseren Bauernhof richtig spannend und ich habe mich für eine Ausbildung zur Landwirtin entschieden. Das war die beste Entscheidung meines Lebens.

9 Migration

1 a) und b)

Migranten – sie kommen aus aller Welt und leben zum Teil schon lange hier bei uns. Wir stellen Ihnen heute drei Mitbürger vor, die es geschafft haben. Mit viel Geduld und viel harter Arbeit.

Nguyen Gan ist ein freundlicher, ruhiger Mann. Er kommt aus einem kleinen Dorf im Süden Vietnams. Seit über 30 Jahren lebt er in Deutschland. Am Anfang war die Sprache sein größtes Problem. Er war sechzehn, hatte noch keinen Schulabschluss und auch nicht viel Geld. Deshalb hat er in den ersten Jahren Büros geputzt und die Abendschule besucht. Als er 1990 endlich das Abitur hatte, konnte er wegen seiner guten Ergebnisse gleich mit dem Medizinstudium anfangen. Heute lebt und arbeitet Dr. Nguyen in Berlin. Er hat eine eigene Arztpraxis mit vier Angestellten und verdient ganz gut. Deshalb kann er jedes Jahr für ein paar Wochen in seine alte Heimat fliegen.

Victor Göllner ist in der Stadt Klausenburg in Rumänien geboren. Man kann in seinem Gesicht sehen, dass er viel erlebt hat. Mitte der 80er Jahre kam er mit seiner Frau und den Kindern als Spätaussiedler nach Dortmund. Da war der gelernte Maurer fast vierzig. Die ersten Jahre waren nicht einfach. In Deutschland waren die Spätaussiedler nicht bei allen Menschen willkommen, erinnert er sich heute. Obwohl er sehr gut Deutsch sprach, hat er lange keine richtige Arbeit gefunden. Bei einem Besuch bei Freunden auf dem Land hatte er dann doch noch Glück. Der Chef einer kleinen Baufirma hat ihm eine Stelle als Maurer angeboten. Also ist die ganze Familie in ein Dorf gezogen.

Auch Emin Demir hatte es nicht immer leicht in Deutschland, obwohl der 36-jährige Deutsch-Türke in Köln geboren ist, mit vier in den deutschen Kindergarten kam und schon früh deutsche Freunde hatte. Er musste seinen Eltern oft helfen, weil sie die Sprache nicht gut konnten. Sein Vater war Industriearbeiter und seine Mutter hat manchmal in Krankenhäusern geputzt. Das Geld, das seine Eltern in Deutschland verdient haben, haben sie jeden Sommer in die Türkei gebracht. Sie haben davon geträumt, im Alter in ihre Heimat zurückzugehen und sich dort ein kleines Haus zu bauen. Emin konnte das nicht verstehen. Er wollte unbedingt in Deutschland bleiben. Mit fünfzehn hatte er dann nur noch Ärger mit seinen Eltern. Als er dann auch noch Probleme mit der Polizei hatte, hat eine Schulsozialarbeiterin ihm sehr geholfen. Emin hat dann doch noch den Schulabschluss gemacht.

1 d)

Er hat eine eigene Arztpraxis mit vier Angestellten und verdient ganz gut. Deshalb kann er jedes Jahr für ein paar Wochen in seine alte Heimat fliegen. Die Menschen in dem kleinen Dorf warten schon auf ihn, denn Nguyen Gan bringt ihnen wichtige Medikamente und Material für die neue Dorfschule mit. In seiner Praxis in Berlin kümmert er sich auch um viele Flüchtlinge, die oft noch keine Krankenversicherung haben und noch nicht Deutsch sprechen. Mit dieser Arbeit möchte er sich bei den Deutschen bedanken.

Der Chef einer kleinen Baufirma hat ihm eine Stelle als Maurer angeboten. Also ist die ganze Familie in ein Dorf gezogen. Ganz langsam wurde alles besser. Die Kinder waren in der Schule, seine Frau arbeitete in einem Frisörsalon und 2003 ist die Familie in ihr eigenes Haus mit Garten umgezogen. Das hat Victor Göllner selbst gebaut! Sein Chef, mit dem er sich immer gut verstanden hat, hat keine Kinder. Deshalb hat Victors ältester Sohn nach der Ausbildung den Betrieb übernommen. Heute beschäftigt sein Sohn über zehn Angestellte aus der Region und bietet jedes Jahr mindestens zwei Ausbildungsplätze an.

Als er dann auch noch Probleme mit der Polizei hatte, hat eine Schulsozialarbeiterin ihm sehr geholfen. Emin hat dann doch noch den Schulabschluss gemacht. Heute ist der gelernte Bankkaufmann ein bekannter Politiker in seiner Heimatstadt. Er spricht offen über seine Vergangenheit, denn er möchte Jugendlichen mit Migrationshintergrund zeigen, dass sie in Deutschland eine Chance haben, wenn sie zur Schule gehen, die Sprache lernen und sich anstrengen.

6 b)

1. Oje – ist das dunkel! Lass mich jetzt nicht allein!
2. Wie sieht Miri denn aus?! So kannst du sie nicht gehen lassen!
3. Hmm – Apfelkuchen mit Sahne. Das lasse ich mir nicht nehmen. Die Diät kann warten.
4. Ich arbeite den ganzen Tag in der Küche. Und was machst du? Das lasse ich mir nicht gefallen! Ich mache jetzt auch nichts mehr!
5. Das Bad renovieren? Das lasse ich lieber andere machen, die das besser können.
6. Endlich Urlaub! Jetzt lasse ich es mir richtig gut gehen.

10 Europa

5 a)

Teil 1

Hallo zusammen! Hier ist wieder euer Hannes aus Berlin. Die Idee zu diesem Podcast hatte ich am letzten Wochenende, als ich auf einer Party ein paar Freunde traf. Wir haben bei Bier und Wein über das Thema Europa gesprochen. Fast alle am Tisch waren Europäer: Lia aus Portugal, Marten aus den Niederlanden, Angelos aus Griechenland, Baiba aus Lettland, Leevi aus Finnland und so weiter. Keiner von uns ist älter als 30 und alle finden es toll, dass es in unseren Staaten eine gemeinsame Währung gibt, dass wir ohne Pass oder Visum kreuz und quer durch Europa reisen und im europäischen Ausland arbeiten oder studieren können.

Und wir hatten auch alle das Gefühl, dass wir zusammen gehören, als Europäer. Ein gutes Gefühl. Und dann kam Marc dazu. Er ist aus den USA und hörte uns zuerst nur zu. Dann begann er, Fragen zu Europa zu stellen. Er wollte zum Beispiel wissen, ob es so etwas wie eine europäische Regierung gibt. Also, mal ganz ehrlich: Nicht alle von uns konnten ihm problemlos antworten. Ich fand das ganz schön peinlich! Hättet ihr es gewusst?

Ich habe gleich mein Handy rausgeholt und die Suchbegriffe „Europäische Union" und „Regierung" in die Internet-Suchmaschine eingegeben. Die Antwort war … genau: Die „Europäische Kommission". Dann habe ich aus den Informationen ein kleines Quiz gemacht und den anderen diese Fragen gestellt:

Erstens: Wie viele Mitgliedstaaten hat die Europäische Union?
Zweitens: Wie viele Kommissare sind Mitglied der Europäischen Kommission?
Drittens: Woher kommen die Kommissare?
Viertens: Von wem werden die Kommissare ernannt?
Fünftens: Was macht die Europäische Kommission?
Wisst ihr das? Hier noch einmal die Fragen zum Mitschreiben:

Erstens: Wie viele Mitgliedstaaten hat die Europäische Union?
Zweitens: Wie viele Kommissare sind Mitglied der Europäischen Kommission?
Drittens: Woher kommen die Kommissare?
Viertens: Von wem werden die Kommissare ernannt?
Fünftens: Was macht die Europäische Kommission?
Jetzt gibt's erst mal ein bisschen Musik. Dann melde ich mich mit den Antworten zurück.

5 c)

Teil 2

Zurück zu unserem Quiz: Also, mal sehen, ob eure Antworten richtig waren.

Hier die Antwort auf Frage eins: Die Europäische Union hat aktuell 28 Mitgliedstaaten.

Nun zu Frage zwei: Für jeden der 28 Mitgliedstaaten ist ein Kommissar oder eine Kommissarin in der Europäischen Kommission. Einer oder eine von ihnen ist übrigens der Präsident oder die Präsidentin. Es sind also insgesamt 28 Mitglieder.

Die Antwort auf meine dritte Frage lautet: Kein Mitglied der Kommission wird gewählt. Alle werden vom Europäischen Rat ernannt.

Frage fünf: Die Europäische Kommission verwaltet den gemeinsamen Haushalt, arbeitet an Gesetzesvorschlägen und sorgt dafür, dass das europäische Recht und die politischen Entscheidungen umgesetzt werden.

Und? Alles richtig? Dann wisst ihr schon mehr über die Regierung der Europäischen Union als manche von uns! Klasse! Marten, das ist mein Freund aus den Niederlanden, war übrigens der einzige von uns, der alle Fragen richtig beantworten konnte. Der wusste wirklich viel. Ist irgendwie auch kein Wunder. Marten hat in Maastricht und Berlin Europawissenschaften studiert!

So, das war's für heute. Ich werde mich in der nächsten Zeit noch mehr mit dem Thema Europa beschäftigen. Das finde ich wichtig. Vielleicht gibt's dann schon bald noch einen Podcast dazu. Alles Gute und bis dann!

Lösungen des Intensivtrainings

1

2. Zeile 16–18, 3. Zeile 1–2, 4. Zeile 20–21,
5. Zeile 25–28, 6. Zeile 19–20

2

Donnerstag: 17:00 Work-out mit Kollegen im Fitnessstudio
Freitag: 18:30 Treffen vor der Philharmonie zum Konzert
Sonntag: 11:00 Geburtstagsfrühstück bei Peter

3

a) *von links nach rechts*
   immer – oft – manchmal – selten – nie
b) *individuelle Lösung*

4

a) 1d – 2a – 3b – 4c
b) 1. Sommerzeit – 2. Teilzeit – 3. Ferienzeit – 4. Arbeitszeit

5

2. Ich hätte heute Zeit zum Frühstücken mit Tom, aber der ist in Bonn.
3. Ich hätte heute Zeit zum Joggen, aber leider sind meine Laufschuhe kaputt.
4. Jetzt hätte ich Zeit zum Aufräumen, aber das hat Eva schon gemacht.
5. Ich hätte Zeit zum Telefonieren, aber meine Freunde schlafen sicher noch.
6. Ich hätte auch Zeit zum Kochen, aber mein Kühlschrank ist leer.
7. Ich hätte viel Zeit zum Lesen, aber ich habe kein interessantes Buch.
8. … Heute habe ich Zeit zum Faulenzen!

6

2. Während ich dusche, putze ich mir die Zähne.
3. Während ich die Zeitung lese, frühstücke ich.
4. Während ich mich anziehe, höre ich die Verkehrsnachrichten im Radio.
5. Während ich aus dem Haus gehe, sehe ich auf die Uhr.
6. Während ich zur Arbeit fahre, denke ich an meine Termine.

7

a) *Reihenfolge:* 2 – 4 – 1 – 3
b)
Annette kenne ich schon seit meiner Schulzeit. Sie ist total nett und immer noch eine gute Freundin. Das Besondere an ihr war schon früher, dass sie nie zu spät kam. Wirklich nie. Wenn der Unterricht begann, saß sie schon auf ihrem Stuhl. Wenn ich sie zu einer Party abholen wollte, stand sie schon vor der Tür und sah auf ihre Uhr. Sie verstand einfach nicht, dass man auch unpünktlich sein kann.

Nach der Schule fing sie eine Ausbildung zur Mechatronikerin an. Der Beruf gefiel ihr schon lange. Sie fuhr nun jeden Morgen mit dem Bus in die Werkstatt. Sie ging immer schon eine Vier-

telstunde früher zur Haltestelle, weil sie den Bus auf keinen Fall verpassen wollte und sie kam nie zu spät zur Arbeit. Ihrem Chef gefiel das sehr, aber ihre Kollegen fanden das gar nicht so toll.
c)
An einem sonnigen Montagmorgen im März hörte Annette zum ersten Mal in ihrem Leben ihren Wecker nicht. Als sie aufwachte, war es schon halb acht! Sie fuhr schnell mit ihrem Fahrrad zur Haltestelle, aber der Bus war weg und sie musste auf den nächsten warten. An der Haltestelle sah sie Ralf, sie fand ihn sofort toll. Im Bus saß er neben ihr und als er aussteigen musste, gab er ihr schnell seine Telefonnummer. Danach gingen sie manchmal zusammen aus. Heute ist Annette schon seit drei Jahren mit Ralf verheiratet und sie haben eine kleine Tochter. Gut, dass sie an dem Morgen im März unpünktlich war!

8

beginnen	beginnt	begann
kommen	kommt	kam
sein	ist	war
sehen	sieht	sah
sitzen	sitzt	saß
stehen	steht	stand
verstehen	versteht	verstand
fahren	fährt	fuhr
gefallen	gefällt	gefiel
finden	findet	fand
anfangen	fängt an	fing an
gehen	geht	ging
geben	gibt	gab

9

a)
Als wir den Zug nach Berlin nahmen,
als wir aus der Schule kamen,
als wir ein Schokoladeneis aßen,
als wir zum ersten Mal im Kino saßen,
als die Ferien anfingen,
als wir im Sommer schwimmen gingen,
als wir an der Haltestelle standen,
als wir unseren ersten Job fanden,
als wir die Anzeige sahen,
als wir im Fotokurs waren,
schien die Sonne.
b)
Als du einen Flug nach Istanbul buchtest,
als du deine Brille suchtest,
als du über einen Witz lachtest,
als du deine Prüfung machtest,
als du nach dem Weg fragtest,
als du „Auf Wiedersehen" sagtest,
als du deine Schwester störtest,
als du viel zu laut Musik hörtest,
als du nach Hause gehen wolltest,
als du mich abholen solltest,
regnete es.

10

a) 2f – 3d – 4c – 5e – 6b

b) 2. Wann war der Zweite Weltkrieg endlich zu Ende?

3. Wann baute die Regierung der DDR eine Mauer durch Berlin?

4. Wann fiel die Mauer?

5. Wann war Deutschland wiedervereinigt?

6. Wann feierte Berlin das Ende der Fußball-WM in Deutschland?

11

a4 – b1 – c5 – d2 – e6 – f3

2 Alltag

1

a) *Zeile 1–2:* Auf dem Weg zum Bahnhof hatte ich gleich eine Fahrradpanne.

Zeile 3–4: Da gab es einen langen Stau und wir kamen zehn Minuten zu spät ins Büro.

Zeile 4–5: Der Chef war ziemlich sauer, weil wir um acht Uhr einen Termin mit einem wichtigen Kunden hatten.

Zeile 9–10: Natürlich stand ich an der Kasse im Supermarkt in der längsten Warteschlange …

Zeile 15: Natürlich war gerade heute der Drucker kaputt!

b) *Zeile 3–4:* Eine Kollegin hat mich gesehen und mit dem Auto mitgenommen.

Zeile 6–8: Der Kunde kam aber erst um halb neun, weil er auch im Stau war. Naja, so hatten wir noch etwas Zeit und wir haben noch einmal über unsere Strategie für das Gespräch mit dem Kunden gesprochen.

Zeile 12: Endlich öffnete eine andere Kasse und da war ich der Erste.

Zeile 13–14: Unsere Präsentation hat ihm sehr gefallen und er wollte unsere neue Maschine kaufen.

Zeile 16: Irgendwie habe ich ihn dann doch noch repariert und alle waren zufrieden.

c)

Pech & Pannen	Glück & Erfolg
…, Stau auf der Autobahn, zu spät ins Büro und Chef sauer	Kunde kommt 30 Min. zu spät; Zeit für Gespräch über Strategie
lange an der Kasse im Supermarkt warten	neue Kasse öffnet
Anruf vom Chef am Mittagessen	Präsentation hat dem Kunden gefallen, er will neue Maschine kaufen
Drucker kaputt	kann den Drucker reparieren

2

2. Sie standen im Stau, darum kamen sie zu spät zur Arbeit.

3. Der Kunde hatte auch etwas Verspätung, deshalb/deswegen/darum hatten sie etwas Zeit für die Verkaufsstrategie.

4. Im Supermarkt suchte eine Frau lange nach Kleingeld, deshalb/deswegen/darum musste Jochen lange warten.

5. Eine andere Kasse öffnete, deshalb/deswegen/darum konnte Jochen gleich bezahlen.

6. Der Kunde wollte die Maschine kaufen, deshalb/deswegen/darum rief der Chef Jochen an.

3

a) 1. – 3. – 4. – 5. – 7. - 8.

b)

putzen   einen Parkplatz suchen   Lärm ertragen

⟵————————————————————————⟶

kein Stress   totaler Stress

Prüfung   chaotischer Freund/Jan

4

1c – 2a – 3e – 4b – 5d

5

a) Dialog 1: Bild b

Dialog 2: Bild a

b) die EC-Karte – die Quittung – das Protokoll – die Kopie – der Personalausweis – die Geheimzahl – die Kontonummer – die Anzeige – das Geburtsdatum – das Formular

c) *bei der Bank:*

die EC-Karte, die Quittung, der Personalausweis, die Geheimzahl, die Kontonummer

bei der Polizei: das Protokoll, die Kopie, die Anzeige, das Geburtsdatum, das Formular

6

a)

1. ein Formular ausfüllen

2. die Strafe zahlen

3. die Geheimzahl eingeben

4. Anzeige erstatten

5. einen Anschlusszug verpassen

6. eine Kreditkarte beantragen

b) 2. Meine Kreditkarte ist weg. Ich war gerade auf der Bank und habe eine neue Kreditkarte beantragt.

3. Mein Zug hatte Verspätung und ich habe meinen Anschlusszug verpasst.

4. Jemand hat mein Handy gestohlen. Ich war bei der Polizei und habe Anzeige erstattet.

5. Ich habe falsch geparkt und muss 15 Euro Strafe zahlen.

6. Ich war gestern im Krankenhaus, aber zuerst musste ich ein Formular ausfüllen.

7

a) und b)

– Handydaten auf dem Computer speichern (*Zeile 6–7*)

– Telefonanbieter anrufen, damit er die SIM-Karte sperrt (*Zeile 8–9*)

– Handy mit Geheimzahl sichern (*Zeile 11–13*)

– Gerätenummer (IMEI) an einem sicheren Ort notieren (*Zeile 23–25*)

8

2. Sie sollten Ihre Tasche nie über einen Stuhl hängen.

3. Sie sollten Ihren Rucksack vorne tragen.

4. Sie sollten nicht zu viel Geld mitnehmen.

5. Sie sollten nicht alles in eine Tasche packen.

6. Sie sollten auf die Menschen in Ihrer Nähe achten.

9

a) a5 – b6 – c1 – d4 – e2 – f3

b) 2. Du könntest abends früher ins Bett gehen.

3. Ihr solltet einen Wochenplan machen.

4. Du müsstest ein anderes Hobby finden.
5. Du könntest manchmal etwas von zu Hause mitnehmen.
6. Ihr müsstet sie öfter einladen oder besuchen. / besuchen oder einladen.

10

a) und b)
Richtig: 1 und 3
Falsch: 2, 4 und 5
c) 1. Wenn ich sage, ich habe zu viel Arbeit und Stress, dann bin ich wichtig.
2. weil sie nicht viel zu tun haben.
   weil sie ihre Aufgaben nicht interessant finden.
3. Tägliche Langeweile kann krank machen.
4. Diese Menschen brauchen Hilfe.
5. Sie sollten zu einem Arzt oder Psychologen gehen und über ihre Situation sprechen.
6. – ein Gespräch mit dem Chef

3 Männer – Frauen – Paare

1

a) *individuelle Lösung*
b) *Vorschläge:*
Ich denke, dass ein Feuerwehrauto typisch für Jungen ist.
Ich bin nicht der Meinung, dass eine Spielküche besser zu Mädchen passt.
Ich glaube, dass eine Bahn aus Holz Jungen mehr Spaß macht als Mädchen.
Ich bin der Meinung, dass ein Teddybär typisch für Mädchen und Jungen ist.
Ich finde, dass ein Spielzeugpferd besser zu Mädchen passt.
Ich glaube nicht, dass ein Fußball besser zu Mädchen passt.
Ich glaube, dass ein Bauernhof Mädchen mehr Spaß macht als Jungen.
c) 1: Juli – 2: Max – 3: Max – 4: Juli– 5: Max –
6: Max und Juli – 7: Max
d) Max: Feuerwehrauto
Juli: Pferd, Fußball, Teddybär
Beide: Küche, Bauernhof, Holzbahn

2

a) *individuelle Lösung*
b) a3 – b1 – c4 – d2
c) 1: Frau – 2: Frau – 3: Mann – 4: Mann

3

Krankenschwester – Krankenpfleger
Mechanikerin – Mechaniker
Ärztin – Arzt
Anwältin – Anwalt
Polizistin – Polizist
Hausfrau – Hausmann

4

a) 1. im Bett bleiben – 2. sich auf den Weg machen –
3. von der Arbeit kommen – 5. für die Woche einkaufen –
6. ins Bett gehen
b) Birgit und Olaf Heise leben und arbeiten in Heidelberg. Birgit ist Krankenschwester von Beruf. Wenn sie Nachdienst hatte, ist sie morgens sehr müde und geht immer gleich ins Bett. Ihr Mann Olaf hat sich dann meistens schon auf den Weg zur Arbeit gemacht. Er ist Verkehrspolizist. Und wenn er von der Arbeit nach Hause kommt, ist Birgit schon wieder im Krankenhaus. Nur an zwei Wochenenden im Monat haben beide frei. Dann bleiben sie am Samstag etwas länger im Bett und kaufen nach dem Frühstück gemeinsam für die Woche ein. Am Nachmittag machen sie die Wäsche und putzen die Wohnung.

5

a) *individuelle Auswahl*
b) und c)
1. Sie hat es verkauft.
2. Sie hat eine Umschulung und den LKW-Führerschein gemacht und auch gleich eine Stelle gefunden.
3. Sie findet es interessant, dass sie schon in vielen europäischen Ländern war.
4. Ihre Söhne finden es toll, dass ihre Mutter in ihrem Alter noch einen typischen Männerberuf angefangen hat.

6

Vorschläge:
2d: Das sehe ich ganz anders! Ich finde meine Chefin super!
3e: Das ist so nicht richtig. Frauen haben weniger Verkehrsunfälle.
4b: Das ist doch ein Klischee. Die meisten Köche sind Männer.
5c: Das kann man so nicht sagen. Sie kaufen auch Kosmetikartikel.
6g: Das stimmt doch nicht. Fußball ist Männersache.
7a: Da bin ich anderer Meinung. Kindererziehung ist auch Arbeit.

7

a) Nummer 1, 4 und 6
b) *individuelle Lösung*

8

a) 1d – 2e – 3f – 4b – 5c – 6a
b) *Vorschläge:*
1. Ich vergesse nie, die Wäsche zu waschen.
2. Ich vergesse manchmal, meine Passwörter zu notieren.
3. Ich vergesse oft, meine Rechnung zu bezahlen.
4. Ich vergesse selten, Lebensmittel einzukaufen.
5. Ich vergesse immer öfter, die Briefe zur Post zu bringen.
6. Ich vergesse immer, meine Hausaufgaben zu machen.

9

1. Er ist unsportlich.
2. Er ist unehrlich.
3. Er ist (sehr) kompliziert.
4. Er ist erfolglos / Er hat keinen Erfolg.
5. Geld ist ihm wichtig.
6. Er ist (sehr/total) unromantisch.

10

a) *positiv:* 1, 2, 3, 6
b) a3 – b4 – c2 – d1 – e6 – f5
c) *zu A Partner 2; zu B Partner 1*

11

a) 1a – 2d – 3b – 4c
b) 2. Sie sagt, dass ihre Kollegin schon wieder nach Bali fliegt.
3. Er sagt, dass es am Markt einen neuen Italiener gibt.

4. Er sagt, dass er schon lange keine Sachertorte mehr gegessen hat.

4 Arbeit im Wandel

1

a) Das Emsland ist eine circa 2881 Quadratkilometer große Region im südwestlichen Niedersachsen. Die längste Strecke von der westlichen Grenze zu den Niederlanden an die östliche Grenze des Emslands ist **56** Kilometer lang. Die Entfernung vom nördlichsten Punkt des Emslands zum südlichsten Punkt an der Grenze zum Bundesland Nordrhein-Westfalen ist mit **95** Kilometern fast doppelt so weit. Aber in dieser großen Region leben nicht sehr viele Menschen und es gibt hier auch nur **5** Städte: Lingen, Papenburg, Meppen, Haren und Haselünne. Die größte Stadt ist Lingen im südlichen Emsland mit etwa **51000** Einwohnern. Insgesamt leben **313.500** Menschen im Emsland und die meisten leben in kleinen Städten und Dörfern auf dem Land. Den Namen hat das Emsland übrigens von der Ems, einem **371** Kilometer langen Fluss, der mitten durch diese ländliche Region fließt.

2

a) 1b – 2a – 3d – 4e – 5c
b) a1 – b3 – c4 – d5 – e8 – f6 – g7 – h2
c) 1E – 2J – 3J – 4E – 5J – 6E – 7J – 8E

3

a) *Thema 4*
b) 2. früher, 3. früher, 4. heute, 5. früher, 6. heute
c) *Vorschlag:*
Heute fahren sie mit dem Schulbus.
Früher haben die Kinder den Eltern bei der Arbeit geholfen. Heute sitzen sie oft lange vor dem Fernseher.
Früher gab es einen kleinen Dorfladen. Heute fährt man mit dem Auto zum Supermarkt in den Nachbarort.
Früher hatten die Leute einen Obst- und Gemüsegarten. Heute kaufen sie Obst und Gemüse lieber im Geschäft, weil das weniger Arbeit macht.
Früher hatten die Leute immer Zeit für eine kurze Unterhaltung. Heute haben es die Leute auch auf dem Land immer eilig.

4

a) *Er spricht über* 1, 3, 5 *und* 6
b) *Richtig:* 1, 2, 6 und 7

5

1. Stadion – 2. Bergbau – 3. Schrebergarten – 4. Kumpel – 5. Stammkneipe – 6. Brieftaube – 7. Feierabend – 8. Arbeiter – 9. Ruhrpott – 10. Siedlungen – 11. Kohle
Lösungswort: Traumfabrik

6

a) 1b – 2c – 3d – 4g – 5e – 6f – 7a
b) 1b – 2a – 3f – 4g – 5c – 6e – 7d

7

a) *individuelle Lösung, Vorschlag:*
Johannes ist wahrscheinlich ausgerutscht, denn man sieht Öl auf dem Boden. Er hat sich vielleicht einen Arm oder ein Bein gebrochen.
b) 1. am 02. November 2016
2. in der Werkstatt
3. er ist auf Öl ausgerutscht
4. zwei Finger an der linken Hand gebrochen
5. zwei Wochen
c) Ja, weil auch Praktikanten vom ersten bis zum letzten Tag des Praktikums am Arbeitsplatz versichert sind.

8

b) 1: meisten – 2: keinen – 3: typischen – 4: nassen – 5: schwere – 6: falsche – 7: große - 8: schweren – 9: schlimmer – 10: gebrochenes – 11: tiefe – 12: langen – 13: hohen – 14: wichtige – 15: einfachen – 16: gefährlichen – 17: kleinen – 18: regelmäßigen – 19: unterschiedlichen – 20: attraktiven – 21: sicherer – 22: guten

5 Schule und lernen

1

a) 1: Film ab! – 2: Physik im Alltag – 3: Unsere Geschichte – 4: Regional und gesund – 5: Projektplanung
b) 1. sich mit einem Thema beschäftigen
2. einen Film machen
3. Fragen stellen
4. nach Antworten suchen
5. eine Ausstellung organisieren
6. die Geschichte untersuchen

2

a) und b)
Luise: Unsere Geschichte
Gründe: Sie geht schon seit vier Jahren gerne in die Schule und möchte mehr über sie erfahren.
Kilian: Projektplanung
Gründe: Er möchte wissen, wie ein Buch entsteht. Er findet Buchdruck spannend.
c) *Ja:* 1, 3, 4, 6, 8
Nein: 2, 5, 7

3

a3 – b1 – c5 – d4 – e6 – f3 – g2 – h4 – i2 – j1 – k6 – l5

4

	Kilian	Luise
1. Stunde	Deutsch	Mathe
2. Stunde	Englisch	Mathe
3. Stunde	Sport	Englisch
4. Stunde	Sport	Physik
5. Stunde	Geschichte	Bio
6. Stunde	Religion	Musik

5

2. lernen / etwas nachschlagen, 3. sehen, 4. wechseln, 5. teilnehmen, 6. schreiben, 7. rechnen, 8. vorbereiten

6

Berufe	Direktor/in	Hausmeister/in	Schulsozial-arbeiter/in
Tätig-keiten	– Unterrichts-material bestellen – Einschulungen organisieren – Zeugnisse vorbereiten – Bewerbungs-gespräche führen	– Glühbirnen wechseln – Schnee räumen – kaputte Stühle reparieren – Pausen-brötchen und Getränke verkaufen	– bei Problemen vermitteln – Arbeits-gemeinschaf-ten leiten – Schüler, Eltern und Lehrer beraten – Konflikte ohne Gewalt lösen

7

a) und b)

Frage 1: aR, bS

Frage 2: Wann hat Ihnen die Schule Spaß gemacht? aS, bR

Frage 3: Wer hat Ihnen geholfen? aS, bR

Frage 4: Was machen Sie heute? aR, bS

Frage 5: Was können Sie den Schülern heute sagen / ihnen raten? aS, bR

8

b) 2. Ich wäre sicher besser in Englisch, wenn wir die Sprache nicht nur im Unterricht sprechen würden.

3. Ich hätte mehr Spaß am Sportunterricht, wenn wir nicht immer Basketball spielen würden.

4. Ich könnte mich im Unterricht besser konzentrieren, wenn die Pausen nicht zu kurz / länger wären.

5. Ich würde gern Mathe machen, wenn ich besser rechnen könnte.

9

a) 2. Ich wünschte, die Lehrer hätten immer gute Laune.

3. Ich wünschte, wir würden die Unterrichtsthemen selbst aussuchen.

4. Ich wünschte, die Lehrer würden im Unterricht mehr Videos zeigen.

5. Ich wünschte, wir würden im Unterricht mehr Projektarbeit machen.

10

2. Alle Schüler können zwei Fächer wählen, für die sie sich sehr interessieren.

3. Sie werden dann in Gruppen aufgeteilt, in denen sie an einem bestimmten Thema arbeiten.

4. Jeder bekommt eine Projektpartnerin/einen Projektpartner, mit der/mit dem er eine Aufgabe bearbeitet.

5. Zum Schluss werden Eltern und Geschwister zu einer Veranstaltung eingeladen, auf der alle Gruppen ihre Ergebnisse präsentieren.

11

2. Gymnasium – Das Gymnasium ist eine Schule, auf der man das Abitur machen kann.

3. Schulhof – Der Schulhof ist ein Platz, auf dem die Schüler die Pausen verbringen.

4. Lieblingsfach – Das Lieblingsfach ist ein Fach, in dem der Unterricht am meisten Spaß macht.

5. Hausaufgaben – Die Hausaufgaben sind Aufgaben, die man nicht im Unterricht macht.

6. die Ferien – Die Ferien sind Wochen, in denen die Schüler/innen frei haben.

Leben in Deutschland 1

1

a) 1e – 2f – 3a – 4b – 5g – 6d – 7c

b) *Vorschläge:*

Auf Foto A werden die Blätter eingesammelt.

Auf Foto B hat jemand den Garten schön dekoriert.

Der Mann auf Foto C arbeitet im Garten.

Der Vater auf Foto D zeigt seinem Kind, wie man Gemüse anbaut.

Auf Foto E sieht man, dass das Regenwasser genutzt wird.

Im Garten auf Foto F kann man sich im Liegestuhl gut entspannen.

c) 1D – 2B – 3C – 4F – 5A

Foto E passt zu keinem Text.

d) *Vorschläge:*

1. Deshalb habe ich den Kleingarten von meinen Eltern übernommen.

2. Wir arbeiten ständig dafür, dass er noch schöner wird.

3. Deswegen baue ich mein Gemüse in einem Schrebergarten an. Das ist eine gute Alternative.

4. Aber heute genieße ich es sehr, sich im Garten zu entspannen.

5. Deshalb überlegen wir, den Pachtvertrag zu kündigen.

6 Klima und Umwelt

1

a) A: Winter verabschiedet sich mit Sturm und Eisregen

B: Stürmisches Ende der Hitzewelle in Bayern

b) *Zu Artikel A passen:* Foto 1 und 5

Zu Artikel B passen: Foto 2, 3 und 4

c) Wetterbericht 1: Text B, Wetterbericht 2: Text A

2

a) 2h – 3a – 4g – 5c – 6d – 7b – 8e

b) Wegen abgedeckter Dächer riefen viele Einwohner die Feuerwehr.

Wegen des Unwetters war die Feuerwehr pausenlos im Einsatz.

Wegen eines Feuers wurde eine Fabrikhalle vollständig zerstört.

Wegen zerstörter Oberleitungen blieben viele Haushalte ohne Strom.

Wegen des Eisregens wurden Zugverbindungen gestrichen.

Wegen umgestürzter Bäume wurden einige Straßen gesperrt.

Wegen des Hochwassers mussten die Camper die Plätze verlassen.

3

a) 6.

b) *Aktuelle Situation:*

1. alles nass, 2. Teppichboden kaputt, 3. Wände dreckig

In den letzten Tagen:

1. Möbel in die 2. Etage gebracht, 2. Auto am Stadtrand geparkt, 3. in der Sporthalle übernachtet

Er macht jetzt:

1. aufräumen, 2. den Nachbarn helfen, 3. die Versicherung über den Schaden informieren

4

a) b

b) 1: Zeilen 31–39, 2: Zeilen 1–13, 3: Zeilen 14–30

c) *Typisches Frühstück in Wien, Lebensmittel aus Österreich:*
Brot oder Brötchen, Schinken, Käse, Milch, Zucker, Eier, Joghurt und Saft = 5.000 km
Kaffee aus Brasilien = 10.800 km
Gründe für den Import billiger Produkte:
1. billige Arbeitskräfte
2. niedrige Transportkosten
Folgen für die Verbraucher:
Gefahr für die Gesundheit wegen der chemischen Behandlung
Folgen für die Umwelt:
Das Kohlendioxyd verstärkt die Entstehung von Treibhausgasen.

5

a) 2. am, 3. am, 4. in der, 5. um

b) In der nächsten Woche beginnt wieder die Winterzeit. In der Nacht von Samstag auf Sonntag müssen Sie Ihre Uhren um zwei Uhr eine Stunde zurückstellen. Sie können dann am Sonntag eine Stunde länger schlafen, aber am Morgen ist es länger dunkel. Wenn im nächsten Jahr der Frühling kommt, stellen wir die Uhren im März eine Stunde vor. Die Sommerzeit wurde 1980 eingeführt, weil man Energie sparen wollte. Dieses Ziel wird leider kaum erreicht, denn im Winter schalten viele Menschen am Morgen die Heizung früher ein. Dann wird die Energie, die man im Sommer wegen des längeren Tageslichts gespart hat, wieder verbraucht. Die Mehrheit der Deutschen findet die Sommerzeit nicht gut. Viele mögen es aber, dass es in der Sommerzeit am Abend länger hell bleibt.

6

a) 1c – 2c – 3b – 4b – 5a – 6c

b) Wenn man über die Zukunft spricht, kann man entweder das Futur, das Präsens oder das Präsens mit Zeitangabe benutzen.

7

Ursachenkette a:
Weil die Gletscher schmelzen, gibt es nur noch in Skigebieten über 1000 m Schnee. Deshalb gibt es immer weniger Wintersportorte. Es gibt immer weniger Wintersportorte, deswegen sinkt die Zahl der Arbeitsplätze im Tourismus.
Ursachenkette b:
Die Temperaturen steigen, deswegen schmilzt das Eis an den Polen. Weil das Eis an den Polen schmilzt, steigt der Meeresspiegel immer höher. Der Meeresspiegel steigt immer höher, deswegen sind viele Küstenregionen von Hochwasser und Sturmfluten bedroht. Viele Küstenregionen sind von Hochwasser und Sturmfluten bedroht, deswegen sinkt die Zahl der Arbeitsplätze im Tourismus.

8

a) 2e – 3a – 4f – 5c – 6b

b) 2. Man sollte nicht mit dem Auto in die Stadt fahren, sondern man sollte lieber den Bus nehmen.

3. Wichtige Dokumente sollte man nicht ausdrucken, sondern man sollte sie elektronisch speichern.

4. Alte Flaschen und Gläser sollte man nicht in die Mülltonne werfen, sondern man sollte sie unbedingt recyceln.

5. Man sollte technische Geräte nicht auf Standby stellen, sondern man sollte sie ganz einfach ausschalten.

6. Man sollte nicht jeden Tag Fleisch essen, sondern man sollte mehr Gemüse und fleischlose Gerichte kochen.

9

a) 2d – 3b – 4a – 5e

b) 2. Je öfter Sie mit öffentlichen Verkehrsmitteln fahren, desto weniger CO_2 produzieren Sie.

3. Je mehr Wertstoffe Sie recyceln, desto mehr tun Sie für unsere Umwelt.

4. Je öfter Sie auf das Baden verzichten und duschen, desto mehr Wasser sparen Sie.

5. Je regelmäßiger Sie eine Tasche zum Einkaufen mitnehmen, desto mehr Plastikmüll vermeiden Sie.

11

a) 2. Ich werde weniger Fleisch und mehr Gemüse essen.

3. Ich werde die Heizung öfter ausschalten, wenn ich die Wohnung verlasse.

4. Ich werde öfter eine Tasche zum Einkaufen mitnehmen.

5. Ich werde mehr sparsame Geräte kaufen und so Energie sparen.

6. Ich werde beim Einkauf mehr auf regionale Produkte achten.

7. Ich werde weniger/seltener baden und öfter duschen.

8. Ich werde seltener/weniger Dokumente ausdrucken.

9. Ich werde öfter/mehr Papier, Glas und Plastik recyceln.

b) *individuelle Lösung*

7 Das ist mir aber peinlich!

1

a) e – d – a – c – b

b) Ende Nummer 3

c) 2 – 5 – 7 – 8

2

a) und b)

Links: Ein Mann sitzt nicht gerade, der andere Mann bindet sich die Serviette um den Hals.
Mitte: Ein Mann hat die Schuhe ausgezogen, ein anderer Mann legt den Kopf in die Hände und hat die Ellenbogen auf dem Tisch, eine Frau zeigt mit dem Messer auf einen Mann. Ein Mann spielt mit der Kerze.
Rechts: Ein Mann schneidet große Stücke vom Fleisch und stört seine Nachbarin, ein anderer Mann nimmt das Messer in den Mund.

4

a) *Bild c passt nicht.*

b) 2. Obwohl Herr Müller sehr viel zu tun hat, bringt er die Pakete zur Post.

3. Obwohl Frau Seifert ihre Kollegin nicht mag, schenkt sie ihr Blumen (zum Geburtstag).

4. Obwohl Herr Bayer der Chef ist, hat er die Kopien gemacht.

5

a) 1d – 2c – 3b – 4a

b) 2. Obwohl man Altpapier in den blauen Container werfen muss, wirft sie das Papier in den Hausmüll.

3. Obwohl man in Krankenhäusern leise sein soll, unterhalten sich die Besucher laut auf dem Flur.

4. Obwohl in Deutschland das Rauchen in Restaurants verboten ist, raucht der Mann.

6

a) *Abschnitt 1: 4, Abschnitt 2: 3, Abschnitt 3: 1, Abschnitt 4: 2*

b) *Ja: 1, 3, 5 – nein: 2, 4*

7

a) kommende, spielende, weinende, laufende, hustende, schmerzende, behandelnde

b) 1. Zu spät kommende Patienten, sind Patienten, die sich verspätet haben.

2. Weinende Kinder haben oft Schmerzen oder Angst vor dem Arzt.

3. Behandelnde Ärzte kümmern sich um die Patienten.

4. Spielende Kinder beschäftigen sich mit einem Teddy oder Spielzeug.

6. Laufende Nasen können ein Zeichen für einen Schnupfen sein.

7. Schmerzende Wunden sind Verletzungen, die sehr weh tun.

8. Hustende Patienten haben wahrscheinlich eine Erkältung.

8

1. Nur Personen, die hier arbeiten, dürfen den Raum betreten.
2. Das Schild warnt vor Hunden, die frei laufen.
3. Hier muss man auf Kinder achten, die auf der Straße spielen.
4. Das Schild warnt vor Gegenständen, die herabfallen könnten.
5. Während die Maschinen laufen, darf an diesen Maschinen nicht gearbeitet werden.

9

b) und c)
Satz Nummer 3

10

a) Nachdem er ins Haus gegangen war, machte er das Licht an. Nachdem er das Licht angemacht hatte, sah er eine Notiz auf dem Tisch. Nachdem er die Notiz auf dem Tisch gesehen hatte, las er sie. Nachdem er die Notiz gelesen hatte, nahm er sein Handy aus der Tasche. Nachdem er sein Handy aus der Tasche genommen hatte, wählte er eine Nummer.

b) *Vorschlag:*
Nachdem er eine Nummer gewählt hatte, telefonierte er lange. Dann ging er schnell aus dem Haus.

8 Generationen

1

a) *individuelle Lösung*

b) 1. Der kleine König Dezember

2. Er ist klein wie ein Finger, aber etwas dicker. Er sieht wie ein Erwachsener aus.

3. Im Zimmer des Erzählers, hinter dem Bücherregal.

4. Das Leben / Die Kindheit / Das Größer- und Kleinerwerden

5. Alle

d) 1 – 3 – 5 – 6

2

a) 1b – 2a – 3b

b) *Größer:* das Wissen
Kleiner: die Fantasie, die Vorstellungen, die Berufswünsche

c) 1. Zeilen 1–2, 2. Zeilen 5–11, 3. Zeilen 13–14, 4. Zeilen 21–22, 5. Zeilen 22–23

3

a) 2. die Schwester, 3. die Nichte, 4. die Cousine, 5. die Enkelin, 6. die Tante, 7. die Tochter, 8. die Großmutter

b) 2. Das ist meine Cousine.

3. Das ist mein Neffe.

4. Das ist meine Tante.

5. Das ist mein Vater.

6. Das ist meine Enkelin.

4

Das ist mein Großvater Ludwig mit meiner Tochter Klara. Die Geschichte seines Lebens habe ich mir bestimmt schon hundertmal angehört. Er spricht besonders oft über seine Geschwister und die Zeit seiner Kindheit. Das waren harte Zeiten, damals. Er sagt oft: „Ihr wisst gar nicht, wie glücklich die Zeit eurer Generation ist! Wir hatten oft Hunger und Angst. Abends haben wir manchmal das leise Weinen unserer Mutter gehört, wenn wieder lange kein Brief gekommen war." Als Opa ein Kind war, war Krieg, und sein Vater war viele Jahre in Russland.
Und das ist meine Großmutter Erika. Kinder sind die größte Freude ihres Lebens. Für uns ist sie der gute Geist unserer Familie. Wenn sie sich die alten Fotos ihrer Kinder ansieht, wird sie manchmal traurig, weil alle so schnell erwachsen geworden sind. Sie sagt oft zu mir: „Genieß die Kindheit deiner Tochter. Du solltest mehr Zeit für sie haben und öfter mit ihr spielen." Ohne die Unterstützung meiner Großeltern könnte ich vermutlich nur halbtags arbeiten. Dank ihrer Hilfe ist das zum Glück kein Problem! Ich hoffe sehr, dass sie noch lange gesund bleiben.

5

1. sicher, 2. nicht sicher, 3. sicher, 4. nicht sicher, 5. nicht sicher, 6. nicht sicher

6

a) 1 im Herbst – 5 in der Weihnachtszeit – 2 in der Karnevalszeit – 4 im Winter – 6 in den Sommerferien

b) 2. Ich bin mir sicher, dass das ein Foto von Inga als Prinzessin ist. Wahrscheinlich war das in der Karnevalszeit.

3. Es könnte sein, dass das ein Foto von ihrem ersten Schultag ist. Möglicherweise war das im Sommer.

4. Vermutlich ist das ein Foto ihres neunten Geburtstags. Ich nehme an, dass das im Winter war.

5. Ich vermute, das ist ein Familienfoto mit ihrem kleinen Brüderchen. Ganz sicher war das in der Weihnachts- zeit.

6. Ich bin mir ganz sicher, dass das ein Urlaubsfoto von ihrer Familie ist. Wahrscheinlich war das in den Sommerferien.

7

a) b: Seit er in der Schule Physik hatte.

c: Seit sie ein kleines Mädchen war.

d: Seit Englisch und Französisch ihre Lieblingsfächer waren.

e: Seit sie 17 war.

f: Seit sie ein Praktikum in einem Bioladen machte / gemacht hat.

b) 1. Er weiß, wie ein Radio funktioniert, seit er in der Schule Physik hatte.

2. Seit Shirin ein kleines Mädchen war, wollte sie Lehrerin werden.
   Sie weiß, dass sie Lehrerin für Sprachen sein will, seit Englisch und Französisch ihre Lieblingsfächer waren.

3. Seit Miriam 17 war, interessiert sie sich für die Natur.
   Sie findet den Beruf ihrer Eltern spannend, seit sie ein Praktikum in einem Bioladen machte / gemacht hat.

8

1. Ich finde, es gibt für manche Dinge im Leben weder ein richtiges noch ein falsches Alter.

2. Das glaube ich nicht. Viele Menschen haben nicht nur Angst vor dem Alter, sondern auch vor Krankheiten.

3. Das sehe ich ganz anders. Es spricht wirklich alles dafür, dass Kinder und Jugendliche weder Alkohol trinken noch rauchen sollten.

4. Das klingt gut, aber leider haben viele weder die Zeit noch das Geld für so eine Reise.

5. Da stimme ich dir nicht zu. Kinder sollten weder im Haushalt helfen noch auf ihre kleineren Geschwister aufpassen. Sie sollten viel spielen und Zeit für Freunde haben.

9

a) 2f – 3e – 4g – 5c – 6d – 7a

b) *individuelle Lösung*

10

a) 1c – 2f – 3a – 4e – 5b – 6d

b) *individuelle Lösung*

9 Migration

1

a) 1: Foto c, 2: Foto b, 3: Foto a

b) Niguyen Gan: 3 und 7; Victor Göllner: 1, 2 und 5; Emin Demir: 4, 6 und 8

c) 1. Victor Göllner, 2. Emin Demir, 3. Niguyen Gan

2

2. Asylantenheim – 3. Gastarbeiter – 4. Integrationskurs – 5. Spätaussiedler – 6. Migration – 7. Auswanderer – 8. Flüchtlinge

3

2. Herr Özdemir, in dessen Lebensmittelgeschäft ich oft einkaufe, geht im Juli in Rente.

3. Über Frau Tran, in deren Frisörsalon noch zwei Ausbildungsplätze frei sind, steht heute ein Artikel in der Zeitung.

4. Mein Freund Ivan, dessen Eltern aus der Ukraine kommen, fühlt sich hier in Bremen zu Hause.

5. Die Meiers, deren Sohn in Neu Delhi arbeitet, reisen zum ersten Mal nach Indien.

6. Mein neuer Chef, dessen Kinder hier die internationale Schule besuchen, kommt aus Korea.

7. Unsere Software-Firma, deren Zentrale in Singapur ist, ist schon seit 14 Jahren hier.

4

2. Die Gäste lassen das Gepäck zum Flughafen bringen.

3. Die Gäste lassen Karten für die Oper oder das Theater reservieren.

4. Die Gäste lassen das Essen aufs Zimmer bringen.

6. Sein Chef lässt ihn die frischen Waren in die Regale und Kühlschränke einräumen.

7. Sein Chef lässt ihn um 8 Uhr das Geschäft öffnen.

8. Sein Chef lässt ihn die Rechnungen vorbereiten.

5

2. Sie putzt ihre Wohnung selbst, aber sie lässt sie neu streichen.

3. Sie sucht selbst eine neue Waschmaschine aus, aber sie lässt sie nach Hause bringen.

4. Sie staubsaugt den Teppich selbst, aber sie lässt ihn einmal im Jahr chemisch reinigen.

5. Sie pflegt den Garten selbst, aber sie lässt die Bäume schneiden.

6

1f – 2d – 3c – 4b – 5e – 6a

7

1. 1961 wurde von der Bundesrepublik Deutschland und der Türkei ein Vertrag über die Einwanderung von Arbeitskräften unterschrieben.

3. Ausländer, die in dieser Zeit zum Arbeiten nach Deutschland kamen, wurden Gastarbeiter genannt.

4. Schon 1962 wurde der erste Verein türkischer Arbeitnehmer in Köln und Umgebung gegründet.

5. Wegen der Wirtschaftskrise wurde die Einwanderung weiterer Arbeitskräfte aus der Türkei und anderen Ländern 1973 gestoppt.

6. Den direkten Familienangehörigen der Gastarbeiter wurde auch nach 1973 die Einwanderung in die Bundesrepublik Deutschland erlaubt.

7. Trotzdem wurde die Bundesrepublik von der Politik noch sehr lange nicht als Einwanderungsland akzeptiert.

8

1. Man soll den Rasen nicht betreten und die Hunde an die Leine nehmen.

2. Man soll die Tiere nicht füttern / ihnen kein Essen geben.

3. Man soll seinen Ausweis an der Kasse (vor-)zeigen.

4. Man soll (in diesen Container) nur weißes Glas einwerfen.

5. Man/Kinder sollen im Treppenhaus nicht spielen.

9

1f – 2d – 3e – 4a – 5b – 6c

10

a) *positiv:* – das Wetter ist besser
   – das Leben ist nicht so teuer
   – man lernt eine neue Sprache und Kultur kennen
   negativ: – Probleme mit der Sprache
   – sich nicht willkommen fühlen / unfreundliche Menschen
   – Offenheit und Energie verlieren

b) *individuelle Lösung*

10 Europa

1

a) *Beitrag 1:* Geschichte, Sicherheitspolitik, Migration, Sprachen, Kindheit
Beitrag 2: Wirtschaft, Reisen, Arbeit, Lebensmittel/Spezialitäten
Beitrag 3: Geschichte, Reisen, Kulturen, Arbeit
b) 2. Günter, 3. Girts, 4. Günter, 5. Louis, 6. Girts, 7. Louis

2

a) 1. gehören zu – 2. bestehen aus – 3. sich bewerben um – 4. beitragen zu – 5. verstoßen gegen – 6. sich wenden an
b) 2. Woraus besteht die EU?
3. Worum bewerben sich weitere Länder?
4. Wozu hat die EU in Europa beigetragen?
5. Wogegen kann auch ein Staat verstoßen?
6. Woran können sich dann die anderen Mitgliedstaaten wenden?

3

Vorschläge:
UNION, VERWAL**T**UNG
INTEG**R**ATION, VE**R**TRAG, WI**R**TSCHAFT, **R**EISEN
PR**O**BLEME, GERICHTSH**O**F, KOMMISSI**O**N
S**P**RACHEN, **P**OLITIK
ARBEIT, **A**USTAUSCH, **HA**NDEL

4

1b – 2c – 3c – 4b

5

a) *Fragen:*
2. Wie viele Kommissare sind Mitglied der Europäischen Kommission?
3. Woher kommen die Kommissare?
4. Von wem werden sie ernannt?
5. Was macht die Europäische Kommission?
b) und c) *Antworten:*
1. aktuell 28
2. 28 (aus jedem Staat eine/ einer)
3. Sie werden ernannt.
4. Vom Europäischen Rat.
5. Den Haushalt verwalten, an Gesetzesvorschlägen arbeiten, auf Umsetzung der Gesetze und politische Entscheidungen achten.

6

2. Ich interessiere mich auch (aber) sehr (nicht) für Politik.
3. Ich war (bin) in meiner Heimat nie (lange) Mitglied in einer Partei.
4. Meine Freunde finden es auch (nicht sehr) wichtig, über Politik zu sprechen.
5. Für mich sind Frieden und Sicherheit (nicht) die wichtigsten Ziele der Politik.
6. Wenn ich Politiker/in wäre, würde ich mehr mit den Bürgern sprechen.

7

a) 2. unpünktlich – 3. möglich – 4. gemeinsam – 5. zufrieden – 6. sicher – 7. krank – 8. frei
b) 1: Möglichkeit – 2: Sicherheit – 3: Freiheit – 4: Unpünktlichkeit – 5: Gemeinsamkeit – 6: Zufriedenheit

8

a) 2. nicht pünktlich im Büro sein – 3. keine E-Mails schreiben – 4. keine Präsentationen vorbereiten – 5. keine Geschäftsreisen machen – 6. nicht nett zu allen Kunden sein
b) 2. Ich brauche nicht pünktlich im Büro zu sein.
3. Ich brauche keine E-Mails zu schreiben.
4. Ich brauche keine Präsentationen vorzubereiten.
5. Ich brauche keine Geschäftsreisen zu machen.
6. Ich brauche nicht nett zu allen Kunden zu sein.

9

a) 2e – 3a – 4b – 5d
b) 2. Ich habe viel Arbeit. Trotzdem nehme ich mir Zeit für meine Kinder.
3. Ich stehe immer früh auf. Trotzdem verspäte ich mich manchmal.
4. Ich spreche kein Französisch. Trotzdem fahre ich nach Paris.
5. Ich habe keine Hobbys. Trotzdem habe ich nie Langeweile.
c) 2. Obwohl ich viel Arbeit habe, nehme ich mir Zeit für meine Kinder.
3. Obwohl ich immer früh aufstehe, verspäte ich mich manchmal.
4. Obwohl ich kein Französisch spreche, fahre ich nach Paris.
5. Obwohl ich keine Hobbys habe, habe ich nie Langeweile.

10

2. Wenn ich Hunger habe, koche ich entweder etwas oder ich gehe essen.
3. Wenn ich krank bin, bleibe ich entweder im Bett oder ich gehe zum Arzt.
4. Wenn ich Zeit habe, fahre ich entweder ein paar Tage weg oder ich gehe ins Kino.
5. Wenn ich müde bin, trinke ich entweder einen Kaffee oder ich mache einen Mittagsschlaf.
6. Wenn ich Geburtstag habe, mache ich entweder eine Party oder ich feiere mit meiner Partnerin/meinem Partner.
7. Wenn ich Probleme habe, suche ich entweder in Internetforen nach einer Lösung oder ich rede darüber.

Leben in Deutschland 2

1

a) *Vorschläge:*
Reichenau liegt auch im Westen, südlich von Überlingen.
Konstanz liegt zentral, östlich von Reichenau.
Friedrichshafen liegt am Nordufer vom Bodensee, östlich von Konstanz.
Lindau liegt südöstlich von Friedrichshafen.
Romanshorn liegt zwischen Konstanz und Bregenz.
Bregenz liegt im Südosten.
b) 1. Reichenau und Überlingen
2. Überlingen
3. Konstanz und Bregenz
4. Friedrichshafen
5. Lindau
6. Bregenz
c) *individuelle Lösung*

Bildquellenverzeichnis des Intensivtrainings

Cover: Dr. Ing. h. c. F. Porsche AG; **S. 4:** *oben* Fotolia / Andrey Popov; *unten* Fotolia / Gina Sanders; **S. 5:** *(a)* Fotolia / RioPatuca Images; *(b)* Fotolia / eyetronic; *(c)* Fotolia / DOC RABE Media; *(d)* Fotolia / grafikplusfoto; **S. 8:** *oben* Shutterstock / Triff; *unten* Shutterstock / Lonely; **S. 12:** *(a)* Fotolia / Picture-Factory; *(b)* Fotolia / hbrunnhuber; *(c)* Shutterstock / Robert Kneschke; **S. 13:** *oben* Shutterstock / www.BillionPhotoS. com; *unten* Fotolia / Gerhard Seybert; **S. 16:** Feuerwehr Fotolia / Aleksandr Ugorenkov; Teddybär Fotolia / bluebat; Holztiere Shutterstock / Marie C Fields; Fußball Fotolia / Alekss; Spielküche Shutterstock / zstock; Holzpferd Shutterstock / kavring; Eisenbahn Shutterstock / Fabian Petzold; **S. 18:** Fotolia / sylv1rob1; **S. 20:** beide Fotolia / von Lieres; **S. 22:** Karte Cornelsen / Volkhard Binder; *(a)* Fotolia / Joerg Sabel; *(b)* Fotolia / Vitezslav Halamka; *(c)* Fotolia / Brigitte Bohnhorst; *(d)* Fotolia / Thomas Reimer; *(e)* Fotolia / John Smith; **S. 24:** *oben* picture alliance / Presse-Bild-P; *unten* Shutterstock / Val Thoermer; **S. 26:** *(a)* Fotolia / createur; *(b)*, *(c)*, *(d)* Fotolia / T. Michel; *(e)*, *(g)* Fotolia / ufotopixl10; *(f)* Fotolia / TUNINGFOTOJOURNAL; **S. 31:** *oben* Shutterstock / Minerva Studio; *unten* Shutterstock / gualtiero boffi; **S. 32:** Fotolia / Picture-Factory; **S. 34:** *(A)* Fotolia / tinadefortunata; *(B)* Fotolia / rkl_foto; *(C)* Shutterstock / Air Images; *(D)* Shutterstock / Monkey Business Images; *(E)* Fotolia / Schulzie; *(F)* Fotolia / Martin Debus; **S. 35:** Fotolia / Michael Zimberov; **S. 36:** *(1)* Fotolia / oxie99; *(2)* Fotolia / Rico Löb; *(3)* Fotolia / Kzenon; *(4)* Fotolia / Kara; *(5)* Fotolia / Marco2811; **S. 38:** *(1)* Fotolia / Siegi; *(2)* Fotolia / karepa; *(3)* Fotolia / Yuri Bizgaimer; **S. 39:** Fotolia / magele; **S. 45:** Shutterstock / Luna Vandoorne; **S. 46:** *oben links* Fotolia / gpointstudio; *oben rechts* Fotolia / Köpenicker; *Warnschild Kinder* Fotolia / nmann77; *Warnschild Hunde* Fotolia / Sonja Calovini; **S. 48:** Verlag Antje Kunstmann, München 1993. Axel Hacke, Michael Sowa: „Der kleine König Dezember", S. 11; **S. 50:** *oben* Fotolia / WavebreakMediaMicro; *unten* Shutterstock / Julia Kuznetsova; **S. 52:** *oben* Fotolia / kolotype; *Mitte* Shutterstock / Monkey Business Images; *unten* Fotolia / ACP prod; **S. 53:** Fotolia / Focus Pocus LTD; **S. 54:** *(a)* Shutterstock / Alexander Raths; *(b)* Fotolia / Kzenon; *(c)* Fotolia / photowahn; **S. 56:** *oben* Fotolia / Kadmy; *unten* Shutterstock / mangostock; **S. 58:** *(1)* adpic/ RF ; *(2)* M. Tettmeyer; **S. 60:** *oben* Fotolia / rukanoga; *Mitte* Shutterstock / ImageFlow; *unten* Fotolia / Picture Partners; **S. 61:** Shutterstock / qoppi; **S. 64:** Fotolia / contrastwerkstatt; **S. 66:** *((Karte)* Fotolia / mojolo; *(a)* Fotolia / pure-life-pictures; *(b, e, c)* Fotolia / Manuel Schönfeld); *(d)* Shutterstock / Scirocco340; *(f)* Fotolia / Stefan Riedmüller

Testheft

B1

Name	Kurs	Datum	Punkte
			insgesamt **40**

1 Eine Zeitreise. Lesen Sie den Text und kreuzen Sie an: richtig oder falsch?   **7**

Die Romantische Straße feiert ihren 60. Geburtstag

Sind Sie schon einmal durch die Zeit gereist? Nein? Dann fahren Sie doch einmal die Romantische Straße entlang, auf der die deutsche Geschichte lebendig wird. „Geboren" wurde die bekannte Ferienstraße 1950 in Augsburg, als sich die deutsche Wirtschaft langsam von den Folgen des Zweiten Weltkrieges erholte. Damals wollte man Deutschland als Urlaubsziel bekannt machen und gleichzeitig ein positives Bild der deutschen Geschichte zeigen. 28 süddeutsche Städte zwischen Würzburg und Füssen nahmen teil und gründeten die etwa 400 km lange Romantische Straße, die bald auch in Amerika und Japan als „Romantic Road" bekannt wurde. Aber nicht nur dort hatte die Idee großen Erfolg. Denn neben Bergen, Wäldern und Flüssen liegen an der Straße auch viele wunderschöne Städte mit alten Häusern, Plätzen, Stadttoren und Kirchen. Den Höhepunkt der Reise bildet das romantische Schloss Neuschwanstein, in dem der „Märchenkönig" Ludwig II. lebte. Zum 60. Geburtstag der Straße fuhr wie in den 50er-Jahren ein Original-Bus aus dieser Zeit in vier Tagen vom Main zu den Alpen. Man kann die Straße aber je nach Interesse auch anders erleben: auf einer kurzen Autofahrt in vier bis fünf Stunden, etwas langsamer mit dem Reisebus in ein bis zwei Tagen, sportlich in vier bis fünf Tagen mit dem Rad oder ganz ohne Zeitdruck in drei Wochen zu Fuß.

1. Die Romantische Straße verbindet Norddeutschland mit Süddeutschland.   **Richtig**   **Falsch**

2. Sie ist auch bei den Japanern und Amerikanern beliebt.   **Richtig**   **Falsch**

3. Man wollte die Urlauber über die Folgen des Krieges informieren.   **Richtig**   **Falsch**

4. Die Romantische Straße verbindet fast dreißig süddeutsche Städte.   **Richtig**   **Falsch**

5. Das beliebteste Ziel ist das Schloss von Ludwig II.   **Richtig**   **Falsch**

6. Täglich fahren alte Busse aus den 50er-Jahren die Straße entlang.   **Richtig**   **Falsch**

7. Die Romantische Straße kann man mit dem Auto, dem Bus, dem Rad oder zu Fuß erleben.   **Richtig**   **Falsch**

2 Ludwig II. und Schloss Neuschwanstein. Ergänzen Sie die Verben im Präteritum.   **10**

Ludwig II. _wurde_ [0] (werden) schon mit 18 Jahren König von Bayern. Er _____ [1] (haben)

wenig politische Erfahrung, aber er _____ [2] (lieben) Kunst, Musik und Architektur.

Darum _____ [3] (entscheiden) er sich für den Bau eines romantischen Schlosses:

Neuschwanstein. Die Arbeiten für das Schloss _____ [4] (beginnen) 1868. Aber erst sechzehn

Jahre später _____ [5] (können) Ludwig in sein Schloss einziehen. Denn bei der

Planung _____ [6] (wollen) man die modernsten Kenntnisse der Technik nutzen.

Deshalb _____ [7] (geben) es immer wieder Geldprobleme und das Schloss _____ [8] (bleiben)

bis 1892 eine Baustelle. Ludwig selbst _____ [9] (sehen) seine Burg nie ganz fertig, denn

er _____ [10] (finden) im Jahr 1886 im Starnberger See den Tod.

3 Modernes Leben: Alles gleichzeitig? Schreiben Sie Sätze mit *während*. **10**

1. *Wir essen und trinken, während wir am Computer arbeiten.*
   wir: essen und trinken / am Computer arbeiten

2. *Ihr*
   ihr: telefonieren / an der Haltestelle auf den Bus warten

3. *Während*
   ich: im Supermarkt an der Kasse warten / E-Mails schreiben

4. *Du*
   du: fernsehen / Pizza essen

5. *Während*
   sie (Pl.): bügeln / Vokabeln lernen

6. *Und während*
   er: schlafen / von mehr Zeit träumen

4 Welche Zeit ist wann? Verbinden Sie die Sätze. **7**

Wenn wir lustige Kostüme tragen, 1   a   dann ist Urlaubszeit.

Wenn wir die Uhr eine Stunde vorstellen, 2   b   dann ist Halbzeit.

Wenn viele Menschen ihre Koffer packen, 3   c   dann beginnt die Sommerzeit.

Wenn es beim Fußball nach 45 Minuten eine Pause gibt, 4   d   dann ist Karnevalszeit.

Wenn wir Tannenbäume und Geschenke kaufen, 5   e   dann feiern sie ihre Hochzeit.

   f   dann arbeitet man Teilzeit.

Wenn zwei Menschen heiraten, 6   g   dann ist Weihnachtszeit.

Wenn man nicht den ganzen Tag im Büro ist, 7

5 Alles braucht seine Zeit. Ergänzen Sie die Verben in der passenden Form. **6**

lesen – ~~schlafen~~ – treffen – arbeiten – essen – entspannen – arbeiten – ~~schlafen~~

Wie lange brauchen wir jede Nacht *zum Schlafen* [0]? Die meisten Menschen *schlafen* [0]

zwischen sechs und acht Stunden täglich, aber manche Menschen stehen auch schon nach vier

oder erst nach zehn Stunden wieder auf.

_____ [1] brauchen wir länger. Viele Menschen _____ [2] mehr als acht Stunden

jeden Tag. Für die Freizeit bleibt dann nicht mehr so viel Zeit. Die meisten Menschen haben weniger

als zwei Stunden jeden Tag _____ [3], oder _____ [4] mit Freunden. Auch die

Mahlzeiten müssen oft schnell gehen und man nimmt sich selten genug Zeit _____ [5].

Dabei sollte man viel öfter nichts tun und sich einfach _____ [6].

Name	Kurs	Datum	Punkte	
			insgesamt	**40**

1 **Alltagsproblem Stress. Lesen Sie den Text und verbinden Sie die Sätze.** **8**

Strategien gegen Stress

Stress ist ein Gefühl, das heute fast jeder kennt. Aber was können wir tun, damit der Stress nicht unser Leben beherrscht?

Eigentlich gehört ein bisschen Stress zum Leben dazu. Und er muss auch gar nicht immer schlecht sein, denn durch ihn bekommen wir mehr Energie, damit wir unser Bestes geben können. Auf der anderen Seite kann uns zu viel Stress aber auch krank machen. Deswegen ist es wichtig, dass wir im Alltag einen Ausgleich dazu finden. Für viele Menschen wird das immer schwieriger und nicht wenige nehmen heute Medikamente, um in stressigen Situationen ruhig zu bleiben. Experten sagen aber, dass man die beste Medizin gegen Stress nicht in der Apotheke kaufen kann. Damit meinen sie die Liebe. Wissenschaftliche Studien haben bestätigt, dass nicht nur geliebte Menschen gegen Stress helfen, sondern auch Hobbys und andere schöne Dinge. Denn wenn Liebe, Lachen und Freude an erster Stelle stehen, bleibt für den Stress kein Platz.

Wichtig ist, dass wir unserem Tag eine feste Struktur geben. Dabei helfen

z. B. ein Tagesplan, aber auch schon ganz einfache Dinge wie der tägliche Kaffee zum Frühstück oder das Glas Rotwein vor dem Schlafengehen. Ungesunder Stress wird dann ausgelöst, wenn wir glauben, dass wir eine Situation nicht mehr kontrollieren können. Darum raten Experten zu Pünktlichkeit und guter Organisation, weil wir so den Rhythmus des Tages selbst bestimmen können und uns sicherer fühlen.

Damit uns der Stress nicht dauerhaft negativ beeinflusst, sollten wir nicht nur auf unsere Psyche, sondern unbedingt auch auf unseren Körper hören und Kopfschmerzen, Rückenschmerzen und Schlafstörungen ernst nehmen. Denn sie zeigen uns, dass der Stress für uns und unsere Gesundheit gefährlich wird. Als Anti-Stress-Strategien sind Gymnastik-Übungen mit passender Musik zu empfehlen, kurze, aber regelmäßige Pausen bei der Arbeit und möglichst viele Kontakte mit Menschen, die einen anderen Job haben. So können wir uns entspannen, nehmen unsere eigenen Probleme weniger wichtig und gewinnen neue Lebensenergie.

Stress kann	**1**	**a**	kann man krank werden.
Wenn man zu viel Stress hat,	**2**	**b**	weil sie uns Freude machen.
Die beste Medizin gegen Stress	**3**	**c**	können wir dem Tag eine Struktur geben.
Auch Hobbys sind wichtig,	**4**	**d**	sollten wir bei der Arbeit regelmäßig Pausen machen.
Durch Organisation und Pünktlichkeit	**5**	**e**	positiv und negativ sein.
Kopf- und Rückenschmerzen	**6**	**f**	beeinflussen uns positiv und geben uns Energie.
Um uns zu entspannen,	**7**	**g**	ist die Liebe.
Kontakte mit anderen Menschen	**8**	**h**	zeigen uns, dass der Stress zu viel für uns wird.

2 **Ergänzen Sie *weil* oder *darum/deshalb/deswegen*.** **6**

1. Stress kann positiv sein, ... er uns Energie gibt.

2. Zu viel Stress ist aber gefährlich, ... er uns krank machen kann.

3. Arbeit kann stressig sein, ... sollte man regelmäßig Pausen machen.

4. Oft fühlen wir uns gestresst, ... wir glauben, dass wir eine Situation nicht mehr kontrollieren können.

5. Stress kann uns negativ beeinflussen, ... sollten wir auf unseren Körper hören.

6. Das lange Sitzen am Schreibtisch ist ungesund, ... sollten wir manchmal aufstehen und Gymnastik machen.

3 Warum hat Carmen Stress? Ordnen Sie zu und schreiben Sie die Sätze zu Ende.　　**10**

> a) Sie hat so viel Arbeit. – b) Sie hat oft Rückenschmerzen. – c) Sie ist immer müde. –
> d) Sie sucht Hilfe. – e) Sie macht viele Überstunden.

1. ☐ Carmen muss jeden Tag sehr früh aufstehen, deshalb ....

2. ☑ Sie muss schon um halb acht im Büro sein, weil *sie so viel Arbeit hat.* ....

3. ☐ Sie sitzt den ganzen Tag am Schreibtisch, darum ....

4. ☐ Abends kommt sie spät nach Hause, weil ....

5. ☐ Sie ist mit ihren Nerven am Ende, deswegen ....

4 Carmen sucht Hilfe im Internet. Lesen Sie den Text und ergänzen Sie die Wörter.　　**10**

a) verständnisvoll – b) ärgere – c) Gewissen – d) ziemlich – e) verrückt –
f) konzentrieren – g) Feierabend – h) Privatleben – i) wirken – j) Überstunden

> http://www.hilfe.de/forum　　　　　　　　　　　　　　　　c　Q Google
>
> ☐ 14.09.2011 18:24　　　　　　　　　　　　　　　　　　　　　　　#1
>
> **Carmen75**
> Registriert seit: 01.05.2010
> Beiträge: 35
>
> Hallo! Wer kann mir helfen? Es gibt da eine Sache, die mich wirklich ☐¹ macht: Ich arbeite zu viel! Jeden Tag bin ich um acht im Büro und komme erst um zehn oder elf Uhr abends nach Hause, weil ich ☐² mache. Deshalb habe ich fast gar kein ☐³ mehr. Mein Freund ist eigentlich ☐⁴, aber ich ☐⁵ mich trotzdem, dass ich immer erst so spät ☐⁶ habe. Wir können abends nie etwas gemeinsam unternehmen, ins Kino gehen oder in ein schickes Restaurant. Das ist ☐⁷ schlecht für unsere Beziehung und ich habe Angst, dass wir uns trennen werden.
>
> Aber wenn ich nicht genug arbeite, habe ich die ganze Zeit ein schlechtes ☐⁸ und kann nachts nicht schlafen. Dann kann ich mich am nächsten Tag nur schlecht ☐⁹. Ich habe es schon mit Medikamenten probiert, aber die ☐¹⁰ nicht. Was soll ich nur tun?
>
> 📎 Zitieren

5 Ratschläge für Carmen. Schreiben Sie Sätze im Konjunktiv.　　**6**

1. Sprechen Sie mit Ihrem Chef. *(sollen)*

   Heiner54　*Sie sollten*

2. Fahr mit deinem Freund in den Urlaub. *(können)*

   Nina222　*Du*

3. Treib mehr Sport. *(müssen)*

   Fitforfun
   ↳

4. Machen Sie einen Yogakurs. *(können)*

   Marion68
   ↳

5. Gehen Sie ins Kino oder lesen Sie ein spannendes Buch. *(können)*

   DavidW
   ↳

6. Hör öfter Musik und entspann dich. *(sollen)*

   Rock-a-Billy
   ↳

Name	Kurs	Datum	Punkte
			insgesamt **40**

1 Männer und Frauen. Lesen Sie den Text und kreuzen Sie an: a, b oder c. **5**

Sind Männer und Frauen gleichberechtigt?

Junge Mädchen können sich heute kaum noch vorstellen, dass es für ihre Großmütter nicht einfach war, eine gute Schule zu besuchen, zu studieren und berufstätig zu sein. Doch vor hundert Jahren hatten Frauen in Deutschland nicht die gleichen Möglichkeiten wie Männer. Bildung für Frauen wurde oft als sinnlos angesehen, denn die Vorstellungen von den Geschlechtern waren sehr traditionell: Die Frau sollte sich um Haushalt und Kinder kümmern, während der Mann das Geld verdiente. Erst Anfang des 20. Jahrhunderts öffneten die Universitäten ihre Türen auch für Studentinnen. Noch länger dauerte es, bis Frauen aktiv am Berufsleben teilnehmen konnten. Heute verlieren die alten Klischees immer mehr an Bedeutung und wir finden es inzwischen ganz normal, dass Frauen studieren, arbeiten und eigenes Geld verdienen können. Offiziell sind Männer und Frauen gleichberechtigt. Aber haben Frauen heute auch wirklich die gleichen Möglichkeiten wie Männer?

In Deutschland kann die Mutter oder der Vater nach der Geburt eines Kindes Urlaub nehmen, um sich intensiv um das Kind zu kümmern, weil es zu wenige Plätze in den Kindergärten gibt. Es sind aber fast immer die Mütter, die mindestens für einige Jahre zu Hause bleiben. Auch später arbeiten viele nur halbtags, um nachmittags für die Kinder da zu sein. Die Verbindung von Familie und Beruf ist also immer noch ein Problem, das gelöst werden muss, damit Frauen und Männer wirklich gleichberechtigt leben können.

1. Im 19. Jahrhundert
   a) ☐ waren alle Frauen berufstätig.
   b) ☐ konnten Frauen nicht studieren.
   c) ☐ halfen Männer im Haushalt.

2. Im modernen Deutschland
   a) ☐ sind Männer und Frauen offiziell gleichberechtigt.
   b) ☐ kann man Familie und Beruf gut verbinden.
   c) ☐ verdienen Frauen mehr als Männer.

3. Nach der Geburt eines Kindes
   a) ☐ kommt das Kind gleich in den Kindergarten.
   b) ☐ müssen Frauen wieder arbeiten.
   c) ☐ können auch Männer Urlaub nehmen.

4. Es ist für eine Frau heute nicht leicht,
   a) ☐ Geld zu verdienen.
   b) ☐ berufstätige Mutter zu sein.
   c) ☐ zu studieren.

5. Viele Eltern
   a) ☐ finden keinen Kindergartenplatz.
   b) ☐ kümmern sich kaum um die Kinder.
   c) ☐ bleiben zusammen zu Hause.

2 Ordnen Sie zu und bilden Sie Sätze mit dem Infinitiv mit *zu*. **6**

a) berufstätig sein und Geld verdienen – b) mehr Plätze anbieten –
c) sich das Leben ihrer Großmütter vorstellen – d) Familie und Beruf verbinden –
e) sich um Haushalt und Kinder kümmern – f) nach der Geburt zu Hause bleiben

1. ☐ Für junge Mädchen ist es heute schwer, ...

2. ☐ Früher war es Aufgabe der Frauen, ...

3. ☑ Heute haben auch Frauen die Möglichkeit, *berufstätig zu sein und Geld zu verdienen.*

4. ☐ Meistens entscheiden sich die Mütter, ...

5. ☐ Kindergärten sollten versuchen, ...

6. ☐ Denn auch heute ist es nicht leicht, ...

3 Seine Meinung sagen, jemandem zustimmen und widersprechen. Ergänzen Sie die Sätze.   7

> finde – stimme – sehe – sagen – richtig – Meinung – Recht

■ Meiner ....[1] nach sind Männer und Frauen nicht gleichberechtigt. Die meisten
Frauen arbeiten zwar, aber sie bekommen weniger Geld.

Ich ....[2] nicht, dass das fair ist!

◆ Das kann man doch so nicht ....[3]! Dass Frauen schlechter bezahlt werden, ist

natürlich unfair, da hast du ....[4], aber sonst ....[5] ich dir nicht zu.
Frauen haben heute die gleichen Möglichkeiten wie Männer.

■ Das ....[6] ich nicht so. Was du sagst, ist nicht ganz ....[7], denn ...

4 Das Paar des Jahres. Ergänzen Sie die Wörter.   9

> a) berufstätig – b) sprechen – c) einkauft – d) zusammenbleiben – e) Streiten –
> f) kümmert – g) Gemeinsamkeit – h) Schwierigkeiten – i) sympathische

Zum „Paar des Jahres" wurden gestern Katja Lange und Florian Beck gewählt. Lange und Beck haben vor
allem eine ☐[1]: Sie sind beide Schauspieler. Bei einem Interview erzählte das ☐[2] Paar jetzt, wie es sich bei
einem Filmfest kennengelernt hat. Inzwischen sind die zwei seit vier Jahren verheiratet und immer noch
erfolgreich bei Film und Fernsehen beschäftigt. Gibt es da nicht manchmal ☐[3] oder
Beziehungsprobleme? Wie bei vielen Paaren, bei denen beide Partner ☐[4] sind, kann es vorkommen, dass
sie sich ein paar Tage nicht sehen. Aber sie ☐[5] über ihre Termine und finden gemeinsame Zeit für sich
und die Familie. Vielleicht funktioniert ihre Partnerschaft deshalb so gut, denn wenn sie zusammen sind,
haben sie keine Zeit zum ☐[6]. Katja ☐[7] sich dann liebevoll um die Kinder, aber sie ist auch froh, dass
Florian die Lebensmittel ☐[8]. Und dass er immer noch so charmant und aufmerksam ist. Über den Titel
„Paar des Jahres" haben sie sich sehr gefreut und hoffen, dass sie immer ☐[9].

5 Das Paar des Jahres im Interview. Bilden Sie Sätze mit *dass*.   8

1. Die Zeitungen berichten, *dass* ....
   Katja Lange und Florian Beck wurden zum „Paar des Jahres" gewählt.

2. Bei einem Interview erzählten sie, ...
   Sie sind seit vier Jahren glücklich verheiratet.

3. Beide sind sich sicher, ...
   Sie wollen weiter als Schauspieler arbeiten.

4. Sie erklären, ...
   Sie sind sehr beschäftigt und haben keine Zeit zum Streiten.

6 Partnerschaft. Notieren Sie die Gegenteile der Adjektive mit *un-* und *-los*.   5

◆ Ich bin so <u>glücklich</u>! Mein Freund ist so <u>romantisch</u> und <u>verständnisvoll</u>. Aber wir lachen auch
viel, denn er ist so <u>humorvoll</u>! Und ich bin sicher, dass er immer <u>ehrlich</u> ist.

■ Wie schön! Ich bin im Moment leider ziemlich ....[1]. Mein Freund ist nicht

nur ....[2], sondern auch ....[3]. Lachen kann man mit ihm auch

nicht, denn er ist völlig ....[4]. Und ich habe das Gefühl, dass

er ....[5] ist.

Name	Kurs	Datum	Punkte
			insgesamt **40**

1 **Industriegeschichte. Lesen Sie den Text und kreuzen Sie an: richtig oder falsch?** **8**

Industrieregionen früher und heute: die Völklinger Hütte

Während der Industrialisierung im späten 19. Jahrhundert entstanden in Deutschland zahlreiche große Industrieregionen. Doch in den 60er und 70er Jahren des 20. Jahrhunderts mussten viele Fabriken und Industrieanlagen aus wirtschaftlichen Gründen schließen und wurden zu Museen oder Kulturzentren. Eine davon ist die Völklinger Hütte, ein ehemaliges Stahlwerk im Saarland, dem kleinsten Bundesland im Südwesten Deutschlands. Mehr als hundert Jahre lang, von 1873 bis 1986, wurde hier Stahl „gekocht", das heißt mit Hilfe der saarländischen Kohle wurde aus französischem und schwedischem Metall Eisen hergestellt. In den besten Zeiten arbeiteten hier 20.000 Menschen und aus der Arbeitersiedlung Völklingen wurde eine moderne Stadt. Doch wegen der weltweiten Wirtschaftskrise produzierte man in den 70er Jahren immer weniger Stahl, bis die Anlage 1986 ganz geschlossen wurde. Aber schon acht Jahre später erklärte die UNESCO die Völklinger Hütte zum „Weltkulturerbe", also zu einem wichtigen Kulturdenkmal, das geschützt werden muss. Damit hat die Völklinger Hütte heute die gleiche Bedeutung wie z. B. der Kölner Dom, die Chinesische Mauer oder die ägyptischen Pyramiden.

Aus der früheren Industrieanlage ist inzwischen ein Themen- und Freizeitpark geworden. Auf den über 5.000 Meter langen Wegen des Museums kann man die ehemaligen Arbeitsplätze und Maschinen im Original und in Multimedia-Shows erleben. Bis zum Jahr 2010 wurden bereits 2,5 Millionen Besucher gezählt. Für die Besichtigung sollte man je nach Interesse etwa zwei bis drei Stunden einplanen. Wer sich für Musik, Kunst und Geschichte interessiert, findet hier auch ein reiches Konzertprogramm und Ausstellungen zu verschiedenen Themen. Naturfreunde können sogar das „Paradies" entdecken: einen Landschaftsgarten, in dem sich die Natur viele Jahre lang ungestört entwickeln konnte. Die Völklinger Hütte bietet für jeden etwas!

1. Die Völklinger Hütte wurde im 20. Jahrhundert gebaut.   Richtig   Falsch

2. Über zweihundert Jahre lang wurde hier Stahl produziert.   Richtig   Falsch

3. 1986 musste die Völklinger Hütte schließen.   Richtig   Falsch

4. Danach wurden alle Maschinen nach Schweden und Frankreich verkauft.   Richtig   Falsch

5. Heute ist die Völklinger Hütte ein Museum, in dem man erleben kann, wie die Menschen früher gearbeitet haben.   Richtig   Falsch

6. Für die Besichtigung braucht man mindestens einen halben Tag.   Richtig   Falsch

7. Zum kulturellen Angebot gehören auch Konzerte.   Richtig   Falsch

8. Das „Paradies" ist ein großer Garten, der besonders für Naturfreunde interessant ist.   Richtig   Falsch

2 **Leben und Arbeiten in der Industrieregion. Ergänzen Sie das Kreuzworträtsel.**

1. Das Ruhrgebiet ist nach der Ruhr benannt. Das ist ein ... in Westdeutschland.
2. Hier baut man Kohle, Metall oder Mineralien ab.
3. Kohle wird auch „schwarzes ..." genannt.
4. die Menschen, die in einem Land oder einer Region wohnen
5. Wenn man sich am Arbeitsplatz verletzt, hat man einen ...
6. Kleingarten in einer Gartenkolonie
7. In einem ... gibt es viele Geschäfte.

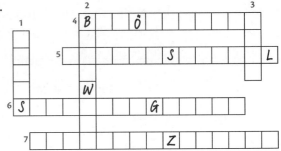

10

3 Das Saarland – Freizeit in der Region
a) Ergänzen Sie die Adjektivendungen.

Toll........¹ Wanderungen in der Natur:
Wunderschön........² Landschaften mit
romantisch........³ Wäldern und sauber........⁴
Flüssen. Die beliebtest........⁵ Touren im
kleinst........⁶ Bundesland Deutschlands finden
Sie in unserem neu........⁷ Sommerkatalog.

1

Erleben Sie die spannend........⁸ Geschichte
unserer Erde! Im neu eröffnet........⁹ Museum
„Gondwana" erfahren Sie durch
modern........¹⁰ Technik, wie sich das Leben
auf der Erde in über vier Milliarden Jahren
verändert hat. Frei........¹¹ Eintritt mit der
neu........¹² Saarland-Freizeit-Karte.

2

b) Welche Überschrift passt zu welcher
Anzeige? Ordnen Sie zu.
Drei Überschriften passen nicht.

a) Regional kochen lernen
b) Wandern in Frankreich
c) Erdgeschichte ganz nah
d) Industriegeschichte erleben
e) Top-Touren im Saarland
f) Natur pur – gesunde Lebensmittel

Lust auf ein neu........¹³ Hobby? Lernen Sie die
kreativ........¹⁴ saarländisch........¹⁵ Küche bei einem
persönlich........¹⁶ Kochkurs à la carte kennen.
Bekannt........¹⁷ Profiköche zeigen Ihnen, wie Sie
lecker........¹⁸ Gerichte kochen und sie mit
regional........¹⁹ Weinen kombinieren. Unsere Kurse
finden während des ganz........²⁰ Jahres statt.
Melden Sie sich noch heute an!

3

3

4 Unfälle bei der Arbeit. Ergänzen Sie die Adjektive. Achten Sie auf die Endungen.

12

> glatt – dienstlich – traditionell – bekannt – teuer – klein

Walter M., 55: „Am letzten Arbeitstag vor Weihnachten habe ich mich mit meinen Kollegen in

einem _b_ ....¹ Restaurant zu unserer ....² Weihnachtsfeier getroffen.

Unsere Chefin konnte leider nicht kommen, weil ihre ....³ Tochter plötzlich krank

geworden war. Nach der Feier bin ich auf der ....⁴ Straße ausgerutscht und habe mir die

Wirbelsäule verletzt. Ich konnte lange Zeit nicht arbeiten und musste in eine ....⁵

Spezialklinik. Zum Glück hat die Unfallversicherung alles bezahlt, weil die Weihnachtsfeier

eine ....⁶ Veranstaltung war, auch wenn die Chefin nicht dabei sein konnte."

> frisch – hoch – steil – stark – gesetzlich – voll

Marita N., 28: „Vor ein paar Monaten hatte ich während der Arbeitszeit sehr ....⁷ Kopf-

schmerzen. Deshalb wollte ich meine Mittagspause nicht wie sonst in der ....⁸ Kantine

verbringen, sondern ein bisschen an der ....⁹ Luft spazieren gehen. Auf dem Weg in

den Park bin ich auf einer ....¹⁰ Treppe gestolpert und habe mir den Arm gebrochen. Ich

bekam einen Gips, konnte wochenlang nicht arbeiten und brauchte danach eine längere ergothera-

peutische Behandlung. Jetzt streite ich mich mit der ....¹¹ Unfallversicherung,

weil sie die ....¹² Kosten für die Behandlung nicht übernehmen will."

Name   Kurs   Datum   Punkte

insgesamt   **40**

1 Welche Schule ist die beste? Welche Anzeige passt zu welcher Situation? Ordnen Sie zu. Sie können jede Anzeige nur einmal verwenden.

10

> **Musikgymnasium
> Johann Sebastian Bach**
> Unterricht auf mindestens
> zwei Instrumenten,
> Musiktheorie, schuleigene
> Chöre und Orchester.
> Ab Klasse 7 auch
> Nachmittagsunterricht.   **a**

> **International School**
> Englisch-deutsche Privatschule mit zwei-
> sprachigem Unterricht ab Klasse 1. Infor-
> mationsveranstaltungen am 23./24.8.   **b**

> **GBG Georg-Büchner-Gymnasium**
> Ganztagsschule für die Klassen 5–12
> Großes Nachmittagsangebot: Wahl-
> fächer und Arbeitsgemeinschaften
> Eltern-Informationsabend
> am 24.8., 19 Uhr   **c**

> **Sprachschule Interlingua**
> Fremdsprachenunterricht für
> Anfänger und Fortgeschrittene
> Neues Kursprogramm im
> November   **d**

> **John-Lennon-Gesamtschule**
> Klassen 5–12, Hauptschulabschluss,
> Realschulabschluss, Abitur
> Großes Fremdsprachenangebot –
> Berufsberatung – Betriebspraktika
> in Klasse 9 und 11 – Arbeits-
> gemeinschaften – Klassenfahrten   **e**

> **Klecks! – Die Kunst-Grundschule**
> Uns sind nicht nur Lesen, Schreiben und
> Rechnen wichtig, sondern auch Kunst und
> Musik. Kinder sind kreativ – wir helfen ihnen
> bei der Entwicklung ihrer Talente.
> Tag der offenen Tür am
> Samstag, 3.9. ab 15.00 Uhr   **f**

1. ☐ Josefa M. sucht eine gute Schule für ihre Tochter. Leonie wird dieses Jahr sechs. Sie malt und singt gern und spielt auch schon ein bisschen Klavier.

2. ☐ Florian K. lebt mit seiner Familie seit acht Jahren in den USA. Die Kinder sind dort zur Schule gegangen, haben aber zu Hause Deutsch gesprochen. Jetzt will die Familie wieder nach Deutschland ziehen.

3. ☐ Gamal Y. ist elf und beendet dieses Jahr die Grundschule. Seine Noten sind ganz gut. Ob er einmal das Abitur machen will, weiß er jetzt noch nicht. Nachmittags möchte er nicht in die Schule gehen, weil er auch noch Zeit für seinen Fußballverein haben will.

4. ☐ Marie F. ist zehn und in der vierten Klasse. Sie hat sehr gute Noten und will später unbedingt Tierärztin werden. Ihre Eltern arbeiten, deshalb wäre es gut, wenn Marie auch nachmittags in der Schule bleiben könnte.

5. ☐ Jana ist 15 und in der 10. Klasse. Sie spielt seit acht Jahren Klavier und seit vier Jahren Gitarre. Außerdem singt sie sehr gerne und möchte Abitur machen. Sie ist mit ihren Eltern umgezogen und sucht eine neue Schule.

2 Rund um die Schule. Ergänzen Sie die Wörter.

10

1. Zuerst kommen alle Kinder in die _G_ _ _ _ _ _ _ _ _ _ _ _ _e, danach gehen sie entweder auf die Hauptschule, die _R_ _ _ _ _ _ _ _ _ _e oder das Gymnasium.

2. Die _G_ _ _ _ _ _ _ _ _ _ _ _ _e ist eine Schule, die alle Schüler besuchen können. Sie ist eine Alternative zum dreigliedrigen _S_ _ _ _ _ _ _ _ _ _ _m in Deutschland.

3. Das Abitur ist eine Prüfung, die _G_ _ _ _ _ _ _ _ _ _ _ _ _n am Ende der 12. Klasse machen. Danach hoffen viele auf einen _S_ _ _ _ _ _ _ _ _ _ _ _z an der Universität.

4. Ein _Z_ _ _ _ _ _ _s ist ein Dokument, das man am Ende des Schuljahres bekommt.

5. Der S __ __ __ __ __ __ __ __ __ n ist eine Liste der Fächer, die ein Schüler jede Woche

   hat.

6. Der K __ __ __ __ __ __ __ __ __ __ m ist das Zimmer, in dem der Unterricht stattfindet.

7. Der H __ __ __ __ __ __ __ __ __ r ist eine Person, die sich z. B. um Reparaturen kümmert.

3 Wünsche von Schülern und ihren Eltern. Schreiben Sie Sätze wie im Beispiel. **8**
Was Schüler sich wünschen:

1. längere Ferien haben: *Wenn wir doch längere Ferien hätten!* ....

2. mehr Sport machen können: ....

3. weniger Klassenarbeiten schreiben: ....

   ....

4. schon mit der Schule fertig sein: ....

5. später mit der Schule anfangen: ....

   ....

Was Eltern sich wünschen:

6. die Klassen – kleiner sein: *Ich wünschte, die Klassen wären kleiner!* ....

7. ich – meinem Kind beim Lernen helfen können: ....

   ....

8. mein Kind – lieber zur Schule gehen: ....

   ....

9. mein Kind – bessere Zeugnisse haben: ....

10. die Lehrer – mehr über die Kinder wissen: ....

4 Wer wünscht sich was? Schreiben Sie Relativsätze. **12**

Die Schüler wünschen sich eine Schule, *die Spaß macht* [0] (sie macht Spaß),

Mitschüler, *mit* .... [1] (mit ihnen verstehen sie sich gut),

Unterricht, ... [2] (er ist spannend), und lange

Pausen, ... [3] (in ihnen können sie spielen).

Die Lehrer wünschen sich Schüler, ... [4]

(sie wollen lernen), eine Klasse, ... [5]

(in ihr gibt es nicht so viele Schüler), und Kollegen, ...

.... [6] (mit ihnen kann man gut zusammenarbeiten).

Eltern wünschen sich einen Lehrer, ... [7]

(ihre Kinder mögen ihn) und der alle Fragen, ... [8]

(seine Schüler stellen sie ihm), beantworten kann.

Name | Kurs | Datum | Punkte

insgesamt **40**

1 Klimaschutz. Lesen Sie zuerst die Überschriften. Lesen Sie dann die Texte und entscheiden Sie, welche Überschrift am besten zu welchem Text passt. **8**

a Computer – ein Umweltproblem?

b Computerspiel soll Jugendliche auf Energieproblem aufmerksam machen

c Kunst für das Klima: „Hallo, hier spricht ein Gletscher."

e Frühere Katastrophenwarnungen für Menschen in Küstenregionen

d Billig-Flugreisen immer beliebter

f Neue Studie zeigt: Gletscher schmelzen immer schneller

h Beim Reisen an die Umwelt denken – Klimaschutz auch in den Ferien

g Falsche Prognosen bei Wetterkatastrophen

1 Wetterkatastrophen wie Sturmfluten und Hochwasser werden in Zukunft für immer mehr Menschen zu einem ernsten Problem. Diese Prognose veröffentlichte die internationale Hilfsorganisation „Help&Protect" jetzt in Vancouver in ihrem neuen Bericht. Sie sorgt sich vor allem um die Menschen in Küstenregionen und will die Möglichkeiten der Wetterdienste nutzen, um schon die ersten Anzeichen zu erkennen und die Bevölkerung so früh wie möglich zu warnen. Da gegen die Katastrophen selbst nichts getan werden kann, müssen die Regionen besser überwacht und die Einwohner auf Gefahren vorbereitet werden, um sie auf diese Weise zu schützen.

2 Die britische Künstlerin Katie Paterson hat den größten Gletscher Islands mit einer Telefonnummer verbunden. Wer diese wählt, kann dem Eis mit Hilfe eines Unterwasser-Mikrofons beim Schmelzen zuhören. Mit ihrem Projekt macht die Künstlerin auf originelle Weise auf die Erwärmung der Meere und das Ansteigen des Meeresspiegels aufmerksam.

3 Das Strategiespiel „Energetika" hat in München den Deutschen Computerspielpreis gewonnen. Es kann im Internet kostenlos gespielt werden. Der Spieler lebt in der Zukunft und soll ausreichend Energie für sein Land produzieren. Neben Umweltproblemen müssen dabei auch ökonomische und soziale Faktoren beachtet werden. Deshalb muss er sich nicht nur um Forschung und Entwicklung kümmern, sondern auch Politiker und vor allem die Bevölkerung über Kosten und Folgen seiner Projekte informieren. Ein tolles Spiel, das hoffentlich bei vielen jungen Leuten Interesse für dieses aktuelle Thema wecken wird.

4 Nach Informationen von Naturschutzorganisationen richten deutsche Urlauber mit ihren Reisen große Schäden an der Umwelt an. Am schlechtesten für das Klima sind Flugreisen, weil dabei pro Person viel mehr CO_2 produziert wird als bei Reisen mit dem Auto, dem Zug oder dem Bus. Deshalb ist es nach Aussage von Tourismusexperten vor allem wichtig, wie weit das Reiseziel entfernt ist und welches Verkehrsmittel man für die Reise wählt. Über Billig-Flugreisen freut sich zwar das Portemonnaie, aber nicht das Klima. Doch auch das Wohnen, Essen und Trinken und die Aktivitäten am Urlaubsort sind wichtige Faktoren. Deshalb sollte man bei der Planung insgesamt umweltbewusster sein und sich schon vorher genau über die Folgen einer Reise informieren.

2 Klimaschutz in der Zukunft. Ordnen Sie die passenden Verben zu und schreiben Sie Prognosen mit *werden* + Infinitiv. **5**

essen – leben – sparen – verreisen – benutzen

1. umweltbewusster: *Die Menschen werden* ....

2. nicht mehr so oft mit dem Flugzeug: *Sie* ....

3. mehr öffentliche Verkehrsmittel: *Man* ....

4. Strom und Wasser: *Wir* ....

5. weniger Fleisch und Käse: *Ich* ....

3 Gründe nennen. Bilden Sie Ausdrücke mit *wegen* + Genitiv und ordnen Sie sie den *weil*-Sätzen mit der gleichen Bedeutung zu. **11**

> a) die CO₂-Produktion – b) die Erderwärmung – c) der Sturm – d) eine Hitzewelle
> e) der Klimawandel – f) die Umweltfolgen des Reisens

1. Weil sich das Klima verändert, machen sich viele Forscher Sorgen.

   e _Wegen des_ .... machen sich viele Forscher Sorgen.

2. Weil es auf der Erde immer wärmer wird, schmilzt das Eis an den Polen.

   ☐ .... schmilzt das Eis an den Polen.

3. Weil es lange sehr heiß war, gab es in Südeuropa eine Periode der Trockenheit.

   ☐ .... gab es in Südeuropa eine Periode der Trockenheit.

4. Weil es so gestürmt hat, mussten die Bewohner die Region verlassen.

   ☐ .... mussten die Bewohner die Region verlassen.

5. Weil Reisen die Umwelt beeinflusst, sollten sich Urlauber vorher gut informieren.

   ☐ .... sollten sich Urlauber vorher gut informieren.

6. Weil dabei viel CO₂ produziert wird, sind Flugreisen schlecht für die Umwelt.

   ☐ .... sind Flugreisen schlecht für die Umwelt.

4 Die Folgen der Erderwärmung. Schreiben Sie Sätze mit *je ..., desto ...* **10**

Es wird wärmer auf der Erde. → Die Gletscher schmelzen schneller. → Es gibt öfter
Lawinen. → Mehr Skigebiete müssen schließen. → Weniger Wintersporttouristen
kommen. → Die Zahl der Arbeitsplätze sinkt stärker.

1. _Je wärmer es_ .... , _desto schneller_ ....

2. _Je schneller die Gletscher_ .... , _desto_ ....

3. _Je öfter_ ....

4. ....

5. ....

5 Verbinden Sie die Widersprüche in einem Satz mit *nicht ..., sondern ...* **6**

1. _Nicht der Autoverkehr,_ ....
   Der Autoverkehr ist nicht das größte Umweltproblem. Das größte Problem ist der Flugverkehr.

2. _Nicht in_ ....
   Die meisten Wetterkatastrophen gibt es nicht in den Bergen. Die gibt es in den Küstenregionen.

3. _Nicht_ ....
   Nicht nur die Politiker müssen etwas für die Umwelt tun. Das müssen alle Leute.

Name	Kurs	Datum	Punkte
			insgesamt **40**

1 **Urlaubsknigge**

a) Lesen Sie den Text und ordnen Sie jedem Absatz eine passende Überschrift zu. **4**
Zwei Überschriften passen nicht.

a Vokabeln lernen macht Freunde

b Arabische Frauen auf Reisen

e Verhaltensregeln in Deutschland

c Offen sein für Neues

d Korrekte Kleidung

f Andere Länder, andere Sitten

1 ▢ Viele Reisende haben es schon einmal erlebt: Ein Verhalten, das in Deutschland in einer bestimmten Situation typisch ist, oder eine Geste, die wir als ganz normal empfinden, kann in anderen Ländern Unsicherheit, Verlegenheit oder sogar Ärger auslösen. Verhaltensregeln sind nicht überall gleich und deshalb ist es nicht immer einfach, sich in einem anderen Land korrekt zu benehmen. Obwohl man natürlich nicht alle Sitten und Bräuche eines Landes kennen kann, gibt es doch weniger Missverständnisse, wenn man sich als Tourist vor Reisebeginn zumindest über ein paar Regeln für den Umgang mit den Menschen im Urlaubsland informiert.

2 ▢ Auch wenn Sie das Verhalten der Menschen in Ihrem Reiseland manchmal komisch finden oder überhaupt nicht verstehen, sollten Sie es nicht kritisieren. Akzeptieren Sie die Unterschiede und zeigen Sie Interesse an neuen Dingen – auch beim Essen. Wenn man Ihnen etwas anbietet, das Sie nicht kennen, dann fragen Sie, was es ist, und probieren Sie es. Es muss ja nicht unbedingt Ihr Lieblingsessen werden. Wenn es Ihnen aber schmeckt, dann freut man sich sicher auch über ein Kompliment.

3 ▢ Wenn Sie die Sprache Ihres Urlaubslandes sprechen, haben Sie natürlich einen großen Vorteil. Aber auch schon wenige Wörter können einen großen Effekt haben. Lernen Sie einige einfache Begrüßungen wie „Guten Morgen" oder „Guten Abend" und Höflichkeitswörter wie „Bitte", „Danke" oder „Entschuldigung" – das ist zwar nicht viel, zeigt aber, dass Sie sich für das Land und seine Bewohner interessieren. Und meistens bekommt man dafür sogar ein Lob – auch wenn die Aussprache nicht perfekt ist.

4 ▢ Die religiösen Verhaltensregeln eines Landes sollten auf jeden Fall beachtet werden. Wenn man z. B. als Frau in arabische Länder reist, sollte man keine kurzen Hosen oder Röcke und keine T-Shirts tragen. Am besten sind weite, lange Hosen oder Röcke und Blusen mit langen Ärmeln. Das ist auch in einigen europäischen Ländern wie Portugal oder Griechenland zu empfehlen. Zwar fahren viele Leute dorthin, um Strandurlaub zu machen, aber den Einwohnern sind ihre alten Traditionen immer noch wichtig und viele finden es einfach unpassend, wenn die Touristen in Badekleidung einkaufen oder essen gehen. Völlig tabu ist es natürlich, in kurzen Hosen oder Badeschuhen eine Kirche zu besichtigen.

b) Verbinden Sie die Sätze. **8**

Wenn man verreist, **1**	**a** sollte man zumindest ein paar einfache Ausdrücke lernen.
Wenn man etwas nicht versteht oder komisch findet, **2**	**b** sollte man sich vorher über die Verhaltensregeln des Urlaubslandes informieren.
Wenn Ihnen jemand eine Speise anbietet, **3**	**c** sollte man nicht zu kritisch sein.
Wenn Ihnen das Essen schmeckt, **4**	**d** sollte man nicht in Badekleidung ins Restaurant gehen.
Wenn man die Sprache des Urlaubslandes nicht spricht, **5**	**e** sollten sie dort immer lange Kleidung tragen.
Wenn Frauen in arabische Länder fahren, **6**	**f** sollten Sie diese auch probieren.
Wenn man Strandurlaub macht, **7**	**g** sollte man unbedingt auf passende Kleidung achten.
Und besonders wenn man eine Kirche besichtigen will, **8**	**h** sollten Sie es loben.

2 Gutes Benehmen im Urlaub? Verbinden Sie die Sätze mit *obwohl*. `8`

1. *Tina* ....
   Tina nimmt ihre Kamera ins Museum mit. Man darf dort nicht fotografieren.

2. *Obwohl* ....
   Stefan schmeckt das indische Essen nicht. Er macht der Köchin ein Kompliment.

3. *Obwohl* ....
   Tanja spricht kein Japanisch. Sie kann ein paar Wörter sagen.

4. *Ben* ....
   Ben geht mit Badeschuhen in die Kirche. Das ist verboten.

3 So ein Mist. Schreiben Sie Sätze mit *nachdem*. Benutzen Sie das Präteritum und das Plusquamperfekt. `10`

1. *Nachdem* ....
   Peter / verschlafen → er / zu schnell mit dem Auto / zur Arbeit / fahren

2. ....
   er / einen Unfall haben → seine Familie / ihn im Krankenhaus / besuchen

3. ....
   Peter / aus dem Krankenhaus kommen → er / vier Wochen zu Hause / bleiben

4. ....
   Peter / wieder gesund werden → er / einen neuen Wecker / kaufen

5. ....
   Peter / einen neuen Wecker kaufen → er / nie wieder / verschlafen

4 Knigge aktuell. Markieren Sie die Partizip-I-Formen im Text und ergänzen Sie die Verben. `10`

Neue Studie liefert überzeugende Argumente für gutes Benehmen

Eine neue Studie hat gezeigt, dass gutes Benehmen heute wieder stärker gefragt ist als in den vergangenen Jahrzehnten. Laut der Umfrage freuen sich 94 % der in Deutschland lebenden Frauen, wenn ihnen ein Mann hilft, ihre Tasche zu tragen, und 82 %, wenn ihnen in die Jacke oder in den Mantel geholfen wird. Auch ein ehrlich wirkendes Kompliment hören die meisten Frauen gern. 69 % der Frauen ist es wichtig, dass ein Mann im Restaurant oder zu feierlichen Ereignissen in passender Kleidung erscheint. Für Menschen, die mehr über Verhaltensregeln wissen wollen, gibt es ein wachsendes Angebot an Kursen, in denen man gutes Benehmen lernen kann. Informationen erhalten Sie unter folgender Telefonnummer: 080-0123456.

1. Argumente, die *überzeugen* ....

2. Frauen, die in Deutschland ....

3. ein Kompliment, das ehrlich ....

4. in Kleidung, die ....

5. ein Angebot, das ....

6. unter der Telefonnummer, die ....

Name   Kurs   Datum   Punkte

insgesamt   **40**

1 Generationenhäuser. Lesen Sie den Text und fassen Sie ihn zusammen, indem Sie die Sätze in die richtige Reihenfolge bringen. Nummerieren Sie.   **10**

Großfamilie heute

Kinder, Vater, Mutter, Oma und Opa alle zusammen in einem Haus? Das war einmal, denken die meisten Menschen heute. Doch seit einigen Jahren hat dieses alte Familienmodell eine moderne Form gefunden: das so genannte *Generationenhaus*. Bei dieser Art des Wohnens ist es allerdings nicht so wichtig, ob da eine richtige Familie zusammenlebt. Denn ein Generationenhaus ist eine Art Wohngemeinschaft für verschiedene Altersgruppen, die die Freuden und Sorgen des Alltags miteinander teilen, auch wenn sie nicht verwandt sind. Wie in jeder Wohngemeinschaft gibt es Zimmer, die nur den einzelnen Bewohnern gehören, und gemeinsame Räume und Bereiche, die von allen zusammen benutzt werden, wie z. B. Bade- und Wohnzimmer, Küche und Garten.

Warum aber sollte man sein Zuhause mit fremden Menschen teilen? Ganz einfach, weil Generationenhäuser Vorteile für alle bieten: Kinder haben mehr Spielkameraden als in der traditionellen Kleinfamilie, Mütter wissen, dass sich jemand um ihre Kinder kümmert, während sie bei der Arbeit sind, und ältere Mitbewohner bekommen Hilfe bei den Aufgaben, die ihnen schwer fallen, wie Fensterputzen oder Gartenarbeit. Natürlich gibt es manchmal auch Konflikte, deshalb sollte man über kritische Themen am besten schon vor dem Umzug in ein Generationenhaus sprechen, besonders über Fragen der Kindererziehung oder über die

Sauberkeit und Ordnung, die man in den gemeinsamen Räumen erwartet.

Oft ist es nicht leicht, passende Häuser für solche Projekte zu finden, denn sie sollten eine zentrale Lage haben, genug Platz bieten und so gebaut sein, dass sich auch alte Leute ohne Probleme darin bewegen können. Deshalb werden heute in vielen deutschen Städten so genannte *Generationenzentren* gebaut, die Altersheim und Kindergarten kombinieren – so wie jetzt im hessischen Limburg, wo gerade ein „Treffpunkt der Generationen" eröffnet wurde, der eine Betreuung für 120 Senioren und 50 Kinder, vom Baby bis zum Schulkind, anbietet. Dazu gehören gemeinsame Aktivitäten wie Kuchenbacken, Theaterspielen, Lesestunden und Computerkurse. Drei weitere Wohnhäuser sind geplant, in die auch Ärzte, Physiotherapeuten und ein Frisör einziehen sollen. Ziel ist es, dass Alt und Jung miteinander leben und lernen, wie man Konflikte gemeinsam lösen kann.

a) ☐ Die Kinder haben immer jemanden zum Spielen.

b) ☐ In den so genannten Generationenhäusern leben Menschen unterschiedlichen Alters wie in einer Wohngemeinschaft zusammen.

c) ☐ Und den Älteren wird bei schwierigen Arbeiten geholfen.

d) ☐ Diese Art des Wohnens ist beliebt, weil sie für alle Vorteile bringt.

e) ☐1☐ Die traditionelle Großfamilie, in der alle unter einem Dach zusammenleben, gibt es heute kaum noch.

f) ☐ Deshalb baut man in vielen Städten inzwischen größere Generationenzentren.

g) ☐ Aber das Prinzip des Zusammenlebens verschiedener Generationen wird wieder neu entdeckt.

h) ☐ Der „Treffpunkt der Generationen" in der Stadt Limburg ist ein gutes Beispiel für so ein Projekt.

i) ☐ Denn die Häuser sollten zentral liegen und ausreichend Platz bieten.

j) ☐ Die Mütter können ruhig zur Arbeit gehen, weil jemand auf die Kinder aufpasst.

k) ☐ Es ist schwer, Häuser zu finden, die man als Generationenhäuser nutzen kann.

2 Bewohner des Generationenhauses erzählen. Schreiben Sie Sätze mit *seit*.   8

1. *Seit ich* ....
   Georg, 68: „Ich lebe im Generationenhaus. Ich fühle mich viel jünger."

2. *Seit* ....
   ....
   Mia, 8: „Mama und ich wohnen hier. Ich habe viel mehr Freunde zum Spielen."

3. *Ich kann* ....
   Katja, 35: „Ich kann in Ruhe arbeiten. Oma Marta passt auf meine Tochter auf."

4. *Ich* ....
   ....
   Marta, 64: „Ich habe wieder eine Aufgabe. Ich kümmere mich um die kleine Mia."

3 Eine Computerschule für Senioren. Ergänzen Sie die Possessivpronomen im Genitiv.   10

„Alles fing damit an, dass meine Mutter Briefe *i* .... [1] Schwester abtippen wollte.

Darum erklärte ich ihr die Funktionen .... [2] alten Computers. Das machte ihr so viel Spaß,

dass mein Mann und ich im Keller .... [3] Hauses eine Computerschule für Senioren

gründeten. Eigentlich war das die Idee .... [4] Söhne. Sie fanden die E-Mails .... [5] Oma

super und erzählten, dass die Großeltern .... [6] Freunde auch etwas über Computer lernen

wollten. Natürlich freue ich mich über das Interesse *m* .... [7] Schüler. Oft schreiben mir

Familien, die über die Kenntnisse .... [8] Großeltern überrascht sind. Dann bin ich stolz auf

den Erfolg *u* .... [9] Schule. Es ist toll, wenn alte Leute die Zeit .... [10] Rente so aktiv

nutzen!"

4 Das perfekte Generationenhaus. Schreiben Sie Sätze mit *nicht nur ..., sondern auch*
oder *weder ... noch*.   12

1. *Das perfekte Haus hat nicht nur* ....
   ....
   genug Zimmer für alle – einen großen Garten

2. *Die Bewohner sind weder* ....
   zu laut – zu leise

3. *Die Rentner* ....
   ....
   mit den Kindern spielen – ihnen bei den Hausaufgaben helfen

4. *Die alten Leute müssen* ....
   alleine einkaufen – alleine essen

5. *Alle haben* ....
   viel Spaß miteinander – helfen sich bei Problemen

6. *Es ist aber* ....
   immer schön – manchmal schwierig

Name	Kurs	Datum	Punkte
			insgesamt **40**

1 Migration im Museum. Lesen Sie und kreuzen Sie an: richtig oder falsch? **10**

Das Deutsche Auswandererhaus

„Übersee" – das war das Ziel von fast vier Millionen Deutschen, die zwischen 1830 und 1974 in die USA, nach Kanada, Argentinien, Brasilien oder Australien auswanderten, um dort eine neue Heimat zu suchen. In Bremerhaven, wo ihre Reise begann, hat man im August 2005 das größte europäische Museum zum Thema „Auswanderung" eröffnet: Im Deutschen Auswandererhaus, das direkt am Hafen liegt, kann man die Geschichte der Auswanderung mit allen Sinnen erleben. Statt einer Eintrittskarte bekommt man einen Boarding-Pass für ein Auswanderungsschiff. Hier kann man nachgebaute Räume aus verschiedenen Jahrzehnten bewundern und sich sogar in historischen Kostümen fotografieren lassen. Bilder und alte Dokumente erzählen von den Schicksalen einzelner Auswanderer. Die meisten von ihnen mussten lange warten, bis sie endlich ein Schiffsticket in den Händen hielten. Und auch dann hatten sie ihr Ziel noch nicht erreicht, denn die Reise war hart und gefährlich. Hinter den Briefen, Fotos

und Tagebüchern, die hier ausgestellt sind, stecken Menschen, deren Geschichten uns auch heute noch bewegen.

Viele Deutsche blieben in Kontakt mit der alten Heimat wie z. B. die Auswanderer aus der Pfalz. Aus dieser Region am Rhein waren schon im 17. und 18. Jahrhundert viele Menschen aus religiösen Gründen nach Pennsylvania ausgewandert. Mit der Zeit entwickelten sie dort sogar eine eigene Sprache, das so genannte „Pennsylvaniadeutsch", in dem sich pfälzische und amerikanische Wörter mischen.

1. Im Jahr 1830 verließen fast vier Millionen Deutsche ihre Heimat. Richtig   Falsch

2. Die Auswanderer gingen nach Nord- und Südamerika oder Australien. Richtig   Falsch

3. Das Auswandererhaus liegt direkt am Hafen von New York. Richtig   Falsch

4. Im Museum erfährt man aus alten Briefen, was die Reisenden erlebten. Richtig   Falsch

5. Im „Pennsylvaniadeutsch" gibt es pfälzische und amerikanische Ausdrücke. Richtig   Falsch

2 Passiv im Präsens oder Präteritum? Ergänzen Sie die passenden Verbformen. **6**

1. Das Auswandererhaus .... im August 2005 .... *(eröffnen)*

2. Dort .... viele alte Bilder und Dokumente .... *(zeigen)*

3. Einzelne Schicksale .... durch Briefe und Fotos .... *(erzählen)*

4. In Pennsylvania .... damals eine eigene Sprache .... *(entwickeln)*

5. Heute .... Pennsylvaniadeutsch von ca. 250.000 Menschen in den USA und

   Kanada .... *(sprechen)*

6. Seit 1997 .... in dieser Sprache sogar eine Zeitung .... *(drucken)*

3 Neue Heimat Deutschland – eine Syrerin erzählt. Ergänzen Sie die Wörter. **8**

> a) Heimatstadt – b) Gastarbeiter – c) entscheiden – d) wiederzusehen –
> e) Rückkehr – f) Lebensbedingungen – g) Arbeitserlaubnis – h) aufgewachsen

Amina Masaad: „1970 kam ich aus Aleppo in Syrien hier nach Stuttgart. Mein Mann Hamit war schon zwei Jahre früher als ☐¹ hergekommen, weil die ☐² in Deutschland einfach besser waren. Hier fand er schnell einen gut bezahlten Job, sodass ich ihm bald nachreisen konnte. Natürlich habe ich mich gefreut, meinen Mann ☐³, aber trotzdem war ich am Anfang oft traurig, denn ich vermisste meine Familie und meine ☐⁴ Aleppo. Mit meinen Kindern lernte ich Deutsch, und nachdem ich eine ☐⁵ bekommen hatte, konnte ich als Köchin in verschiedenen Restaurants arbeiten. Heute leite ich ein Restaurant, in dem es arabische, aber auch regionale deutsche Gerichte, wie z. B. schwäbische Maultaschen gibt. Meine Kinder helfen mir oft. Sie fühlen sich wie Deutsche, denn sie sind ja hier ☐⁶. Eine ☐⁷ nach Syrien können sie sich nicht vorstellen. Aber wer weiß, vielleicht ☐⁸ mein Mann und ich uns eines Tages, wieder in unsere alte Heimat zurückzukehren ...“

4 Relativpronomen im Genitiv. Verbinden Sie die Sätze mit *deren* oder *dessen*. **6**

1. *Amina,* ....
   Amina kam 1970 nach Stuttgart. Ihr Mann war schon vorher ausgewandert.

2. ....
   Hamit wollte in Deutschland bleiben. Sein Job war gut bezahlt.

3. ....
   Aminas Kinder wollen nicht nach Syrien zurück. Ihre Heimat ist Deutschland.

5 In Aminas Restaurant.
Schreiben Sie Sätze mit *lassen*. **4**

> Die Zwiebeln müssen angebraten werden!
> Die Tomaten müssen halbiert werden!
> Die Kartoffeln müssen gekocht werden!
> Die Suppe muss abgeschmeckt werden!
> Das Brot muss geschnitten werden!

Amina hat viel zu tun. Zum Glück helfen ihr ihre Kinder.

1. *Amina lässt sie die Zwiebeln anbraten.* ....
2. *Sie* ....
3. ....
4. ....
5. ....

6 Rezept für Schwäbische Maultaschen. Schreiben Sie Sätze mit *man*. **6**

1. *Zuerst verarbeitet man die Zutaten zu einem Teig.* ....
2. *Dann* ....
   ....
3. *Man* ....
   ....
4. *Schließlich* ....
   ....

> **Schwäbische Maultaschen**
> Teig: Eier, Mehl, Salz, Öl
> Füllung: Brötchen, Milch, Fleisch, Zwiebeln, Spinat
> 1. die Zutaten zu einem Teig verarbeiten
> 2. die Zutaten für die Füllung mischen
> 3. den Teig und die Füllung zu Taschen formen
> 4. die Maultaschen 10 bis 15 Minuten kochen

Name	Kurs	Datum	Punkte
			insgesamt **40**

1   ERASMUS – eine europäische Idee. Lesen Sie den Text und verbinden Sie die Sätze.   **8**

Das ERASMUS-Programm wurde von der Europäischen Union gegründet, um die Zusammenarbeit europäischer Hochschulen und die Mobilität von Studenten und Praktikanten zu fördern. Durch die Erfahrungen, die junge Leute bei ihrer Ausbildung im Ausland machen, sollen sie flexibler und offener gegenüber anderen Kulturen werden. Inzwischen nehmen alle Mitgliedsländer der EU sowie sechs weitere europäische Staaten an dem Programm teil. Damit sich ein Auslandsstudium wirklich lohnt, ist es notwendig, dass Studienleistungen überall akzeptiert werden. Deshalb hat man ein Kreditsystem eingeführt, bei dem die Studenten für ihre Arbeit Punkte bekommen. Diese können sie zu Hause für ihren Studienabschluss nutzen.
Ein ganz wichtiger Teil des Programms ist die finanzielle Unterstützung: Die Studienaufenthalte und Auslandspraktika werden durch Stipendien gefördert, um die sich jeder bewerben kann.
Bisher haben schon über zwei Millionen junge Menschen mit ERASMUS ein oder mehrere Semester in einem anderen europäischen Land verbracht. 2009/2010 konnten deutsche Hochschulen über 24.000 Studenten an Partneruniversitäten schicken; 5.000 weitere machten mit Hilfe von ERASMUS ein Auslandspraktikum. Die beliebtesten Zielländer waren Spanien, Frankreich und England. Doch auch Deutschland ist für viele attraktiv, denn pro Jahr kommen rund 17.000 Studenten aus dem Ausland an die deutschen Universitäten.
Insgesamt nutzen jährlich etwa 200.000 Studenten die Möglichkeiten des ERASMUS-Programms – ein großer Erfolg für die europäische Idee.

Das ERASMUS-Programm 1	**a** durch Stipendien finanzieren.
Neben den EU-Ländern 2	**b** fördert die Zusammenarbeit der Universitäten.
Studienleistungen werden 3	**c** nach Spanien, Frankreich und England.
Studenten können ihr Auslandsstudium 4	**d** nehmen sechs weitere Länder an dem Programm teil.
Über zwei Millionen Studenten 5	**e** für den Erfolg des Programms.
Deutsche Studenten gehen am liebsten 6	**f** studieren jährlich ca. 17.000 ausländische Studenten.
An deutschen Hochschulen 7	**g** von allen Universitäten akzeptiert.
Die Teilnehmerzahlen sind ein Beweis 8	**h** haben bereits mit ERASMUS in einem anderen Land studiert.

2   Wortbildung: Nomen mit *-keit* und *-heit*. Ergänzen Sie die Substantive.   **7**

Die EU bedeutet für die Bürger Europas mehr ....¹ (*frei*): Sie können nicht nur ohne

Kontrollen reisen, sondern auch an ausländischen Universitäten studieren. In der ....

............................² (*vergangen*) war das oft kompliziert, aber das neue Kreditsystem gibt den Studierenden

die ....³ (*sicher*), dass ihre Studienleistungen überall akzeptiert werden. Auch

Studenten, die ....(Pl.)⁴ (*schwierig*) haben, ein Auslandsstudium zu finanzieren,

brauchen keine Angst zu haben, ihre ....⁵ (*unabhängig*) von den Eltern zu

verlieren. Denn jeder hat die ....⁶ (*möglich*), ein Stipendium zu bekommen und

ein anderes europäisches Land kennenzulernen. Da viele Studenten die Sprache ihres Ziellandes

lernen, fördert das Programm auch die ....⁷ (*mehrsprachig*) Europas.

3 ERASMUS in den Niederlanden. Ergänzen Sie die Präpositionen und Fragewörter. | 10

> auf – für – über – ~~über~~ – von – an

Liebe Rentje,

vielen Dank für deine nette Mail. Ich bin wirklich froh, dass das Zimmer in eurer WG noch frei ist und ich bei euch einziehen kann. Ich habe schon so lange .... [1] einem Studium in den Niederlanden geträumt! Leider ist mein Niederländisch noch nicht so gut, obwohl ich zurzeit .... [2] einem Intensivkurs teilnehme und mich eigentlich sehr .... [3] Sprachen interessiere. Aber die Grammatik ist nicht einfach und ich ärgere mich immer .... [4] meine dummen Fehler. Ich hoffe, das wird schnell besser, wenn ich mit euch zusammen wohne! Ich freue mich schon .... [5] unser erstes Treffen in drei Wochen!

Deine Inken

PS: Danke auch für die Fotos! Besonders gefreut habe ich mich *über* [6] das von dir und deinen Katzen. Ach ja, Katzen haben es gut! Die brauchen keine Fremdsprachen zu lernen. ☺

.... [7] hat Inken lange geträumt?   .... [10] ärgert sich Inken?

.... [8] nimmt Inken teil?   .... [11] freut sich Inken?

.... [9] interessiert sie sich?   *Worüber* .... [12] hat sie sich besonders gefreut?

4 Gegensätze. Schreiben Sie Sätze mit *trotzdem*. | 6

1. *Die Wohnungssuche* ....
   Die Wohnungssuche ist oft schwierig. Inken hat schnell ein Zimmer gefunden.

2. ....
   Inken macht einen Niederländisch-Intensivkurs. Sie macht noch viele Fehler.

3. ....
   Sprachenlernen braucht Zeit. Inken würde gern sofort Niederländisch können.

5 Wie lernt man am besten Sprachen? Schreiben Sie Sätze mit *entweder ... oder ...* | 6

1. *Man kann entweder* ....
   ein Jahr im Ausland verbringen – die Sprache im eigenen Land lernen

2. *Man kann sich* ....
   sich bei einer Sprachschule anmelden – einen guten Privatlehrer finden

3. ....
   einen Online-Kurs machen – sich einen Tandem-Partner suchen

6 Katzen haben es gut! Schreiben Sie Sätze wie im Beispiel. | 3

1. (keine) Sprachen lernen: *Katzen brauchen keine Sprachen zu lernen.*

2. (nicht) studieren: *Sie* ....

3. (keine) Wohnung suchen: ....

4. (keine) E-Mails schreiben: ....

Lesen (ca. 65 Minuten)

Teil 1 (ca. 10 Minuten)

Lesen Sie den Text und die Aufgaben 1 bis 6 dazu.
Wählen Sie: Sind die Aussagen | Richtig | oder | *Falsch* |?

---

www.mariasblog.de

Liebe Leute,

letzte Woche habe ich darüber gebloggt, wie toll ich es finde, dass man hier in Deutschland sehr gut Fahrrad fahren kann. Es gibt viele Fahrradwege, ganz anders als in Brasilien. Dort bin ich kaum Rad gefahren, es war einfach viel zu gefährlich. Heute möchte ich beim Thema Fahrrad bleiben und euch über ein lustiges und über ein weniger lustiges Erlebnis berichten.

Also, ich habe lange gesucht, bis ich ein Fahrrad fand, das zu mir passte. Endlich hatte ich eins gefunden und war sehr zufrieden damit. Vor ungefähr einem Monat, an einem Montag, wollte ich morgens mit dem Rad zur Arbeit fahren, aber ... es war weg. Jemand hatte es gestohlen. Ich war so wütend und traurig und wusste nicht, was ich machen sollte. Dann aber, drei Tage später, stand das Rad wieder vor meiner Haustür. Am Rad hing ein Zettel, auf dem stand: „Entschuldigung, dass ich Ihr Fahrrad am Sonntagabend genommen habe, aber ich habe es unbedingt gebraucht. Ich hatte einen ganz wichtigen Termin. Es tut mir leid." Und im Fahrradkorb war ein wunderschöner Blumenstrauß.

Mein zweites Fahrraderlebnis war weniger lustig, ich würde sagen: Ich hatte Glück im Unglück. Ich kam gerade von der Arbeit, als ich auf der Straße ausrutschte, weil es geregnet hatte. Ich fiel auf den Boden, aber zum Glück lag ich am Straßenrand. Gerade als ich aufstehen wollte, kam ein Kleinwagen, der nicht mehr bremsen konnte, und fuhr über mein Rad. Das Fahrrad war total kaputt, aber ich hatte trotz allem Glück gehabt. Weil ich an den Straßenrand gefallen war, hatte ich nur ein paar Verletzungen am Arm.

Der Fahrer wollte nicht die Polizei rufen, er wollte mir sofort Geld für ein neues Fahrrad geben, aber damit war ich nicht einverstanden. Also habe ich die Polizei angerufen und sie hat dann ein richtiges Protokoll vom Unfallhergang gemacht. Das Geld für ein neues Rad habe ich trotzdem bekommen. Ja, was soll ich sagen: Dass ich so wenig Verletzungen hatte, lag auf jeden Fall daran, dass ich einen Helm trug. Ich hatte lange keine Lust, mir einen Fahrradhelm zu kaufen, aber jetzt weiß ich, ohne Helm fahre ich nie mehr. Also an alle, die es immer noch uncool finden, einen Helm zu tragen, mein Tipp: Macht es trotzdem. Es kann immer etwas passieren.

Erzählt doch mal von euren Fahrraderlebnissen ...

Eure Maria

---

noch **Teil 1**

Beispiel

0   Maria ist früher nur selten Fahrrad gefahren.   ~~Richtig~~   *Falsch*

1   Maria war verzweifelt, weil jemand ihr Rad gestohlen hat.   Richtig   *Falsch*

2   Maria wollte mit ihrem Rad zu einer wichtigen Verabredung.   Richtig   *Falsch*

3   Der „Dieb" von ihrem Fahrrad hat ihr Blumen geschenkt.   Richtig   *Falsch*

4   Bei einem Unfall ist Maria nicht viel passiert.   Richtig   *Falsch*

5   Der Fahrer hat ihr ein neues Rad gekauft.   Richtig   *Falsch*

6   Die Polizei hat Maria Tipps gegeben, wie man sicher Fahrrad fährt.   Richtig   *Falsch*

Teil 2 (ca. 20 Minuten)

Lesen Sie den Text aus der Presse und die Aufgaben 7 bis 9 dazu.
Wählen Sie bei jeder Aufgabe die richtige Lösung a, b oder c.

Was ist eigentlich Zeit?

Das moderne Leben hat unser Gefühl für Zeit verändert. Immer wollen wir so viel wie möglich schaffen und haben Angst, etwas zu verpassen. Eigentlich ist unser Alltag durch die modernen Technologien angenehmer geworden. Wir müssen nicht mehr auf Briefe warten, online einkaufen geht bequem und schnell, mit mobilem Internet können wir überall arbeiten und telefonieren. Und trotzdem haben wir das Gefühl, dass wir keine Zeit mehr haben. Aber muss man wirklich immer erreichbar sein? Wir haben uns daran gewöhnt, dass E-Mails möglichst sofort beantwortet werden, und dass man sich sofort meldet, wenn man einen Anruf oder eine SMS bekommen hat. Sonst findet man auf seiner Mailbox besorgte Fragen von Bekannten, was einem denn nur passiert sein könnte.

Man will informiert sein – sofort und über alles und jeden. Und das wird immer einfacher: Per Internet bekommen wir die neuesten Nachrichten regelmäßig auf das Smartphone. Das ist zwar praktisch, aber wir müssen lernen, wie wir diese Informationen verarbeiten: die aktuellen politischen Entwicklungen, das neue Baby einer Facebook-Freundin, der neue Kinofilm … Die moderne Technik macht das Leben vielleicht interessanter, aber gleichzeitig steigt auch die Unzufriedenheit vieler Menschen. Das Gefühl, nicht alles tun zu können und für nichts mehr richtig Zeit zu haben, führt zu Stress. Deshalb müssen wir lernen, aus dem riesigen Angebot nur das für uns wirklich Wichtige auszuwählen.

aus einer deutschen Zeitung

Beispiel

0 Die moderne Technik hilft uns …
    a ohne Stress zu leben.
    b̶ weniger warten zu müssen.
    c mehr Zeit zu haben.

7 Es wird erwartet, …
    a dass man regelmäßig E-Mails schreibt.
    b dass man auch unterwegs arbeitet.
    c dass man auf E-Mails und SMS schnell reagiert.

8 Die Menschen …
    a sind zufriedener als früher.
    b müssen lernen, was wichtig und weniger wichtig ist.
    c sind schlechter informiert als in der Vergangenheit.

9 In diesem Text geht es um …
    a Tipps zum Zeitmanagement.
    b die Vorteile des mobilen Internets.
    c den Einfluss moderner Technologien auf unser Leben.

noch **Teil 2**

Lesen Sie den Text aus der Presse und die Aufgaben 10 bis 12 dazu.
Wählen Sie bei jeder Aufgabe die richtige Lösung a , b oder c .

Der Traum vom eigenen Grün

Mehr als eine Million Kleingärten gibt es in Deutschland – besonders viele in Industrieregionen wie dem Ruhrgebiet, wo die Idee schon seit dem vorletzten Jahrhundert populär ist. Oft nennt man die Kleingärten auch Schrebergärten, nach dem Leipziger Arzt Daniel Gottlob Schreber, der sich im 19. Jahrhundert für Grünflächen in der Stadt einsetzte. Das war alles vor mehr als 150 Jahren und bis heute erfreuen sich die Kleingärten in den Städten großer Beliebtheit. Die meisten Hobbygärtner sind Mitglieder in Vereinen und beschließen gemeinsam, wie hoch die Bäume sein dürfen, damit das Gemüse im Nachbargarten noch genug Licht bekommt, oder wie oft das Gras in den Gärten gemäht werden muss. Diese früher oft strengen Regeln sind aber in letzter Zeit offener geworden, sodass auch immer mehr jüngere Leute Interesse daran haben, einen Kleingarten zu mieten. Vor allem Familien mit Kindern, die schon länger in der Stadt wohnen, interessieren sich für einen Schrebergarten. Und ein Trend ist es auch, das eigene Gemüse wie Tomaten, Kartoffeln oder Gurken anzubauen. Lebensmittel, die biologisch und gut für den Körper sind. Inzwischen wachsen in Kleingärten sogar exotische Früchte wie Kiwis oder Orangen und einige Optimisten versuchen, ihren eigenen Wein anzubauen.

aus einer deutschen Zeitung

10 In diesem Text geht es darum, dass viele Menschen …
   a nicht mehr in der Stadt wohnen möchten.
   b einen Ausgleich für das Stadtleben suchen.
   c kein Gemüse mehr im Supermarkt kaufen.

11 In den Kleingärten …
   a fühlen sich Jung und Alt wohl.
   b gibt es zu wenig Grünflächen.
   c muss man sich nicht mehr an Regeln halten.

12 Viele Kleingärtner wollen sich in den Gärten nicht nur entspannen, …
   a sondern dort auch Partys mit Wein feiern.
   b sondern auch gesundes Essen anbauen.
   c sondern auch längere Zeit dort wohnen.

Teil 3 (ca. 10 Minuten)

Lesen Sie die Situationen 13 bis 19 und die Anzeigen a bis j aus verschiedenen deutschsprachigen Medien. Wählen Sie: Welche Anzeige passt zu welcher Situation? Sie können <u>jede Anzeige nur einmal</u> verwenden. Die Anzeige aus dem Beispiel können Sie nicht mehr verwenden. Für eine Situation gibt es <u>keine passende Anzeige</u>. In diesem Fall schreiben Sie <u>0</u>.

Einige Ihrer Bekannten möchten anderen Personen eine Freude machen.

Beispiel

0 Ludmilla sucht ein originelles Hochzeitsgeschenk für ein Freundespaar.
   Die beiden lieben Ausflüge in die Natur.   Anzeige: *c*

13 Peters Vater feiert bald seinen 65. Geburtstag. Peter möchte bei sich zu Hause
    ein großes Familienfest organisieren und braucht dafür Geschirr und Möbel.   Anzeige: ....

14 Stefan möchte Freunde zu einer Stadtrundfahrt durch Berlin einladen.   Anzeige: ....

15 Laura sucht für ihre Freunde, die eine neue Wohnung gefunden haben,
    ein passendes Geschenk. Sie lieben Kunst.   Anzeige: ....

16 Martina möchte ihrer Freundin etwas schenken. Ihre Freundin geht gern auf
    Musikveranstaltungen.   Anzeige: ....

17 Barbara sucht für ihren Mann etwas, damit er sich besser entspannen kann.   Anzeige: ....

18 Der fünfjährige Sohn von Anne und Paolo hat bald Geburtstag.
    Für das Fest suchen sie eine Idee für eine Überraschung.   Anzeige: ....

19 Nadja sucht ein Geburtstagsgeschenk für ihre Eltern. Beide lieben Filme.   Anzeige: ....

a   Tische, Stühle und Schränke

ganz nach Ihrem Geschmack. Wir stellen Möbel für Ihre Wohnung ganz nach Ihren Wünschen her. Kommen Sie am besten noch heute vorbei. Tischlerei Hellwig, Gewerbehofstraße 15.

b   WILLKOMMEN IM KINOGUTSCHEINZENTRUM VON CINEHELD

Gutscheine online bestellen. Die Gutscheine sind ein Jahr gültig. Für Filme mit Überlänge muss eventuell ein Aufpreis bezahlt werden. Bei jedem Kinobesuch erhalten Sie außerdem ein Erfrischungsgetränk gratis.

noch Teil 3

c Über den Wolken – Ballonfahrten in Bayern

Wir starten in einer der schönsten Landschaften Süddeutschlands, im Herzen des Bayerischen Allgäus.

Die Fahrt im Heißluftballon dauert 90 Minuten und bietet eine fantastische Sicht auf Berge und Seen.

www.ueberdenwolken.de

d Entdecken Sie Ihre Stadt im Doppeldecker

Von unseren Bussen haben Sie eine wunderschöne Sicht auf die Sehenswürdigkeiten Ihrer Stadt.
Unser Programm bieten wir in allen großen Städten Deutschlands an. Informationen gibt es in acht Sprachen. Jetzt buchen bei www.Doppeldecker-Tourismus.de

e *Partywelt-online*

Spiele für Ihre Kleinen, drinnen und draußen, ökologisches Spielzeug, originelle Rezepte, alles damit Ihr Fest ein tolles Erlebnis wird. Luftballons in allen Farben.

Material für kreative Glückwunschkarten.

www.partywelt.de

f Alles fürs Fest

Sie haben etwas zu feiern, aber nicht genug Stühle, Teller, Gabeln, …? Kein Problem, wir liefern alles: Tische, Stühle, Gläser, Teller, Besteck, … und vieles mehr.

Partyservice Konfetti Homepage:
www.konfetti.com

g *Stressfrei einkaufen im Baumarkt-Süd*

Eine neue Wohnung? Wir kümmern uns um Ihr Zuhause!

Ab sofort: große Blumenausstellung zu niedrigen Preisen.

Bringen Sie die Natur in Ihr Haus und verschenken Sie einen Gutschein — das besondere Geschenk für jeden Anlass.

h Kinderfreizeiten

für Kinder von sechs bis zehn Jahren. Eine Woche lang ein tolles Angebot. Jeder Tag wird zum Urlaub mit Spielen, Wanderungen, Abenteuern.

Termin 1. bis 7 Juli
Tel. 0152 3466722

i **Berlin entdecken** mit der Broschüre
Zu Fuß in Berlin

Entdecken Sie die Hauptstadt zu Fuß. Entspannen Sie sich mitten in der Stadt. Auf 50 Seiten erhalten Sie Informationen über Sehenswürdigkeiten, Ausstellungen berühmter Künstler, Rundfahrten und vieles mehr. Mit Geschenkgutschein für ein Konzert Ihrer Wahl.

Bestellen Sie jetzt: 030/33345772

j *Stress im Alltag?*

In unseren Yogakursen lernen Sie, mit Stress im Alltag und Beruf umzugehen. Nehmen Sie eine Probestunde. Sie lernen auch, die Übungen zu Hause anzuwenden. Für Anfänger und Fortgeschrittene.

Yoga Centrum Ost, Tel. 0152 34 667

Teil 4 (ca. 15 Minuten)

Lesen Sie die Texte 20 bis 26. Wählen Sie: Ist die Person <u>für eine Einführung von Ganztagsschulen in ganz Deutschland?</u>

In einer Zeitschrift lesen Sie Kommentare zu einem Vorschlag, in ganz Deutschland Ganztagsschulen einzuführen.

Beispiel
0 Tom [~~Ja~~] [Nein]

20 Karsten [Ja] [Nein]   24 Rainer [Ja] [Nein]
21 Barbara [Ja] [Nein]   25 Erik [Ja] [Nein]
22 Ilona [Ja] [Nein]   26 Susanne [Ja] [Nein]
23 Beata [Ja] [Nein]

Leserbriefe

Beispiel In Deutschland gibt es schon in vielen Bundesländern Ganztagsschulen. Eine Einführung überall in Deutschland ist allerdings schwierig, denke ich, weil die finanziellen Mittel fehlen. Ich finde es keine schlechte Idee, in anderen Ländern gibt es das ja auch schon, auch wenn meine Kinder wahrscheinlich nicht so begeistert wären. Ich denke, für die Schüler wäre es besser, wenn sie die Hausaufgaben nicht mehr zu Hause machen müssten, sondern nachmittags in der Schule.

Tom, 35, Krefeld

20 Ich bin gern zur Schule gegangen, aber ich war immer froh, wenn die Schule aus war. Ich kann mir nicht vorstellen, dass es mir oder meinen Kindern gefallen würde, noch länger in der Schule zu bleiben. Nehmt den Kindern, die heute schon so wenig Freizeit haben, bitte nicht noch mehr von ihrer freien Zeit weg.

Karsten, 28, Stuttgart

21 Meine Tochter geht auf eine Ganztagsschule. Ich war zuerst skeptisch, dann aber habe ich meine Tochter doch auf einer solchen Schule angemeldet. Auf dieser Schule ist Ganztagsunterricht nämlich Ganztagsbetreuung. Die Kinder lernen nicht doppelt so viel wie vorher, sondern die Schule hat ein tolles Freizeitangebot für die Kinder. Und Bea hat schon sehr viele Freunde gefunden. *Barbara, 32, Freiburg*

22 Ich bin alleinerziehend und hatte schon Probleme, einen Ganztagskindergarten für Jens zu finden. Es klingt vielleicht etwas egoistisch, aber wenn es mehr Ganztagsschulen gäbe, könnte ich Familie und Beruf viel besser verbinden. Und wenn ich Jens um 16 oder 17 Uhr von der Schule abholen würde, wäre das doch auch kein Problem. Und er wäre dann nicht mehr so oft alleine.

Ilona, 35, Essen

23 Ganztagsschulen machen es den Eltern zu einfach. Ich arbeite bewusst im Moment nur noch halbtags, mein Mann wird nächstes Jahr weniger arbeiten. Wenn man Kinder hat, soll man sich auch Zeit für sie nehmen. Trotz aller Vorteile, die die Ganztagsschulen sicher haben. Für die Kinder ist es besser, zu Hause sein zu können. *Beata, 32, Duisburg*

24 Muss heute denn alles vom Staat geregelt werden? Wie sollen meine Kinder lernen, selbstständig zu sein, wenn ihr Leben den ganzen Tag organisiert wird? Es gibt ja auch Angebote von Kinderhäusern, Jugendhäusern und Vereinen, die die Jugendlichen besuchen können, die sollte man fördern. Ich sehe die Gefahr, dass durch den Ausbau der Ganztagsschulen diese offenen Angebote irgendwann nicht mehr finanziert werden.

Rainer, 40, Saarbrücken

25 Ich kann mir Ganztagsschulen nur schwer vorstellen. Ich mache jetzt bald Abitur, und bin froh, wenn ich endlich mit der Schule fertig bin. Aber wenn ich mir das genauer überlege, vielleicht wären Ganztagsschulen doch nicht so schlecht. In den letzten Monaten hatte ich niemanden, der mir gut bei der Vorbereitung auf die Prüfung helfen konnte, eine gute Hausaufgabenhilfe nachmittags hat doch einen Sinn. Also, einverstanden. *Erik, 18, Frankfurt*

26 Es kommt darauf an. Wenn es ein offenes Konzept gibt, also nachmittags nicht nur gelernt wird, sondern es ein gut organisiertes Freizeitangebot gibt, finde ich die Idee gut. Als zusätzliches Lernangebot finde ich Ganztagsschulen nicht schlecht, aber nur noch Ganztagsschulen überall, wie im Artikel vorgeschlagen, dagegen bin ich auf jeden Fall. *Susanne, 38, Dieburg*

Teil 5 (ca. 10 Minuten)

Lesen Sie die Aufgabe 27 bis 30 und den Text dazu.
Wählen Sie bei jeder Aufgabe die richtige Lösung a, b oder c.

Sie informieren sich über die Bedingungen für das Jahresabo der VVV-Verkehrsbetriebe.

27 Fahrgäste können mit dem
    Jahresabo …
    a länger als ein Jahr fahren.
    b Geld sparen.
    c kein Gemüse mehr im Supermarkt kaufen.

28 Mit dem Jahresticket …
    a dürfen am Wochenende zwei weitere Erwachsene fahren.
    b dürfen Kinder immer kostenlos mitfahren.
    c können auch andere Personen fahren.

29 Kommt die U-Bahn oder S-Bahn
    zu spät, …
    a können Sie Geld für ein Taxi zurückbekommen.
    b organisieren die Verkehrsbetriebe eine Fahrt mit dem Taxi.
    c zahlen Sie für das Ticket im nächsten Jahr weniger.

30 Wenn Sie Ihr Ticket verloren
    haben, …
    a endet das Abo.
    b können Sie ein neues Ticket bekommen.
    c muss es gekündigt werden.

Das Jahresabo-Verkehrsticket

Zahlungsweise: Bei monatlicher Zahlung wird der Betrag zum Monatsersten zehn Mal von Ihrem Konto abgebucht. Sie können unsere Verkehrsmittel ein ganzes Jahr benutzen, zahlen aber nur für zehn Monate. Bei jährlicher Zahlung zahlen Sie einmal den Ticketpreis für nur neun Monate, können aber unsere Verkehrsmittel ebenfalls das ganze Jahr benutzen.

Weitere Vorteile: Die Abo-Karte ist übertragbar, das heißt, Sie können das Ticket jederzeit an eine andere Person weitergeben. Sie können montags bis freitags ab 19 Uhr, samstags ab 16 Uhr und an Sonn- und Feiertagen ganztags eine zweite Person kostenlos mitnehmen, wie auch bis zu vier Kinder bis zum Alter von 14 Jahren.

Mobilitätsgarantie: Bei Verspätungen ab 30 Minuten und Fahrtausfällen, wobei die Verkehrsbetriebe für die Verspätung verantwortlich sein müssen, übernehmen die VVV-Verkehrsbetriebe die Taxikosten bis zu einer Höhe von 50 Euro. Gegen Vorlage einer Quittung des Taxiunternehmens erhalten Sie dann innerhalb von zwei Wochen die Ihnen entstandenen Kosten überwiesen. Eine Verrechnung mit den Kosten für das Jahresticket ist nicht möglich.

Weitere Bedingungen: Das Abo verlängert sich automatisch um ein Jahr, wenn es nicht einen Monat vor Ablauf schriftlich gekündigt wird.

Bei Verlust oder Diebstahl informieren Sie sofort die VVV-Verkehrsbetriebe. Das Ticket wird dann automatisch ungültig. Gegen eine Gebühr von 30 Euro erhalten Sie dann ein neues Ticket.

Hören (ca. 40 Minuten)

🔊 **Teil 1**
39–44

Sie hören nun fünf kurze Texte. Sie hören jeden Text zweimal. Zu jedem Text lösen Sie zwei Aufgaben. Wählen Sie bei jeder Aufgabe die richtige Lösung.
Lesen Sie zuerst das Beispiel. Dazu haben Sie 10 Sekunden Zeit.

Beispiel

01 Sie hören Informationen für Englischlehrer.   Richtig   ~~Falsch~~

02 Die Veranstaltung …   ☒ ist an einem anderen Ort.
                           b fällt heute aus.
                           c findet in einer Schule statt.

Text 1

1 Sie hören eine Staumeldung.   Richtig   Falsch

2 Auf der Kaiserstraße …   **a** gibt es eine Baustelle.
                        b kann man heute nicht fahren.
                        c macht die Polizei Kontrollen.

Text 2

3 Am Wochenende wird es wärmer.   Richtig   Falsch

4 In Köln …   **a** gibt es am Wochenende keinen Regen.
              b ist es am Wochenende sehr windig.
              c kann es am Wochenende etwas schneien.

Text 3

5 Frau Gerlach bekommt einen Anruf von der Klassenlehrerin ihrer Tochter.   Richtig   Falsch

6 Der Termin für den Elternabend …   **a** ist nächste Woche.
                        b ist nächsten Monat.
                        c steht noch nicht fest.

Text 4

7 Die Berufsgenossenschaft hat eine neue Adresse.   Richtig   Falsch

8 Besucher …   **a** müssen vorher einen Termin ausmachen.
                b können donnerstags auch abends kommen.
                c können 24 Stunden am Tag anrufen.

Text 5

9 Eine Freundin braucht einen Rat.   Richtig   Falsch

10 Anne …   **a** ist verliebt.
                b mag keine teuren Autos.
                c ist unsicher.

Teil 2

Sie hören nun einen Text. Sie hören den Text einmal. Dazu lösen Sie fünf Aufgaben. Wählen Sie bei jeder Aufgabe die richtige Lösung a, b oder c.
Lesen Sie jetzt die Aufgaben 11 bis 15. Dazu haben Sie 60 Sekunden Zeit.

Sie nehmen an einem Rundgang durch das neue Bildungs- und Kulturzentrum Mitte teil.

11 Im Gebäude kann man heute schon ...
- a Kurse besuchen.
- b Bücher ausleihen.
- c Filme sehen.

12 Wenn man in der Bibliothek lesen will, ...
- a muss man zehn Euro im Jahr bezahlen.
- b kann man das auch an Feiertagen.
- c braucht man keine Kundenkarte.

13 Was hat sich an der VHS verändert?
- a Die Kunden kommen schneller an die Reihe.
- b Es gibt doppelt so viel Räume für Sprachkurse.
- c Früher gab es weniger Kurse.

14 Früher waren die Kunden unzufrieden, ...
- a weil man sich nicht duschen konnte.
- b weil die Kunsträume oft schmutzig waren.
- c weil die Gymnastikräume zu klein und zu dunkel waren.

15 Im dritten Stock ...
- a gibt es eine Cafeteria.
- b wartet die Leiterin der VHS auf die Besucher.
- c hat die Chefin der VHS ihr Büro.

Teil 3

Sie hören nun ein Gespräch. Sie hören das Gespräch einmal. Dazu lösen Sie sieben Aufgaben. Wählen Sie: Sind die Aussagen Richtig **oder** *Falsch* **?**

Lesen Sie jetzt die Aufgaben 16 bis 22. Dazu haben Sie 60 Sekunden Zeit.

Sie warten gerade auf die S-Bahn und hören, wie sich ein Mann und eine Frau über Beziehungen unterhalten.

16 Laura und Michael leben nicht mehr zusammen.   Richtig   *Falsch*

17 Beide hatten Streit mit ihren Kindern.   Richtig   *Falsch*

18 Thomas hat seit kurzer Zeit eine Freundin.   Richtig   *Falsch*

19 Thomas und seine Freundin finden ihre Jobs langweilig.   Richtig   *Falsch*

20 Die Freundin von Thomas will umziehen.   Richtig   *Falsch*

21 Anna ist mit ihrer Beziehung sehr zufrieden.   Richtig   *Falsch*

22 Anna ist seit zehn Jahren verheiratet.   Richtig   *Falsch*

))))🎧 **Teil 4**
47

Sie hören nun eine Diskussion im Radio. Sie hören die Diskussion <u>zweimal</u>. Dazu lösen Sie acht Aufgaben. Ordnen Sie die Aussagen zu: <u>Wer sagt was?</u>
Lesen Sie jetzt die Aussagen 23 bis 30. Dazu haben Sie 60 Sekunden Zeit.

Die Moderatorin Anke Ludewig diskutiert mit Martin Schmidt, freiberuflicher Übersetzer, und Eva Kern, Stressberaterin, über das Thema Stress.

	Moderatorin	Martin Schmidt	Eva Kern
Beispiel			
0 Die moderne Technik hat das Stressproblem nicht gelöst.	⌧ **a**	**b**	**c**
23 Privater Stress ist auch gefährlich.	**a**	**b**	**c**
24 Wenn man selbstständig arbeitet, werden die Probleme nicht weniger.	**a**	**b**	**c**
25 Die moderne Technik hat positive und negative Seiten.	**a**	**b**	**c**
26 Es ist wichtig, dass man manchmal nicht erreichbar ist.	**a**	**b**	**c**
27 Etwas gegen Stress zu tun, ist auch anstrengend.	**a**	**b**	**c**
28 Es gibt kaum Berufe ohne Stress.	**a**	**b**	**c**
29 Wichtig ist es, bei Problemen mit Kollegen zusammenzuarbeiten.	**a**	**b**	**c**
30 Joggen kann auch gegen Stress helfen.	**a**	**b**	**c**

Schreiben (ca. 60 Minuten)

Teil 1 (ca. 20 Minuten)

Robert hatte einen Unfall und liegt im Krankenhaus. Ein Freund / Eine Freundin, der/die Robert auch kennt, weiß das noch nicht. Sie möchten Robert gemeinsam besuchen. Schreiben Sie Ihrem Freund / Ihrer Freundin.

- Beschreiben Sie: Was ist passiert?
- Begründen Sie: Was sollte man ihm mitbringen? Warum?
- Machen Sie einen Vorschlag, wann Sie ihn besuchen wollen.

  Schreiben Sie eine E-Mail (ca. 80 Wörter).
  Schreiben Sie etwas zu allen drei Punkten.
  Achten Sie auf den Text (Anrede, Einleitung, Reihenfolge der Inhaltspunkte, Schluss).

Teil 2 (ca. 25 Minuten)

Sie haben eine Fernsehsendung mit dem Titel „Die Zukunft des Buches" gesehen. Im Online-Gästebuch der Sendung finden Sie folgende Meinung:

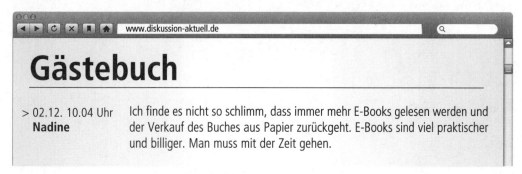

Gästebuch

> 02.12. 10.04 Uhr
Nadine

Ich finde es nicht so schlimm, dass immer mehr E-Books gelesen werden und der Verkauf des Buches aus Papier zurückgeht. E-Books sind viel praktischer und billiger. Man muss mit der Zeit gehen.

  Schreiben Sie nun Ihre Meinung zum Thema (ca. 80 Wörter).

Teil 3 (ca. 15 Minuten)

Sie haben nächsten Mittwoch um 14 Uhr einen Kundentermin, können aber leider nicht kommen. Schreiben Sie dem Kunden, Herrn Gross, entschuldigen Sie sich, schreiben Sie, warum Sie nicht kommen können und schlagen Sie einen neuen Termin vor.

  Schreiben Sie eine E-Mail (ca. 40 Wörter).
  Vergessen Sie nicht die Anrede und den Gruß am Schluss.

Sprechen (ca. 15 Minuten)

Teil 1 Gemeinsam etwas planen (ca. 3 Minuten)

Ein Freund / Eine Freundin hat nächste Woche Geburtstag. Sie möchten eine kleine Feier vorbereiten. Planen Sie mit Ihrem Gesprächspartner / Ihrer Gesprächspartnerin dieses Fest. Überlegen Sie sich, was alles zu tun ist und wer welche Aufgaben übernimmt.

Sprechen Sie über die Punkte unten, machen Sie Vorschläge und reagieren Sie auf die Vorschläge Ihres Gesprächspartners / Ihrer Gesprächspartnerin.
Planen und entscheiden Sie gemeinsam, was Sie tun möchten.

Ein Fest planen und über ein Geschenk sprechen

– *Wann feiern?*

– *Wo?*

– *Geschenk?*

– *Wen einladen?*

– *...*

Teil 2

Ein Thema präsentieren

Wählen Sie ein Thema (Thema 1 oder Thema 2) aus.

Sie sollen Ihren Zuhörern ein aktuelles Thema präsentieren. Dazu finden Sie hier fünf Folien. Folgen Sie den Anweisungen und schreiben Sie Ihre Notizen und Ideen daneben.

Stellen Sie Ihr Thema vor.
Erklären Sie den Inhalt und die Struktur Ihrer Präsentation.

> „Sprachen lernen ist immer gut."
>
> **Sollen Kinder schon im Kindergarten eine Fremdsprache lernen?**

....
....
....
....

Berichten Sie von Ihrer Situation oder einem Erlebnis im Zusammenhang mit diesem Thema.

> Sollen Kinder schon im Kindergarten eine Fremdsprache lernen?
>
> **MEINE PERSÖNLICHEN ERFAHRUNGEN**

....
....
....
....

Berichten Sie von der Situation in Ihrem Heimatland und geben Sie Beispiele.

> Sollen Kinder schon im Kindergarten eine Fremdsprache lernen?
>
> **SPRACHENLERNEN IN MEINEM HEIMATLAND**

....
....
....
....

Nennen Sie die Vor- und Nachteile und sagen Sie dazu Ihre Meinung.
Geben Sie auch Beispiele.

> Sollen Kinder schon im Kindergarten eine Fremdsprache lernen?
>
> **VOR- UND NACHTEILE & MEINE MEINUNG**

....
....
....
....

Beenden Sie Ihre Präsentation und bedanken Sie sich bei den Zuhörern.

> Sollen Kinder schon im Kindergarten eine Fremdsprache lernen?
>
> **ABSCHLUSS & DANK**

....
....
....
....

Teil 2   **Thema 2**

Ein Thema präsentieren   (ca. 3 Minuten)

Sie sollen Ihren Zuhörern ein aktuelles Thema präsentieren. Dazu finden Sie hier fünf Folien. Folgen Sie den Anweisungen und schreiben Sie Ihre Notizen und Ideen daneben.

Stellen Sie Ihr Thema vor.
Erklären Sie den Inhalt und die
Struktur Ihrer Präsentation.

> „Ich möchte endlich Autofahren!"
> **Sollte man schon mit 16 Jahren den Führerschein machen können?**

....
....
....
....

Berichten Sie von Ihrer Situation
oder einem Erlebnis im
Zusammenhang mit diesem
Thema.

> Sollte man schon mit 16 Jahren den Führerschein machen können?
>
> **MEINE PERSÖNLICHEN ERFAHRUNGEN**

....
....
....
....

Berichten Sie von der Situation
in Ihrem Heimatland und geben
Sie Beispiele.

> Sollte man schon mit 16 Jahren den Führerschein machen können?
>
> **FÜHRERSCHEIN IN MEINEM HEIMATLAND**

....
....
....
....

Nennen Sie die Vor- und
Nachteile und sagen Sie dazu
Ihre Meinung.
Geben Sie auch Beispiele.

> Sollte man schon mit 16 Jahren den Führerschein machen können?
>
> **VOR- UND NACHTEILE & MEINE MEINUNG**

....
....
....
....

Beenden Sie Ihre Präsentation
und bedanken Sie sich bei den
Zuhörern.

> Sollte man schon mit 16 Jahren den Führerschein machen können?
>
> **ABSCHLUSS & DANK**

....
....
....
....

Teil 3 Über ein Thema sprechen

Nach Ihrer Präsentation:

Reagieren Sie auf die Rückmeldung und auf Fragen der Prüfer/-innen und des Gesprächspartners / der Gesprächspartnerin.

Nach der Präsentation Ihres Partners / Ihrer Partnerin:

a) Geben Sie eine Rückmeldung zur Präsentation Ihres Partners / Ihrer Partnerin (z. B. wie Ihnen die Präsentation gefallen hat, was für Sie neu oder besonders interessant war usw.).

b) Stellen Sie auch eine Frage zur Präsentation Ihres Partners / Ihrer Partnerin.

Lesen (ca. 65 Minuten)

Teil 1 (ca. 10 Minuten)

Lesen Sie den Text und die Aufgaben 1 bis 6 dazu.
Wählen Sie: Sind die Aussagen ⌈ Richtig ⌉ **oder** ⌈ *Falsch* ⌉ **?**

www.tonisblog.de

Das war mir peinlich

Heute möchte ich euch erzählen, was mir Peinliches passiert ist. Es war am letzten Montag. Am Vormittag wäre ich fast zu spät zum Unterricht gekommen. Wir hatten am Sonntag lange gefeiert und wie ihr euch denken könnt, sind wir nicht sehr früh ins Bett gegangen. Am Montagmorgen habe ich dann meine U-Bahn verpasst, aber ich kam doch noch pünktlich zum Kurs. Naja, im Unterricht ging es mir zuerst ganz gut. Dann aber, so gegen halb zehn, wurde der Kursraum dunkel und wir haben einen Film gesehen, über die Geschichte der EU … Irgendwann stoppte der Film, unser Lehrer begann zu erzählen und seine Stimme wurde immer leiser, immer ruhiger. Auf einmal lag ich am Meer in der Sonne, unter wunderschönen Bäumen, in grüner Natur … dann wurde es plötzlich hell und ich habe gemerkt, dass ich den größten Teil des Films verschlafen hatte. Ok, wenn das niemand gemerkt hätte, wäre mir das auch nicht so peinlich gewesen. Aber unser Lehrer hat es bemerkt. „Na, Toni, gut geschlafen …?", fragte er vor dem ganzen Kurs. Das fand ich viel peinlicher als die Tatsache selbst. Denn alle anderen haben gelacht. Ich wollte irgendetwas Lustiges sagen, hatte aber in dieser Situation keine Idee und in diesem Augenblick ging auch noch mein Handy an. Ich hatte vergessen, es leise zu schalten.

Ein toller Tag, es ging nämlich noch weiter. Beim Einkaufen im Supermarkt wollte ich bezahlen, aber ich konnte mein Portemonnaie nicht finden. Ich hatte es zu Hause vergessen. An der Kasse hat alles unglaublich lang gedauert, die anderen Kunden waren richtig sauer und ich musste alle Lebensmittel zurück in die Regale stellen.

Viele von euch werden sagen, dass Montage immer Problemtage sind, ich denke aber, dass das Unsinn ist. Jeder Tag ist wie der andere. Wenn man sonntags etwas ruhiger lebt, passiert so etwas am Montag auch nicht.

Erzählt doch auch einmal, was ihr so Peinliches erlebt habt.

Bis dann, euer Toni!

noch Teil 1

Beispiel

0   Toni hat in der Nacht von Sonntag auf Montag   ~~Richtig~~   Falsch
     wenig geschlafen.

1   Im Kurs wurde ein Naturfilm gezeigt.   Richtig   Falsch

2   Als Toni wach wurde, war er sehr verunsichert.   Richtig   Falsch

3   Im Unterricht sind Handys verboten.   Richtig   Falsch

4   Er fand die Situation im Kurs nicht lustig.   Richtig   Falsch

5   Toni hat Geld und Telefon zu Hause liegen lassen.   Richtig   Falsch

6   Toni ist der Meinung, dass Montage ganz normale Tage sind.   Richtig   Falsch

Teil 2 (ca. 20 Minuten)

Lesen Sie den Text aus der Presse und die Aufgaben 7 bis 9 dazu.
Wählen Sie bei jeder Aufgabe die richtige Lösung [a] , [b] oder [c] .

Oper auf Türkisch

Als ein „Opernhaus für alle" versteht sich die Komische Oper in Berlin. Mit verschiedenen Programmen will das kleinste der drei Berliner Opernhäuser deshalb jetzt jeden ansprechen, der normalerweise nicht so oft in die Oper geht – vor allem Kinder und Jugendliche und Menschen mit türkischem Migrationshintergrund. Um sie für das Musiktheater zu begeistern, wurde das Projekt „Komische Oper Jung" gegründet. Durch ein großes Angebot an Kinderopern und -konzerten, Schulbesuchen sowie vorbereitenden Workshops will man Kinder und Jugendliche für diese Kulturform begeistern. Die jungen Besucher können die Geschichten der Opern selbst spielen und tanzen. „Toll ist, dass wir hier auch bekannte Sänger und Musiker treffen können, die uns vieles zeigen", sagt Ayse, 16 Jahre alt.

Inzwischen kann die Komische Oper jährlich etwa 40.000 junge Menschen zu ihren Besuchern zählen. Viele dieser Kinder und Jugendlichen kommen aus Familien mit türkischem Migrationshintergrund, die schon sehr lange in Berlin leben. Damit noch mehr der in Berlin lebenden Deutschtürken das kulturelle Angebot der großen Theater nutzen, wendet sich die Komische Oper mit ihrem Programm auch direkt an deutsch-türkische Kinder und ihre Eltern. Unter dem Motto „Türkisch – Oper kann das" gibt es Workshops für deutsch-türkische Familien. Die Texte der Vorstellungen werden auch auf Türkisch übersetzt. Aber auch eine zweisprachige Kinderoper wurde inzwischen aufgeführt: Ali Baba und die 40 Räuber – auf einem großen fliegenden Teppich.

aus einer deutschen Zeitung

Beispiel	[a] hat viele türkische Mitarbeiter.
0 Die Komische Oper ...	[b] will für alle Menschen offen sein.
	[c] wurde von jungen Leuten gegründet.

7 Mit dem Projekt „Komische Oper Jung" versucht man ...	[a] junge Künstler zu fördern.
	[b] junge Leute für die Oper zu interessieren.
	[c] mehr junge Menschen zu Sängern und Tänzern auszubilden.

8 Die Deutschtürken in Berlin ...	[a] gehen noch zu wenig in die Oper.
	[b] können in Workshops ihre Sprachkenntnisse verbessern.
	[c] helfen bei Übersetzungen.

9 In diesem Text geht es um ...	[a] ein Projekt zum interkulturellen Austausch.
	[b] bekannte türkische Musiker.
	[c] die Geschichte der Oper.

noch Teil 2

**Lesen Sie den Text aus der Presse und die Aufgaben 10 bis 12 dazu.
Wählen Sie bei jeder Aufgabe die richtige Lösung a , b oder c .**

Was tun nach der Schule?

Immer mehr junge Leute wollen nach der Schule nicht sofort eine Berufsausbildung oder ein Studium beginnen, sondern zuerst einmal ein anderes Land kennenlernen. Viele Jugendliche haben aber kein Geld für längere Reisen, sodass sie ihren Auslandsaufenthalt mit Arbeit verbinden müssen. Hier sind die sogenannten Work-and-Travel-Programme beliebt, bei denen Arbeit und Ferien miteinander verbunden werden. Man fährt in das fremde Land und arbeitet dort für ein paar Wochen oder auch Monate, z. B. als Sprachlehrer an Schulen, als Küchenhilfe oder Kellner in Restaurants oder als Erntehelfer auf Bauernhöfen. Mit dem verdienten Geld kann man dann reisen und Land und Leute kennenlernen. Die beliebtesten Work-and-Travel-Ziele sind Australien, Neuseeland, Nord- und Südamerika sowie die skandinavischen Länder.

Beliebt vor allem bei jungen Frauen sind auch Au-pair-Tätigkeiten, die meist zwischen sechs und zwölf Monaten dauern. Während dieser Zeit lebt man in einer Gastfamilie und kümmert sich in erster Linie um die Kinder. Auch muss man kleinere Hausarbeiten erledigen. Als Gegenleistung hat man freie Verpflegung, Unterkunft und Taschengeld. Man soll die Möglichkeit erhalten, die Sprache und Kultur des Gastlandes kennenzulernen. Deshalb bezahlen die Gastfamilien einen Teil der Sprachkurse. Die beliebtesten Gastländer sind die USA, England, Frankreich und Spanien.

aus einer österreichischen Zeitung

10 In diesem Text geht es um ...
    a Jobs in anderen Ländern.
    b freiwillige Arbeit nach der Schule.
    c Wünsche von Jugendlichen nach der Schule.

11 In den Work-and-Travel-Programmen ...
    a hat man wenig Freizeit.
    b kann man selbstständig Erfahrungen sammeln.
    c kann man gut verdienen.

12 Die Au-pair-Tätigkeit unterscheidet sich von den Work-and-Travel-Programmen ...
    a durch die bessere Bezahlung.
    b durch finanzielle Hilfe bei Sprachkursen.
    c durch weniger Arbeit.

Teil 3 (ca. 10 Minuten)

Lesen Sie die Situationen 13 bis 19 und die Anzeigen a bis j aus verschiedenen deutschsprachigen Medien. Wählen Sie: Welche Anzeige passt zu welcher Situation? Sie können <u>jede Anzeige nur einmal</u> verwenden. Die Anzeige aus dem Beispiel können Sie nicht mehr verwenden. Für eine Situation gibt es <u>keine passende Anzeige</u>. In diesem Fall schreiben Sie <u>0</u>.

Ihre Bekannten haben verschiedene Hobbys. Sie suchen etwas, um ihre Hobbys auszuüben.

Beispiel

0   Lena liebt es, Leute zum Essen einzuladen und sie mit
    Speisen aus anderen Ländern zu versorgen.   Anzeige: *i*

13   Peter interessiert sich für Musik und möchte ein Instrument spielen lernen.   Anzeige: ....

14   Susanne spielt sehr gut Gitarre und sucht Leute, mit denen
     sie Musik machen kann.   Anzeige: ....

15   Nadine möchte am Wochenende tanzen gehen.   Anzeige: ....

16   Ilona ist Hobbyköchin und überrascht ihre Gäste gern mit
     selbstgemachten Gerichten aus anderen Ländern.   Anzeige: ....

17   Rainers Vater geht nächstes Jahr in Rente. Rainer sucht ein neues Hobby für ihn.   Anzeige: ....

18   Martins Hobby ist soziales Engagement. Vor allen Dingen interessiert
     er sich für die Umwelt.   Anzeige: ....

19   Thomas liebt Theater. Am liebsten mag er Straßentheater aus allen Ländern.   Anzeige: ....

a   Internationales Nachbarschaftsfest

großes Straßenfest mit Bühnenprogramm –
traditionelle Musik- und Theatergruppen –
köstliche Speisen aus aller Welt – Flohmarkt
und Nachbarschaftstreff
Freitag 21. 6. ab 14 Uhr Konstablerwache
Organisation: Kulturverein Bunte Stadt

b   SO KOCHT EUROPA

Eine kulinarische Reise durch die Länder
Europas. 100 Originalrezepte mit vielen
Illustrationen. Alle Rezepte von inter-
nationalen Köchen ausgewählt und
getestet. Nur 4,99 €.
Bestellungen an: info@so-kocht-europa.de

noch **Teil 3**

c **Freude am Musizieren?**

Der Gitarrenladen – Ihr Musikfachgeschäft, spezialisiert auf E-Gitarren, Akustikgitarren, Westerngitarren, Klassikgitarren und Zubehör. Bei uns können Sie alle Instrumente ausprobieren. Wir beraten Sie auch, wenn Sie neue Noten oder Tabs brauchen.

Wir verkaufen nur Gitarren aus zertifizierten Hölzern – **der Umwelt zuliebe.**

d **Bäume sind unser Leben**

Bäume schützen – für Mensch, Natur und Klima. Nehmen Sie an unserem Aktionstag teil und pflanzen Sie einen Baum für die Zukunft. Treffen am Samstag, 10 Uhr U-Bahnhof Ostbahnhof, Linie U6, U7 – im Frankfurter Garten.

e ***Gitarre zum Kennenlernen***

Unsere Kurse richten sich speziell an Anfängerinnen und Anfänger. Auch wenn Sie keine Noten lesen können, werden Sie bei uns schnell Erfolgserlebnisse haben. In unseren Aufbaukursen finden Sie vielleicht auch Leute, mit denen sie dann in einer kleinen Band gemeinsam spielen und eventuell auch auftreten können.
Info: 0151-23 566 777

f **Tag der offenen Tür im Mehrgenerationenhaus Mitte**

Treffpunkt verschiedener sozialer Zentren, Informationen zum Zusammenleben aller Generationen. Allgemeiner Erfahrungsaustausch. Sprechen Sie mit Erziehern, Sozialarbeitern, Ärzten und Pflegern.
Infos unter **www.sozialer-tag/meine-stadt.de**

g

CLUBNÄCHTE am Wochenende mit DJ Jaime. Jeden ersten Samstag im Monat TANZPARTY, jeden zweiten Samstag SALSADISCO.

Weitere Infos zu unseren Veranstaltungen: www.clubnächte.com

h

Sie fühlen sich schon etwas älter, aber immer noch jung? Dann sind Sie genau richtig in der Computerschule für Senioren. Wir erklären Ihnen, wie Sie mit dem Computer arbeiten können. Lernen Sie, E-Mails zu schreiben und online einzukaufen. Vielleicht haben Sie ja auch Lust, mit dem Computer Musik zu machen.

Info: 0611-455555

i **Restaurant Bosporus**

Türkische Spezialitäten, hausgemachte Fleisch- und Gemüsegerichte, Mittagsmenü nur 6 Euro. Samstags-Buffet für 12 Euro. Alle Gerichte auch zum Mitnehmen. Lieferung ab einem Bestellwert von 20 Euro. Täglich von 12 bis 20 Uhr geöffnet.

j *Tanzseminar – online tanzen lernen*

Auf unserer Seite können Sie jederzeit tanzen lernen.

Wir zeigen Ihnen den klassischen Gesellschaftstanz, Standard & lateinamerikanische Tänze, Salsa, Tango, Disoc-Fox, aber auch Breakdance und Hip Hop.

Einfach mitmachen!
www.tanzen-macht-spaß.com

Teil 4 (ca. 15 Minuten)

Lesen Sie die Texte 20 bis 26. Wählen Sie: Ist die Person <u>für einen autofreien Sonntag</u>?

In einer Zeitschrift lesen Sie Kommentare zu einem Vorschlag, autofreie Tage einzuführen.

Beispiel
0 Michael Ja ~~Nein~~

20 Susanne Ja Nein   24 Thomas Ja Nein

21 Marlies Ja Nein   25 Anne Ja Nein

22 Bastian Ja Nein   26 Rosi Ja Nein

23 Peter Ja Nein

Leserbriefe

Beispiel In Deutschland gab es 1973 zum ersten Mal autofreie Sonntage. Damals gab es eine Öl-Krise. Das ist jetzt fast 50 Jahre her. Die Tatsache, dass es autofreie Sonntage bis heute nicht oder nur sehr selten gibt, zeigt doch, dass das nichts gebracht hat.

Michael, 62, Herborn

20 Ich denke schon, dass die Akzeptanz für autofreie Tage hoch wäre. Ich kann mir aber nur schwer vorstellen, wie man das durchsetzen kann. Das müsste die Politik entscheiden, die Politiker wollen aber Wahlen gewinnen und viele Wähler sind Autofahrer. Dafür müsste man etwas Mut haben. Einen Tag keinen Verkehrslärm, keine Umweltverschmutzung, das würde ich gut finden.

Susanne, 35, Leipzig.

21 Man versucht ja schon, autofreie Tage abzuhalten. Immer am 22. September gibt es den autofreien Tag, einen Aktionstag in der EU und viele Städte machen mit. Aber was soll denn ein einziger Tag pro Jahr? Ich bin nicht dagegen, so etwas zu machen. Genauso wichtig ist es aber, so oft wie möglich auf das Auto zu verzichten und sich Alternativen zu überlegen.

Marlies, 30, Offenbach

22 In meiner Stadt gibt es immer wieder mal einen autofreien Tag in der Innenstadt. Der ist dann sonntags, alles ja ganz nett, aber was ist der Effekt? Sicher, es macht Spaß, mal auf den Straßen zu laufen oder überall Rad fahren zu können, dann gibt es Musik, viele Bühnen, Essen und Trinken. Nicht, dass mir das nicht gefällt, aber mit dem Ziel, etwas für die Umwelt zu tun, hat das nichts mehr zu tun, es ist einfach nur Kommerz. Tut mir leid, das bringt gar nichts. *Bastian, 30, Hannover*

23 Fast jeder hat doch ein Auto. Überzeugen ist wichtiger als Verbote. Und ein autofreier Tag wäre doch ein Verbot. Mit Bußgeldern, wenn man trotzdem fährt. Auf das Auto verzichten, ja, aber bitte nur freiwillig.

Peter, 42, Gießen

24 Jeder autofreie Tag ist gut für Mensch, Tier und Umwelt. Jeder Tag ohne Verkehrsunfälle ist ein Gewinn. Und wer jetzt Angst hat, dann nicht mehr mobil zu sein, den kann ich beruhigen: In allen Konzepten für autofreie Tage ist ja aufgenommen, dass die öffentlichen Verkehrsmittel hiervon ausgenommen sind. Natürlich ist man in seiner persönlichen Mobilität etwas eingeschränkt, aber die Vorteile überwiegen die Nachteile.

Thomas, 25, Köln

25 Es ist heute populär, über die Luftverschmutzung durch Autos zu schimpfen. Aber was würde ein Fahrverbot ökonomisch bedeuten? Viele Tankstellen haben heute schon Probleme zu überleben, sie hätten dann keinen Umsatz. Und man würde zu spät zur Arbeit kommen. In Städten könnten Busse und Bahnen das eventuell auffangen, aber auf dem Land? Das ist doch alles überhaupt nicht durchdacht.

Anne, 33, Wiesbaden

26 Wir sprechen über Umweltschutz, weniger CO_2-Ausstoß, weniger Benzinverbrauch. Wenn das wirklich ernst gemeint ist, weshalb wird dann so wenig für die Entwicklung und Förderung der Elektroautos getan? Das wäre eine viel bessere Möglichkeit. Ich habe mir doch kein Auto gekauft, um nicht fahren zu dürfen.

Rosi, 19, Darmstadt

Teil 5 (ca. 10 Minuten)

Lesen Sie die Aufgabe 27 bis 30 und den Text dazu.
Wählen Sie bei jeder Aufgabe die richtige Lösung a, b oder c.

Sie informieren sich über die Hausordnung im Erlebnisbad „Wellenspaß".

27   Die Schwimmgäste ...
   a können so lange schwimmen, wie sie wollen.
   b dürfen nur drei Stunden schwimmen.
   c müssen pro Stunde fünf Euro bezahlen.

28   An zwei Vormittagen in der Woche ...
   a ist das Schwimmbad geschlossen.
   b können Kinder schwimmen lernen.
   c ist das Schwimmbad nur für Schulklassen reserviert.

29   Das Außenschwimmbad ...
   a ist bei den Nachbarn nicht beliebt.
   b ist nicht immer geöffnet.
   c wird täglich saubergemacht.

30   Wertvolle Sachen ...
   a werden oft gestohlen.
   b kann man gegen eine Gebühr von zehn Euro versichern.
   c sollte man abgeben.

Erlebnisbad Wellenspaß – Hausordnung

Bei uns finden Sie eine Kombination aus Hallenbad und Außenbecken. In unserem Erlebnisbad finden Sie ein großes Schwimmbecken mit 1- und 3-Metersprungbrett, zwei weitere kleinere Becken, ein Kinderbecken mit Rutsche, eine Sauna und Whirlpools.

Öffnungszeiten und Eintrittspreise

Unser Schwimmbad hat für Sie täglich von 8 bis 22 Uhr geöffnet. Für Erwachsene beträgt der Eintritt 5,00 Euro. 30 % Ermäßigung gibt es für Senioren und Studenten, Kinder von 6 bis 14 Jahren zahlen 3,00 Euro. Für Kinder unter 6 Jahren ist der Eintritt frei. Die Benutzungszeit beträgt drei Stunden. Sie dürfen natürlich auch länger bleiben, müssen dann aber am Ausgang die Gebühren für die zusätzliche Badezeit nachzahlen.

Dienstags und donnerstags findet im Schwimmbad von 08:00 Uhr bis ca. 13:00 Uhr Schulschwimmunterricht statt. In dieser Zeit stehen den anderen Badegästen im Hauptschwimmbecken nur vier Schwimmbahnen zur Verfügung.

Um die Bewohner der umliegenden Häuser nicht zu stören, ist der Außenbereich des Schwimmbads täglich zwischen 12 und 13 Uhr geschlossen und öffnet sonntags erst ab 14 Uhr. Montagvormittags wird das Schwimmbad gereinigt. Wir öffnen dann erst um 13 Uhr.

Persönliche Sachen

Für Ihre persönlichen Gegenstände stehen Schränke zur Verfügung. Für die Aufbewahrung Ihres Besitzes übernimmt das Erlebnisbad keine Garantie. Wertgegenstände können an der Kasse abgegeben werden. Wenn Sie den Schrankschlüssel verlieren, müssen wir eine Gebühr von zehn Euro erheben.

Allgemein gilt: Bitte befolgen Sie immer die Anweisungen des Bademeisters.

Hören (ca. 40 Minuten)

Teil 1

48 – 53

Sie hören nun fünf kurze Texte. Sie hören jeden Text <u>zweimal</u>. Zu jedem Text lösen Sie zwei Aufgaben. Wählen Sie bei jeder Aufgabe die richtige Lösung.
Lesen Sie zuerst das Beispiel. Dazu haben Sie 10 Sekunden Zeit.

Beispiel

01 Das Museum ist heute geschlossen. ☐ Richtig ☒ ~~Falsch~~

02 Wenn man an einer   **a** muss man einen Museumsführer kaufen.
Führung teilnehmen   **b̶** sollte man sich vorher anmelden.
möchte, …   **c** sollte man Fremdsprachen sprechen.

Text 1

1 Herr Krause meldet einen Diebstahl bei der Polizei. ☐ Richtig ☐ Falsch

2 Herr Krause …   **a** kommt morgen früher zum Termin.
       b will Herrn Stein noch einmal anrufen.
       c hat sein Handy im Zug verloren.

Text 2

3 Sie hören das Ende eines Gesprächs. ☐ Richtig ☐ Falsch

4 Die Ausstellung …   **a** beginnt morgen.
       b fängt am 1. September an.
       c findet im Kulturbüro statt.

Text 3

5 Das Fest der Kulturen gibt es schon länger. ☐ Richtig ☐ Falsch

6 Auf dem Fest …   **a** kann man auch Sachen kaufen und verkaufen.
       b kann man einen Tanzkurs machen.
       c spielen mehr als 80 Gruppen Theater.

Text 4

7 Das Wetter wird nächste Woche schlechter. ☐ Richtig ☐ Falsch

8 Was wird   **a** Viel Sonne.
vorausgesagt?   **b** Sehr viel Regen.
       c Sinkende Temperaturen.

Text 5

9 Sie hören Informationen für Reisende. ☐ Richtig ☐ Falsch

10 Der Zug nach   **a** fährt heute eine halbe Stunde später.
Warschau …   **b** hält nicht in Frankfurt/Oder.
       c fällt heute aus.

Teil 2

54

Sie hören nun einen Text. Sie hören den Text <u>einmal</u>. Dazu lösen Sie fünf Aufgaben.
Wählen Sie bei jeder Aufgabe die richtige Lösung [a], [b] oder [c].
Lesen Sie jetzt die Aufgaben 11 bis 15. Dazu haben Sie 60 Sekunden Zeit.

Sie nehmen an einem Stadtrundgang entlang der Museen in Leipzig teil und stehen vor dem Grassi-Museum.

11   Der Name des Museums geht   [a] auf einen bekannten Künstler.
     zurück ...   [b] auf den Namen einer Bank.
                                      [c] auf einen reichen Bewohner der Stadt.

12   Die Museen im Grassimuseum ...   [a] haben verschiedene Öffnungszeiten.
                                      [b] haben ein gemeinsames Café.
                                      [c] kosten keinen Eintritt.

13   Sonntags ...   [a] hat das Museum nur zwei Stunden geöffnet.
                                      [b] gibt es alle vier Wochen eine Führung.
                                      [c] gibt es nachmittags einen Markt.

14   Im Museum für Musik-   [a] kann man selbst Musik machen.
     instrumente ...   [b] ist Fotografieren verboten.
                                      [c] gibt es einen interessanten Infostand.

15   Was empfiehlt der Stadtführer   [a] Eine Busfahrt.
     den Touristen?   [b] Eine Fahrradtour.
                                      [c] Den Besuch weiterer Museen.

Teil 3

55

Sie hören nun ein Gespräch. Sie hören das Gespräch <u>einmal</u>. Dazu lösen Sie sieben
Aufgaben. Wählen Sie: Sind die Aussagen | Richtig | oder | *Falsch* |?
Lesen Sie jetzt die Aufgaben 16 bis 22. Dazu haben Sie 60 Sekunden Zeit.

Sie sind in einem Café und hören, wie sich ein Mann und eine Frau übers Wohnen unterhalten.

16   Maria arbeitet als Altenpflegerin. | Richtig | | *Falsch* |

17   Die Mieter müssen nicht an der Hausversammlung teilnehmen. | Richtig | | *Falsch* |

18   Im Haus helfen sich Alt und Jung. | Richtig | | *Falsch* |

19   Im Vergleich zu ihrer alten Wohnung gibt es in dem neuen Haus
     weniger Konflikte. | Richtig | | *Falsch* |

20   Thomas ist von der Idee, in einem Mehrgenerationenhaus
     zu wohnen, begeistert. | Richtig | | *Falsch* |

21   Thomas möchte nicht mehr mit anderen Leuten
     zusammenwohnen. | Richtig | | *Falsch* |

22   Thomas trifft sich oft mit einem Freund auf dem Land. | Richtig | | *Falsch* |

))📢 Teil 4
56

Sie hören nun eine Diskussion im Radio. Sie hören die Diskussion <u>zweimal</u>. Dazu lösen Sie acht Aufgaben. Ordnen Sie die Aussagen zu: <u>Wer sagt was?</u>
Lesen Sie jetzt die Aussagen 23 bis 30. Dazu haben Sie 60 Sekunden Zeit.

Die Moderatorin Rebecca Schmidt diskutiert mit Herrn Werner und Frau Lohmann von der Umweltinitiative Nord zum Thema „Sollte man Plastiktüten verbieten?"

	Moderatorin	Herr Werner	Frau Lohmann
Beispiel			
0 Oft werden Plastiktüten nicht mehr umsonst abgegeben.	☒	b	c
23 Die Menschen haben zu wenig Einfluss auf die Politik.	a	b	c
24 Es ist sehr wichtig, über das Thema zu sprechen.	a	b	c
25 Plastiktüten sollten mehr Geld kosten.	a	b	c
26 Teurere Plastiktüten werden das Problem nicht lösen.	a	b	c
27 Ein größeres Problem als die Tüten ist der Müll.	a	b	c
28 Immer wieder geht es ums Geld.	a	b	c
29 Die Verbraucher haben ihr Verhalten schon verändert.	a	b	c
30 Es ist gar nicht so wichtig, welche Tüte man verwendet, sondern wie oft.	a	b	c

Schreiben (ca. 60 Minuten)

Teil 1 (ca. 20 Minuten)

Sie möchten mit einem Freund / einer Freundin im Ausland Urlaub machen.

– Beschreiben Sie: Wohin möchten Sie fahren?
– Begründen Sie: Warum möchten Sie dorthin fahren?
– Machen Sie einen Vorschlag, wann Sie sich treffen könnten, um darüber zu sprechen.

Schreiben Sie eine E-Mail (ca. 80 Wörter).
Schreiben Sie etwas zu allen drei Punkten.
Achten Sie auf den Text (Anrede, Einleitung, Reihenfolge der Inhaltspunkte, Schluss).

Teil 2 (ca. 25 Minuten)

Sie haben eine Fernsehsendung mit dem Titel „Altersheime – nein, danke!" gesehen. Im Online-Gästebuch der Sendung finden Sie folgende Meinung:

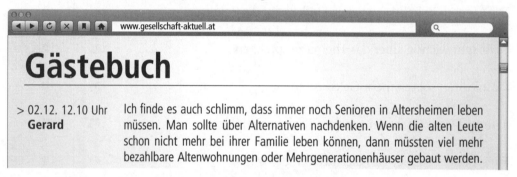

www.gesellschaft-aktuell.at

Gästebuch

> 02.12. 12.10 Uhr
Gerard

Ich finde es auch schlimm, dass immer noch Senioren in Altersheimen leben müssen. Man sollte über Alternativen nachdenken. Wenn die alten Leute schon nicht mehr bei ihrer Familie leben können, dann müssten viel mehr bezahlbare Altenwohnungen oder Mehrgenerationenhäuser gebaut werden.

Schreiben Sie nun Ihre Meinung zum Thema (ca. 80 Wörter).

Teil 3 (ca. 15 Minuten)

Sie möchten eine Städtereise durch Deutschland machen.
*Schreiben Sie an die Fremdenverkehrszentrale **www.tourismus.de**, scheiben Sie, welche Städte Sie besuchen möchten und bitten Sie um Informationen und Angebote.*

Schreiben Sie eine E-Mail (ca. 40 Wörter).
Vergessen Sie nicht die Anrede und den Gruß am Schluss.

Sprechen (ca. 15 Minuten)

Teil 1 Gemeinsam etwas planen (ca. 3 Minuten)

Ein guter Freund von Ihnen will nächsten Monat in sein Heimatland zurückkehren. Sie wollen ihn vor seinem Umzug mit einem schönen Essen überraschen. Planen Sie mit Ihrem Gesprächspartner / Ihrer Gesprächspartnerin dieses Essen. Überlegen Sie sich, was alles zu tun ist und wer welche Aufgaben übernimmt.

Sprechen Sie über die Punkte unten, machen Sie Vorschläge und reagieren Sie auf die Vorschläge Ihres Gesprächspartners / Ihrer Gesprächspartnerin.
Planen und entscheiden Sie gemeinsam, was Sie tun möchten.

Ein Essen planen und über eine Überraschung nachdenken

- *Wann und wo feiern?*

- *Was kochen (essen, trinken)?*

- *Überraschung?*

- *Wen einladen?*

- *...*

Teil 2

Ein Thema präsentieren

Thema 1

(ca. 3 Minuten)

Wählen Sie ein Thema (Thema 1 oder Thema 2) aus.

Sie sollen Ihren Zuhörern ein aktuelles Thema präsentieren. Dazu finden Sie hier fünf Folien. Folgen Sie den Anweisungen und schreiben Sie Ihre Notizen und Ideen daneben.

Stellen Sie Ihr Thema vor. Erklären Sie den Inhalt und die Struktur Ihrer Präsentation.

> *„Offene Grenzen finde ich wichtig!"*
>
> **Wie wichtig ist Europa?**

....
....
....
....

Berichten Sie von Ihrer Situation oder einem Erlebnis im Zusammenhang mit diesem Thema.

> Wie wichtig ist Europa?
>
> **MEINE PERSÖNLICHEN ERFAHRUNGEN**

....
....
....
....

Berichten Sie von der Situation in Ihrem Heimatland und geben Sie Beispiele.

> Wie wichtig ist Europa?
>
> **EUROPA UND MEIN HEIMATLAND**

....
....
....
....

Nennen Sie die Vor- und Nachteile und sagen Sie dazu Ihre Meinung.
Geben Sie auch Beispiele.

> Wie wichtig ist Europa?
>
> **VOR- UND NACHTEILE DER EU & MEINE MEINUNG**

....
....
....
....

Beenden Sie Ihre Präsentation und bedanken Sie sich bei den Zuhörern.

> Wie wichtig ist Europa?
>
> **ABSCHLUSS & DANK**

....
....
....
....

Teil 2

Thema 2

Ein Thema präsentieren

(ca. 3 Minuten)

Sie sollen Ihren Zuhörern ein aktuelles Thema präsentieren. Dazu finden Sie hier fünf Folien. Folgen Sie den Anweisungen und schreiben Sie Ihre Notizen und Ideen daneben.

Stellen Sie Ihr Thema vor.
Erklären Sie den Inhalt und die
Struktur Ihrer Präsentation.

> „Öffentliche Verkehrsmittel sind
> zu teuer!"
>
> **Sollte die Benutzung
> öffentlicher Verkehrsmittel
> kostenlos sein?**

....
....
....
....

Berichten Sie von Ihrer Situation
oder einem Erlebnis im
Zusammenhang mit diesem
Thema.

> Sollte die Benutzung öffentlicher
> Verkehrsmittel kostenlos sein?
>
> **MEINE PERSÖNLICHEN
> ERFAHRUNGEN**

....
....
....
....

Berichten Sie von der Situation
in Ihrem Heimatland und geben
Sie Beispiele.

> Sollte die Benutzung öffentlicher
> Verkehrsmittel kostenlos sein?
>
> **ÖFFENTLICHE
> VERKEHRSMITTEL IN
> MEINEM HEIMATLAND**

....
....
....
....

Nennen Sie die Vor- und
Nachteile und sagen Sie dazu
Ihre Meinung.
Geben Sie auch Beispiele.

> Sollte die Benutzung öffentlicher
> Verkehrsmittel kostenlos sein?
>
> **VOR- UND NACHTEILE &
> MEINE MEINUNG**

....
....
....
....

Beenden Sie Ihre Präsentation
und bedanken Sie sich bei den
Zuhörern.

> Sollte die Benutzung öffentlicher
> Verkehrsmittel kostenlos sein?
>
> **ABSCHLUSS & DANK**

....
....
....
....

Teil 3 Über ein Thema sprechen

Nach Ihrer Präsentation:

Reagieren Sie auf die Rückmeldung und auf Fragen der Prüfer/-innen und des Gesprächspartners / der Gesprächspartnerin.

Nach der Präsentation Ihres Partners / Ihrer Partnerin:

a) Geben Sie eine Rückmeldung zur Präsentation Ihres Partners / Ihrer Partnerin (z. B. wie Ihnen die Präsentation gefallen hat, was für Sie neu oder besonders interessant war usw.).

b) Stellen Sie auch eine Frage zur Präsentation Ihres Partners / Ihrer Partnerin.

Modelltest
Goethe-Zertifikat B1

Lesen (ca. 45 Minuten)

Teil 1 (ca. 10 Minuten)

Lesen Sie den Text und die Aufgaben 1 bis 6 dazu.
Wählen Sie: Sind die Aussagen ☐ Richtig **oder** ☐ *Falsch* **?**

---

www.sarahs-auslandsblog.de

Hallo,

ich möchte euch gern etwas über mein Auslandssemester in Lyon berichten. Ich habe schon lange mit dem Gedanken gespielt, einmal ein Semester im Ausland zu studieren, aber irgendwie hat mir bis jetzt der Mut gefehlt. Wenn überhaupt, dann wollte ich nur nach England, da ich sehr gut Englisch spreche.

Aber dann habe ich über das Erasmus-Auslandsstudienprogramm einen Platz in Frankreich gefunden. Ich war schon oft in Frankreich. Außer Paris, dem Mittelmeer und Toulouse, wo ich letzten Sommer zum ersten Mal war, habe ich bisher allerdings noch nichts gesehen. Jetzt bin ich in Lyon. Mit der Sprache geht es zum Glück besser, als ich vorher gedacht habe. Ich mache große Fortschritte. Eine Sprache lernt sich im fremden Land wirklich viel einfacher und schneller. Je länger ich hier bin, desto besser funktioniert die Kommunikation.

Zuerst musste ich eine Wohnung finden. Das war gar nicht so einfach. Ich hatte keine Lust auf ein Zimmer in einem Studentenheim, da hätte ich sofort etwas bekommen können. Ich habe mir dann die Anzeigen, die an der Uni hingen, angesehen und ich hatte Glück. Ich habe eine Wohngemeinschaft gefunden und wohne zusammen mit zwei französischen Studentinnen in einer sehr schönen, hellen Wohnung. Im Moment ist noch die Schwester einer meiner Mitbewohnerinnen zu Besuch. Es ist also ein bisschen voll bei uns, aber dafür wird es nie langweilig.

Lyon ist toll! Es gibt so viel zu sehen, für wenig Geld kann man Theater- und Tanzveranstaltungen besuchen. Und wenn man auf dem Flohmarkt am Ufer der Rhône spazieren geht, hat man das Gefühl, man wäre am Mittelmeer.

Zur Uni kann ich noch nicht so viel sagen. Das Semester hat gerade angefangen, aber die Vorlesungen könnten etwas interessanter sein. Ich bin aber froh, dass ich alles ganz gut verstehe und auch viel Hilfe bekomme. Mal abwarten. Auf jeden Fall habe ich schon viele nette Leute kennengelernt.

Es ist eine tolle Chance, wenn man an diesem Programm teilnehmen kann, so viel kann ich jetzt schon sagen. Schaut mal im Internet nach und gebt einfach als Suchbegriff *Erasmus* ein.

Eure Sarah

noch **Teil 1**

Beispiel

0 Sarah hatte Angst, nach Frankreich zu fahren.	Richtig	~~Falsch~~

1 Sarah ist zum ersten Mal in Lyon.	Richtig	Falsch
2 Sarah ist mit ihren Sprachkenntnissen nicht zufrieden.	Richtig	Falsch
3 Vom Studentenheim ist sie in eine Wohnung gezogen.	Richtig	Falsch
4 Sarah gefällt nicht, dass in ihrer Wohnung so viele Leute wohnen.	Richtig	Falsch
5 Sarah findet Lyon nicht langweilig.	Richtig	Falsch
6 Sarah empfiehlt, sich über das Erasmus-Programm zu informieren.	Richtig	Falsch

Teil 2 (ca. 20 Minuten)

Lesen Sie den Text aus der Presse und die Aufgaben 7 bis 9 dazu.
Wählen Sie bei jeder Aufgabe die richtige Lösung a, b oder c.

Lange Nacht der Museen

Am Samstag, dem 1. Oktober, gibt es wieder einmal in vielen Städten Österreichs die „ORF*-Lange Nacht der Museen". Sie wird seit dem Jahr 2000 veranstaltet und wurde zu einem großen Erfolg – mehr als fünf Millionen Menschen wurden bis heute gezählt.

Alle, die sich für Kultur und Kunst interessieren, können an über 700 Orten in ganz Österreich Kunst erleben, Ausstellungen besuchen, an Veranstaltungen teilnehmen und vieles mehr.

Mit Ihrem Ticket, das Sie in allen der teilnehmenden Museen bekommen, auch im Vorverkauf, können Sie dann zwischen 18.00 und 01.00 Uhr alle Museen besuchen.

Außerdem können Sie damit die öffentlichen Verkehrsmittel benutzen. An vielen Orten gibt es Sonderbusse, die Sie zu den Veranstaltungsorten bringen. In Wien halten diese Busse an den Haltestellen der U-Bahn, sodass Sie gut weiterkommen. Diese Busse sind kostenlos.

Da Erfahrungen gezeigt haben, dass es sehr viele Besucher geben wird, bringen Sie Zeit mit, um Ihre Eintrittskarte zu kaufen. Oder holen Sie Ihr Ticket schon im Vorverkauf, der vier Wochen vor der Veranstaltung beginnt.

* ORF = Österreichischer Rundfunk

aus einer österreichischen Zeitung

Beispiel

0 Die „Lange Nacht der Museen" ist ...

- ☒ **a** sehr beliebt.
- **b** der Name eines Radioprogramms.
- **c** eine teure Veranstaltung.

7 In diesem Text geht es um ...

- **a** neue Kunst aus Österreich.
- **b** ein Angebot für Kunstliebhaber.
- **c** das Nachtleben in Österreich.

8 In der „Langen Nacht der Museen" ...

- **a** sollte man das Auto zu Hause lassen.
- **b** sind die U- und S-Bahnen kostenlos.
- **c** werden an vielen Stellen Eintrittskarten verkauft.

9 Tickets für die „Lange Nacht der Museen" ...

- **a** sollte man abends kaufen.
- **b** gibt es in einem Monat.
- **c** kann man stressfrei im September besorgen.

noch Teil 2

Lesen Sie den Text aus der Presse und die Aufgaben 10 bis 12 dazu.
Wählen Sie bei jeder Aufgabe die richtige Lösung a, b oder c.

Hat Deutsch als Wissenschaftssprache eine Zukunft?

Hat Deutsch als Sprache der Wissenschaft noch eine Zukunft, wenn sich an deutschen Hochschulen immer mehr das Englische durchsetzt und immer öfter Vorträge und Vorlesungen an deutschen Hochschulen auf Englisch gehalten werden?

Natürlich ist ein weltweiter Austausch in einer gemeinsamen Sprache sinnvoll. Allerdings sind viele Dozenten oft nicht sicher genug in der englischen Sprache, die Qualität des Unterrichts kann darunter leiden. Nur selten kann ein deutscher Muttersprachler einen Gegenstand so genau auf Englisch beschreiben wie im Deutschen. Eine solche Fähigkeit ist aber in der Wissenschaft, wo es um die Beschreibung komplexer Zusammenhänge geht, wichtig.

Sicher kann es für ausländische Studierende leichter sein, an einer deutschen Uni einen Abschluss zu machen, wenn als gemeinsame Sprache Englisch gesprochen wird. Zu einem internationalen Austausch gehört aber auch, die fremde Kultur kennenzulernen. Und dazu braucht man die Sprache. Durch Sprache erfährt man etwas über die Mentalität und Denkweisen des jeweiligen Landes.

Verschiedene deutsche Organisationen fordern deshalb Mehrsprachigkeit in der Wissenschaft. Dabei geht es nicht um einen Konkurrenzkampf zwischen der deutschen und der englischen Sprache. Ziel ist eine internationale Gemeinschaft, die für den internationalen Austausch Englisch spricht, aber auch in ihrer jeweiligen Muttersprache Wissenschaft betreibt.

aus einer deutschen Zeitung

10 Englisch als Unterrichtssprache kann zur Folge haben, dass ...

   a nur noch englische Muttersprachler unterrichtet werden.
   b der Unterricht schlechter wird.
   c Studenten Probleme haben, den Unterricht zu verstehen.

11 Wird an den Universitäten nur noch Englisch gesprochen, kann es dazu führen, dass ...

   a ausländische Studenten weniger von der deutschen Kultur erfahren.
   b dass die Abschlüsse weniger wert sind.
   c dass es keinen internationalen Austausch mehr gibt.

12 In diesem Text geht es um ...

   a Sprachunterricht an Universitäten.
   b Maßnahmen zur Förderung der deutschen Sprache.
   c die Gleichberechtigung mehrerer Sprachen.

Teil 3 (ca. 10 Minuten)

Lesen Sie die Situationen 13 bis 19 und die Anzeigen a bis j aus verschiedenen deutschsprachigen Medien. Wählen Sie: Welche Anzeige passt zu welcher Situation? Sie können <u>jede Anzeige nur einmal</u> verwenden. Die Anzeige aus dem Beispiel können Sie nicht mehr verwenden. Für eine Situation gibt es <u>keine passende Anzeige</u>. In diesem Fall schreiben Sie <u>0</u>.

Nach dem Ende des Deutschkurses suchen einige Ihrer Kollegen und Kolleginnen eine Arbeit.

Beispiel	
0 Ludwig sucht eine Teilzeitstelle als Fahrer.	Anzeige: _e_

13 Beata sucht eine Arbeit als Köchin. Da sie tagsüber aber einen Intensivkurs Deutsch B2 besucht, kann sie nur abends oder samstags und sonntags arbeiten. — Anzeige: ....

14 Juan sucht eine Ausbildungsstelle als Koch. — Anzeige: ....

15 Pavel sucht eine Tätigkeit im Büro, möchte aber nicht den ganzen Tag am Schreibtisch sitzen. — Anzeige: ....

16 Ilona ist Bürokauffrau und hat bisher bei einer Hausverwaltung gearbeitet. Sie macht nicht gern Kundenbesuche. — Anzeige: ....

17 Susanne möchte sich als Übersetzerin selbstständig machen, ist aber nicht sicher, ob das das Richtige für sie ist. — Anzeige: ....

18 Tom kommt aus den USA und möchte mit seinen Sprachkenntnissen Geld verdienen. Er sucht aber keine feste Stelle. — Anzeige: ....

19 Tamara ist von Beruf Kellnerin. Sie sucht für Juli und August einen Job. — Anzeige: ....

a
Für die Sommermonate suchen wie Urlaubsvertretungen. Ihr Aufgabengebiet umfasst alle klassischen Serviceaufgaben des Restaurantbetriebs.

Berufserfahrung erforderlich.
Gaststätte Zum Adler
Mecklenburgische Straße 19
10713 Berlin

b
ZUR UNTERSTÜTZUNG UNSERES TEAMS

suchen wir eine Servicemitarbeiterin / einen Servicemitarbeiter in unserer Pension. Aufgaben: Mithilfe beim Frühstücks-, Mittags- und Abendservice. Gute Arbeitsbedingungen. Nach Probezeit Festanstellung möglich.

www.pension-lula.at

noch Teil 3

c Selbstständig arbeiten von zu Hause

Wir sind ein in über 20 Ländern arbeitendes Übersetzungsbüro und suchen freie Mitarbeiter. Unsere Muttersprachler übersetzen in über 25 Sprachen. (Dokumente, Korrespondenz, Werbetexte) Weiter gesucht: Sprachtrainer für Englisch und Französisch.
(Büro, Tourismus, Industrie)
www.sprachenservice-englisch.de

d # Wer kann mir helfen?

Ich möchte mich als Taxifahrer selbstständig machen und hätte gern Kontakt zu Leuten, die das bereits versucht haben.
Worauf muss man achten?
Was braucht man alles?
Bitte eine kurze Info.

e ## Aushilfen gesucht

Lieferservice lecker.com versorgt seine Kunden zuverlässig mit Speisen und Getränken bei allen Gelegenheiten. Zur Unterstützung unseres Fuhrpark-Teams suchen wir zum nächstmöglichen Termin eine/n Mitarbeiter/in mit Führerschein. Ortskenntnisse im Raum Frankfurt / Rhein-Main-Gebiet sind notwendig.

f Arbeiten Sie gern selbstständig?

Sind Sie gern unterwegs? Arbeiten Sie gern mit Kunden? Wir suchen für unsere Zweigstelle in Bonn engagierte Mitarbeiter (m/w).
Ihre Aufgaben: Kundenverwaltung und Kundenbetreuung vor allem im Außendienst.
Kenntnisse in Word und Excel erwünscht.
Bewerbung bitte an:
Import-Export GmbH
Borsigallee 12
53125 Bonn

g **Endlich sein eigener Chef sein?**

Beratung und Begleitung für Menschen, die eine eigene Firma gründen wollen.
Wir geben Ihnen Hilfestellung und helfen Ihnen auf dem Weg zum eigenen Betrieb.
BBAG e.V.,
Schulstrasse 8b,
14482 Potsdam

h Restaurant Bologna- deutsche und italienische Küche

sucht sofort Koch/Köchin mit abgeschlossener Berufsausbildung. Ihre Aufgaben: Vor- und Zubereitung warmer und kalter Gerichte, Zusammenstellung der Speisekarte, Kenntnis in der Einhaltung der Lebensmittelgesetze und der Vorschriften der Hygieneverordnung, Arbeitszeiten täglich, montags geschlossen. Bewerbung unter: www.bolognia-resto.de

i Für eine Münchener Immobilienverwaltung suchen wir ab sofort: **Sekretär/in (Büro/Verwaltung)** für alle Sekretariatsarbeiten (Korrespondenz, Telebanking, Gebührenberechnungen, Buchhaltung etc.) in Festanstellung.
Sie haben eine abgeschlossene kaufmännische Berufsausbildung und Büropraxis und sehr gute EDV-Kenntnisse (Windows, Excel, Internet, E-Mail, Telebanking). www.jobgesucht.de

j Bei Gianni – Deutsche und italienische Küche

Wir suchen ab sofort
Koch/Köchin und Küchenhilfe
zur Unterstützung unseres Teams am Wochenende. Gute Bezahlung. Zuschriften an:
Das Inserat unter Off. YX 2399

Teil 4 (ca. 15 Minuten)

Lesen Sie die Texte 20 bis 26. Wählen Sie: Ist die Person <u>für die Einführung einer Wahlpflicht</u>?

In einer Zeitschrift lesen Sie Kommentare zu einem Vorschlag, eine Wahlpflicht einzuführen.

Beispiel
0 Jonathan [Ja] [~~Nein~~]

20 Anna [Ja] [Nein]   24 Thomas [Ja] [Nein]

21 Saskia [Ja] [Nein]   25 Lucy [Ja] [Nein]

22 Martin [Ja] [Nein]   26 Oliver [Ja] [Nein]

23 Ilona [Ja] [Nein]

Leserbriefe

Beispiel In Deutschland gibt es keine Wahlpflicht und das ist auch gut so. Trotz der niedrigen Wahlbeteiligung bin ich gegen die Wahlpflicht. Wenn ich entscheiden darf, wen ich wähle, will ich auch entscheiden dürfen, ob ich überhaupt wählen gehe. Das ist Freiheit.
Jonathan, 35, Würzburg

20 Im Artikel macht sich der Kommentator Sorgen darum, dass immer weniger Leute zu den Wahlen gehen. Eine Lösung wäre die Wahlpflicht. Ich war eigentlich immer dagegen, inzwischen finde ich aber, dass man schon mal darüber nachdenken kann, wie unsere Demokratie wieder zu neuem Leben kommt. Weshalb also nicht mit einer solchen Maßnahme?
Anna, 30, Köln

21 Wenn viele Leute nicht wählen gehen, heißt das nicht unbedingt, dass sie sich nicht für Politik interessieren, sondern dass sie sich nicht mehr von den Parteien vertreten fühlen. Aber wenn sie zu den Wahlen gehen müssten, gäbe es eine ganz andere Gefahr. Viele würden dann aus Protest extrem wählen, Parteien, die gegen die Demokratie sind. Also Vorsicht mit solchen Maßnahmen. *Saskia, 42, Wesel*

22 Es stimmt, dass gegen die niedrige Wahlbeteiligung etwas getan werden muss. Ich finde aber, es gibt viele gute Alternativen zu einer Wahlpflicht. Wenn die Politiker wollen, dass mehr Leute wählen gehen, könnten sie das Wählen einfacher machen. Man könnte die Möglichkeit bekommen, online von zu Hause zu wählen.
Martin, 18, Winterthur

23 Ich denke, es ist keine schlechte Idee. Ich kann mir aber nicht vorstellen, dass es funktioniert. Wenn es eine Pflicht gibt, dann muss man sich auch überlegen, was passiert, wenn man nicht wählen geht. Soll es dann Strafen geben? Und wie hoch sollen die sein? Maßnahmen, die nicht praktizierbar sind, sollte man lieber lassen. *Ilona, 32, Wuppertal*

24 Als Beispiel wird immer Belgien genannt, wo es eine Wahlpflicht gibt und damit eine Wahlbeteiligung von über 90 Prozent. Die Wahlpflicht wurde dort aber nicht eingeführt, um die Bürger zu etwas zu zwingen, sondern zusammen mit der Einführung des Wahlrechts im 19. Jahrhundert, damit alle Arbeiter aus den Fabriken auch wählen gehen konnten und sie nicht am Wahltag gezwungen wurden zu arbeiten. Eine historisch ganz andere Situation. Man kann also Belgien nicht mit Deutschland vergleichen. Das ist Unsinn.
Thomas, 42, Krefeld

25 Für mich hat jeder Bürger die Pflicht, unsere Demokratie zu schützen. Warum also nicht auch eine Wahlpflicht? Gegner der Wahlpflicht sagen immer, dass man auch die Möglichkeit haben muss, nicht zu wählen. Dann kann man doch eine ungültige Stimme abgeben, einen leeren Wahlzettel. *Lucy, 30, Bingen*

26 Wenn es eine Wahlpflicht gäbe, wäre man auch gezwungen, sich mit Politik zu beschäftigen. Man müsste sich die Programme der Parteien anschauen, das wäre gut für das politische Bewusstsein. Wenn man nicht wählt, ist das schädlicher für die Demokratie als wenn man zur Wahl verpflichtet wird. Man muss sich nur an eine solche Pflicht gewöhnen. *Oliver, 35, Berlin*

Teil 5 (ca. 10 Minuten)

Lesen Sie die Aufgabe 27 bis 30 und den Text dazu.
Wählen Sie bei jeder Aufgabe die richtige Lösung a̲ , b̲ oder c̲ .

Sie informieren sich über die Regeln auf dem Campingplatz „Waldeslust".

27 Für den Campingplatz gilt:
- a̲ Nachts ist der Campingplatz geschlossen.
- b̲ Nach 22 Uhr dürfen Besucher nur ohne Auto kommen.
- c̲ Man darf seinen Platz zum Campen nicht frei wählen.

28 Grillen darf man nur ...
- a̲ nach Absprache mit den anderen Gästen.
- b̲ wenn man eine Erlaubnis von der Direktion hat.
- c̲ wenn man vorher eine Versicherung abgeschlossen hat.

29 Nachts ...
- a̲ ist duschen verboten.
- b̲ darf man keine laute Musik hören.
- c̲ muss man sein Auto auf dem Campingplatz stehen lassen.

30 Auf dem Campingplatz ...
- a̲ muss der Müll getrennt werden.
- b̲ dürfen Hunde keinen Schmutz machen.
- c̲ darf man Haustiere nicht waschen.

CAMPINGPLATZ-ORDNUNG

Anmeldung   Wenn Sie bei uns Urlaub machen wollen, müssen Sie sich bei der Rezeption anmelden. Dort bekommen Sie von uns Ihren Platz und einen Campingausweis. Ihr Fahrzeug können Sie in den vorgeschriebenen Parkzonen abstellen, nach 22 Uhr aber nur auf dem Parkplatz vor dem Campingplatz.

Sie können natürlich Besuch empfangen. Besucher müssen sich aber ebenfalls anmelden und den Platz bis 22 Uhr wieder verlassen.

Grillen und Feuer   Gegrillt werden darf zwischen 11 und 22 Uhr, klären Sie vorher, dass andere Gäste hierdurch nicht gestört werden. Die Campingplatzleitung kann im Zusammenhang mit Feuergefahr ein Grillverbot aussprechen (z. B. in heißen Sommern). Für Schäden, die durch Ihr Grillen an Personen oder Sachen entstehen, müssen wir Sie verantwortlich machen.

Nachtruhe   Von 23.00 Uhr – 7.00 Uhr ist Nachtruhe. In dieser Zeit müssen Lärm, laute Gespräche, Musik und alles was die Nachtruhe der anderen Gäste stören könnte, auf ein Mindestmaß reduziert werden. Insbesondere dürfen in dieser Zeit keine Kraftfahrzeuge auf dem Gelände des Campingplatzes benutzt werden. Warmes Wasser steht in den sanitären Anlagen nur bis 23 Uhr zur Verfügung.

Sonstiges   Haustiere sind erlaubt, Hunde sind an der Leine zu halten und müssen außerhalb des Campingplatzes ausgeführt werden. Verschmutzungen auf dem Campingplatz durch Haustiere müssen vom Besitzer sofort entfernt werden.

Hören (ca. 40 Minuten)

))๐ Teil 1
57 – 62

Sie hören nun fünf kurze Texte. Sie hören jeden Text <u>zweimal</u>. Zu jedem Text lösen Sie zwei Aufgaben. Wählen Sie bei jeder Aufgabe die richtige Lösung.
Lesen Sie zuerst das Beispiel. Dazu haben Sie 10 Sekunden Zeit.

> **Beispiel**
> 01 Im Supermarkt ist heute alles billiger. | Richtig | ~~Falsch~~
>
> 02 Im Supermarkt gibt   ☒ Mangos.
>   es jetzt auch ...   b Spargel.
>   c Chinakohl.

Text 1

1 In Süddeutschland wird das Wetter besser. | Richtig | | Falsch |

2 Am Wochenende wird   a viel regnen.
   es ...   b sehr windig.
                         c wärmer.

Text 2

3 Sie hören Informationen für Urlauber. | Richtig | | Falsch |

4 Herr Urban ...   a kann sich nicht bewegen.
                         b ist Tourist.
                         c braucht Hilfe.

Text 3

5 Eltern bekommen Tipps zur Kindererziehung. | Richtig | | Falsch |

6 Im Möbelhaus ...   a gibt es günstige Möbel für Kinderzimmer.
                         b können Kinder auch Filme sehen.
                         c kann man auch Spiele kaufen.

Text 4

7 Der Termin für die Party wird verschoben. | Richtig | | Falsch |

8 Claudia hat ...   a am Montag ein wichtiges Gespräch.
                         b keine Lust, etwas für die Party vorzubereiten.
                         c wichtige Telefonnummern verloren.

Text 5

9 Sie hören Verkehrshinweise. | Richtig | | Falsch |

10 Auf der Autobahn A7   a Gegenständen auf der Straße.
   gibt es Stau wegen ... b einer Baustelle.
                         c eines Unfalls.

Teil 2

63

Sie hören nun einen Text. Sie hören den Text <u>einmal</u>. Dazu lösen Sie fünf Aufgaben. Wählen Sie bei jeder Aufgabe die richtige Lösung a , b oder c .
Lesen Sie jetzt die Aufgaben 11 bis 15. Dazu haben Sie 60 Sekunden Zeit.

Sie nehmen an einer Schifffahrt auf dem Main teil.

11 Was können die Touristen am Anfang der Rundfahrt sehen?
- a Die Brücken von Frankfurt.
- b Hochhäuser und Museen.
- c Alte Häuser aus dem 19. Jahrhundert.

12 Die neue Europäische Zentralbank ...
- a wurde vor fünf Jahren gebaut.
- b hat zwei hohe Gebäude.
- c befindet sich mitten in einem Ausgehviertel.

13 Die Touristen können die Fahrt unterbrechen, ...
- a um in einem Restaurant etwas zu konsumieren.
- b um Bücher von Goethe zu kaufen.
- c um einen Ausflug zu machen.

14 Die Rundfahrt endet ...
- a um 16 Uhr.
- b ungefähr um 16.30 Uhr.
- c am Abend.

15 Am Ende der Schifffahrt können die Touristen ...
- a eine Stadtrundfahrt mit dem Bus machen.
- b Bücher über Frankfurt kaufen.
- c einen Platz für eine Stadtrundfahrt reservieren.

Teil 3

64

Sie hören nun ein Gespräch. Sie hören das Gespräch <u>einmal</u>. Dazu lösen Sie sieben Aufgaben. Wählen Sie: Sind die Aussagen Richtig oder *Falsch* ?
Lesen Sie jetzt die Aufgaben 16 bis 22. Dazu haben Sie 60 Sekunden Zeit.

Sie sitzen im Bus und hören, wie sich ein Mann und eine Frau über ihre Berufe unterhalten.

16 Susanne lebt jetzt im Ausland. Richtig *Falsch*

17 Die Arbeit im Büro hat ihr nicht gefallen. Richtig *Falsch*

18 Susanne war von Autos immer schon begeistert. Richtig *Falsch*

19 Susanne findet es schade, dass sie nicht ins Ausland fahren kann. Richtig *Falsch*

20 Susanne hat oft Stress mit ihrem Chef. Richtig *Falsch*

21 Susannes Firma hat feste Öffnungszeiten. Richtig *Falsch*

22 Viele Männer wundern sich, wieso eine Frau in diesem Beruf arbeiten will. Richtig *Falsch*

🔊 Teil 4
65

Sie hören nun eine Diskussion im Radio. Sie hören die Diskussion <u>zweimal</u>. Dazu lösen Sie acht Aufgaben. Ordnen Sie die Aussagen zu: <u>Wer sagt was?</u>
Lesen Sie jetzt die Aussagen 23 bis 30. Dazu haben Sie 60 Sekunden Zeit.

Die Moderatorin Anne Wahl diskutiert mit Peter Schneider vom Einzelhandelsverband und Helen Wirth, Gewerkschaftsvertreterin, zum Thema Ladenöffnungszeiten: „Sollen sonntags Geschäfte und Läden normal öffnen dürfen?"

	Moderatorin	Peter Schneider	Helen Wirth
Beispiel			
0 Die Ladenöffnungsgesetze werden von den Bundesländern geregelt.	☒	b	c
23 Die Anzahl der verkaufsoffenen Sonntage ist nicht überall gleich.	a	b	c
24 In Deutschland gibt es zu viele Gesetze.	a	b	c
25 Als Verbraucher sieht man das Problem oft nicht.	a	b	c
26 Wenn wir nicht aufpassen, müssen wir bald alle sonntags arbeiten.	a	b	c
27 Ohne Ladenöffnungsgesetz würde es mehr freie Stellen geben.	a	b	c
28 Man braucht einen freien Sonntag, um sich vom alltäglichen Arbeitsstress zu erholen.	a	b	c
29 Verkaufsoffene Sonntage sind gut gegen die Konkurrenz aus dem Internet.	a	b	c
30 Manchmal sind die Geschäfte spät abends auch leer.	a	b	c

Schreiben (ca. 60 Minuten)

Teil 1 (ca. 20 Minuten)

Sie möchten mit Ihrem Freund / Ihrer Freundin am Wochenende ein Konzert besuchen.

– Beschreiben Sie: Auf welches Konzert möchten Sie gehen?
– Begründen Sie: Warum möchten Sie dorthin gehen?
– Machen Sie einen Vorschlag, wann Sie sich treffen könnten, um darüber zu sprechen.

Schreiben Sie eine E-Mail (ca. 80 Wörter).
Schreiben Sie etwas zu allen drei Punkten.
Achten Sie auf den Text (Anrede, Einleitung, Reihenfolge der Inhaltspunkte, Schluss).

Teil 2 (ca. 25 Minuten)

Sie haben eine Fernsehsendung mit dem Titel „Kostenloses Internet für alle?" gesehen. Im Online-Gästebuch der Sendung finden Sie folgende Meinung:

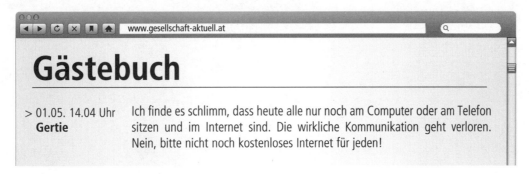

> 01.05. 14.04 Uhr   Ich finde es schlimm, dass heute alle nur noch am Computer oder am Telefon
> **Gertie**   sitzen und im Internet sind. Die wirkliche Kommunikation geht verloren.
> Nein, bitte nicht noch kostenloses Internet für jeden!

Schreiben Sie nun Ihre Meinung zum Thema (ca. 80 Wörter).

Teil 3 (ca. 15 Minuten)

Sie arbeiten freitags normalerweise bis 17 Uhr. Nächsten Freitag bekommen Sie aber wichtigen Besuch und möchten gerne schon um 12 Uhr nach Hause gehen.
Schreiben Sie an Ihren Chef, Herrn Leitner, und bitten Sie darum, früher gehen zu können und schreiben Sie warum.

Schreiben Sie eine E-Mail (ca. 40 Wörter).
Vergessen Sie nicht die Anrede und den Gruß am Schluss.

Sprechen (ca. 15 Minuten)

Teil 1 Gemeinsam etwas planen (ca. 3 Minuten)

Sie möchten am Wochenende zu zweit eine kleine Reise machen. Planen Sie mit Ihrem Gesprächspartner / Ihrer Gesprächspartnerin diese Reise. Überlegen Sie sich, was alles zu tun ist und wer welche Aufgabe übernimmt.

Sprechen Sie über die Punkte unten, machen Sie Vorschläge und reagieren Sie auf die Vorschläge Ihres Gesprächspartners / Ihrer Gesprächspartnerin.
Planen und entscheiden Sie gemeinsam, was Sie tun möchten.

Eine kleine Reise planen und organisieren

- *Wann und wie lange?*

- *Wohin?*

- *Was kann man dort machen?*

- *Welche(s) Verkehrsmittel benutzen wir?*

- *...*

Teil 2

Ein Thema präsentieren

Thema 1

(ca. 3 Minuten)

Wählen Sie ein Thema (Thema 1 oder Thema 2) aus.

Sie sollen Ihren Zuhörern ein aktuelles Thema präsentieren. Dazu finden Sie hier fünf Folien. Folgen Sie den Anweisungen und schreiben Sie Ihre Notizen und Ideen daneben.

Stellen Sie Ihr Thema vor. Erklären Sie den Inhalt und die Struktur Ihrer Präsentation.

> *„Auf mein Steak möchte ich nicht verzichten!"*
>
> **Was ist eigentlich gesunde Ernährung?**

Berichten Sie von Ihrer Situation oder einem Erlebnis im Zusammenhang mit diesem Thema.

> Was ist eigentlich gesunde Ernährung?
>
> **MEINE PERSÖNLICHEN ERFAHRUNGEN**

Berichten Sie von der Situation in Ihrem Heimatland und geben Sie Beispiele.

> Was ist eigentlich gesunde Ernährung?
>
> **FLEISCHKONSUM IN MEINEM HEIMATLAND**

Nennen Sie die Vor- und Nachteile und sagen Sie dazu Ihre Meinung. Geben Sie auch Beispiele.

> Was ist eigentlich gesunde Ernährung?
>
> **VOR- UND NACHTEILE VEGETARISCHER ERNÄHRUNG & MEINE MEINUNG**

Beenden Sie Ihre Präsentation und bedanken Sie sich bei den Zuhörern.

> Was ist eigentlich gesunde Ernährung?
>
> **ABSCHLUSS & DANK**

Teil 2   **Thema 2**

Ein Thema präsentieren   (ca. 3 Minuten)

Sie sollen Ihren Zuhörern ein aktuelles Thema präsentieren. Dazu finden Sie hier fünf Folien. Folgen Sie den Anweisungen und schreiben Sie Ihre Notizen und Ideen daneben.

Stellen Sie Ihr Thema vor. Erklären Sie den Inhalt und die Struktur Ihrer Präsentation

> „Auf dem Land ist das Leben besser!"
>
> **Lebt man besser auf dem Land?**

Berichten Sie von Ihrer Situation oder einem Erlebnis im Zusammenhang mit diesem Thema.

> Lebt man besser auf dem Land?
>
> **MEINE PERSÖNLICHEN ERFAHRUNGEN**

Berichten Sie von der Situation in Ihrem Heimatland und geben Sie Beispiele.

> Lebt man besser auf dem Land?
>
> **LEBEN AUF DEM LAND UND IN DER STADT IN MEINEM HEIMATLAND**

Nennen Sie die Vor- und Nachteile und sagen Sie dazu Ihre Meinung.
Geben Sie auch Beispiele.

> Lebt man besser auf dem Land?
>
> **VOR- UND NACHTEILE & MEINE MEINUNG**

Beenden Sie Ihre Präsentation und bedanken Sie sich bei den Zuhörern.

> Lebt man besser auf dem Land?
>
> **ABSCHLUSS & DANK**

Teil 3 Über ein Thema sprechen

Nach Ihrer Präsentation:

Reagieren Sie auf die Rückmeldung und auf Fragen der Prüfer/-innen und des Gesprächspartners / der Gesprächspartnerin.

Nach der Präsentation Ihres Partners / Ihrer Partnerin:

a) Geben Sie eine Rückmeldung zur Präsentation Ihres Partners / Ihrer Partnerin (z. B. wie Ihnen die Präsentation gefallen hat, was für Sie neu oder besonders interessant war usw.).

b) Stellen Sie auch eine Frage zur Präsentation Ihres Partners / Ihrer Partnerin.

Antwortbogen Schriftliche Prüfung

Name   Kurs   Datum

Lesen

Teil 1

	Richtig	Falsch
1	☐	☐
2	☐	☐
3	☐	☐
4	☐	☐
5	☐	☐
6	☐	☐

Teil 2

	a	b	c
7	☐	☐	☐
8	☐	☐	☐
9	☐	☐	☐
10	☐	☐	☐
11	☐	☐	☐
12	☐	☐	☐

Teil 3

	a	b	c	d	e	f	g	h	i	j	0
13	☐	☐	☐	☐	☐	☐	☐	☐	☐	☐	☐
14	☐	☐	☐	☐	☐	☐	☐	☐	☐	☐	☐
15	☐	☐	☐	☐	☐	☐	☐	☐	☐	☐	☐
16	☐	☐	☐	☐	☐	☐	☐	☐	☐	☐	☐
17	☐	☐	☐	☐	☐	☐	☐	☐	☐	☐	☐
18	☐	☐	☐	☐	☐	☐	☐	☐	☐	☐	☐
19	☐	☐	☐	☐	☐	☐	☐	☐	☐	☐	☐

Teil 4

	Ja	Nein
20	☐	☐
21	☐	☐
22	☐	☐
23	☐	☐
24	☐	☐
25	☐	☐
26	☐	☐

Teil 5

	a	b	c
27	☐	☐	☐
28	☐	☐	☐
29	☐	☐	☐
30	☐	☐	☐

Punkte
Teile 1 bis 5

30

Gesamt-
ergebnis

(nach Umrechnung)

100

Hören

Teil 1

	Richtig	Falsch
1	☐	☐

	a	b	c
2	☐	☐	☐

	Richtig	Falsch
3	☐	☐

	a	b	c
4	☐	☐	☐

	Richtig	Falsch
5	☐	☐

	a	b	c
6	☐	☐	☐

	Richtig	Falsch
7	☐	☐

	a	b	c
8	☐	☐	☐

	Richtig	Falsch
9	☐	☐

	a	b	c
10	☐	☐	☐

Teil 2

	a	b	c
11	☐	☐	☐
12	☐	☐	☐
13	☐	☐	☐
14	☐	☐	☐
15	☐	☐	☐

17	Richtig ☐	Falsch ☐
18	Richtig ☐	Falsch ☐
19	Richtig ☐	Falsch ☐
20	Richtig ☐	Falsch ☐
21	Richtig ☐	Falsch ☐
22	Richtig ☐	Falsch ☐

	a	b	c
23	☐	☐	☐
24	☐	☐	☐
25	☐	☐	☐
26	☐	☐	☐
27	☐	☐	☐
28	☐	☐	☐
29	☐	☐	☐
30	☐	☐	☐

Punkte
Teile 1 bis 4
| | 30 |

Gesamt-
ergebnis
(nach Umrechnung)
| | 100 |

Schreiben

Teil 1

....
....
....
....
....
....

Teil 2

....
....
....
....
....

Teil 3

....
....
....
....
....

Gesamt-
ergebnis
| | 100 |

Testbeschreibung und Bewertung

Das vorliegende Testheft bietet den Lehrenden zusätzliches Material, um den Lernfortschritt ihrer Kursteilnehmerinnen und Kursteilnehmer objektiv zu messen und zu beurteilen. Mit Hilfe der Tests können die Lernenden erkennen, was sie bereits beherrschen, in welchen Sprachbereichen ihre Stärken aber auch ihre Schwächen liegen. Die Tests orientieren sich am Lehrwerk **studio [21] B1** und folgen dessen Lernstoff und Themen.

Testbeschreibung

Tests zu den Einheiten

In den Tests zu den einzelnen Einheiten wird der Lernstoff der jeweiligen Einheit zusammenfassend überprüft. Die Tests enthalten Aufgaben zum Leseverstehen, Wortschatz, Schreiben und zu grammatischen Strukturen. Im Bereich Lesekompetenz wird globales und selektives Textverstehen überprüft, wozu natürlich auch Kenntnisse in Lexik, Morphologie und Syntax notwendig sind.

Gesamttests

Die Gesamttests fassen den Lernstoff von jeweils fünf Einheiten (jeweils ein Teilband) zusammen und enthalten Aufgaben zum Lese- und Hörverstehen, Schreiben und Sprechen, wobei alle bisher geübten rezeptiven und produktiven Fertigkeiten überprüft werden. Die Testformate entsprechen der Aufgabentypologie der Prüfung *Goethe-Zertifikat B1*.

Modelltest

Der Modelltest dient zur direkten Prüfungsvorbereitung und -simulation. Die Lernenden erhalten hier die Möglichkeit, ihre Sprachkenntnisse unter Prüfungsbedingungen (Zeit, Aufgabenformate, Sprachniveau) zu testen und einzuschätzen, ob sie die Prüfung *Goethe-Zertifikat B1* bestehen können. Der Modelltest besteht aus einer schriftlichen Einzelprüfung mit den Teilen *Lesen*, *Hören* und *Schreiben* sowie einer mündlichen Partnerprüfung.

Durchführung und Bewertung

Die einheitsbezogenen Tests können von den Lernenden auch allein durchgeführt werden, da Punktangaben und Lösungen eine selbstständige Evaluation erlauben.

Für die Durchführung der Tests empfehlen wir, die folgenden Zeiten vorzusehen:
einheitsbezogene Tests   30 Minuten
Gesamttests/Modelltest   180 Minuten

Durchführung der mündlichen Prüfung

Der Teil *Sprechen* wird in der Regel in einer Paarprüfung mit zwei Teilnehmenden und zwei Prüfenden abgelegt. In Ausnahmefällen, z. B. bei ungeraden Teilnehmerzahlen, wird der Teil *Sprechen* als Einzelprüfung durchgeführt.
In Teil 1 sollen die Lernenden mit Hilfe von vier Leitpunkten gemeinsam etwas planen und aushandeln. Im 2. Teil tragen die Teilnehmenden eine Präsentation zu fünf vorgegebenen Folien vor. In Teil 3 geben die Teilnehmenden einander Feedback zur Präsentation bzw. reagieren darauf und stellen einander Fragen bzw. reagieren darauf.

Bewertung

Es kann maximal die folgende Gesamtpunktzahl erreicht werden:
einheitsbezogene Tests   40
Gesamttests/Modelltest   400 Punkte (100 Punkte pro Prüfungsteil)

Das Ergebnis ist folgendermaßen zu interpretieren:

Sehr gut	100 %–90 %
Gut	39 %–80 %
Befriedigend	79 %–70 %
Ausreichend	69 %–60 %
Nicht bestanden	< 60 %

Punktevergabe Gesamttests/Modelltest

		Messpunkte	Bewertungspunkte
Lesen	Teil 1	6	20
	Teil 2	6	20
	Teil 3	7	23
	Teil 4	7	23
	Teil 5	4	14
Hören	Teil 1	10	33
	Teil 2	5	17
	Teil 3	7	23
	Teil 4	8	27
Schreiben	Teil 1		40
	Teil 2		40
	Teil 3		20
Sprechen	Teil 1		28
	Teil 2		40
	Teil 3		16
	Aussprache		16
Gesamt			**400**

Umrechungsskala Lesen und Hören

Messpunkte	Bewertungspunkte	Messpunkte	Bewertungspunkte
30	100	14	47
29	97	13	43
28	93	12	40
27	90	11	37
26	87	10	33
25	83	9	30
24	80	8	27
23	77	7	23
22	73	6	20
21	70	5	17
20	67	4	13
19	63	3	10
18	60	2	7
17	57	1	3
16	53	0	0
15	50		

Bewertungskriterien *Schreiben*

			A	B	C	D	E
AUFGABE 1	Erfüllung *	Inhalt, Umfang, Sprachfunktionen (z. B. jemanden einladen, Vorschlag machen …)	Alle 3 Sprachfunktionen inhaltlich und umfänglich angemessen behandelt	2 Sprachfunktionen angemessen **oder** 1 angemessen und 2 teilweise	1 Sprachfunktion angemessen und 1 teilweise **oder** alle teilweise	1 Sprachfunktion angemessen **oder** teilweise	Textumfang weniger als 50 % der geforderten Wortanzahl **oder** Thema verfehlt
		Textsorte	durchgängig umgesetzt	erkennbar	ansatzweise erkennbar	kaum erkennbar	
		Register/Soziokulturelle Angemessenheit	situations- und partneradäquat	noch weitgehend situations- und partneradäquat	ansatzweise situations- und partneradäquat	nicht mehr situations- und partneradäquat	
	Kohärenz	Textaufbau (z. B. Einleitung, Schluss …)	durchgängig und effektiv	überwiegend erkennbar	stellenweise erkennbar	kaum erkennbar	Text durchgängig unangemessen
		Verknüpfung von Sätzen, Satzteilen	angemessen	überwiegend angemessen	teilweise angemessen	kaum angemessen	
	Wortschatz	Spektrum	differenziert	überwiegend angemessen	teilweise angemessen **oder** begrenzt	kaum vorhanden	
		Beherrschung	vereinzelte Fehlgriffe beeinträchtigen das Verständnis nicht	mehrere Fehlgriffe beeinträchtigen das Verständnis nicht	mehrere Fehlgriffe beeinträchtigen das Verständnis teilweise	mehrere Fehlgriffe beeinträchtigen das Verständnis erheblich	
	Strukturen	Spektrum	differenziert	überwiegend angemessen	teilweise angemessen **oder** begrenzt	kaum vorhanden	
		Beherrschung (Morphologie, Syntax, Orthografie)	vereinzelte Fehlgriffe beeinträchtigen das Verständnis nicht	mehrere Fehlgriffe beeinträchtigen das Verständnis nicht	mehrere Fehlgriffe beeinträchtigen das Verständnis teilweise	mehrere Fehlgriffe beeinträchtigen das Verständnis erheblich	
AUFGABE 2	Erfüllung *	Inhalt, Umfang, Meinungsäußerung	Meinungsäußerung inhaltlich und umfänglich angemessen	überwiegend angemessen	teilweise angemessen	kaum angemessen	Wie Aufgabe 1
		Register/Soziokulturelle Angemessenheit	situations- und partneradäquat	noch weitgehend situations- und partneradäquat	ansatzweise situations- und partneradäquat	nicht mehr situations- und partneradäquat	
	Kohärenz Wortschatz Strukturen		Wie Aufgabe 1				
AUFGABE 3	Erfüllung *	Mitteilung, Inhalt Register/Soziokulturelle Angemessenheit	Mitteilung inhaltlich und soziokulturell angemessen	überwiegend angemessen	stellenweise angemessen	kaum angemessen	Wie Aufgabe 1
	Kohärenz Wortschatz Strukturen		Wie Aufgabe 1				

* Wird das Kriterium „Erfüllung" mit E (0 Punkte) bewertet, ist die Punktzahl für diese Aufgabe insgesamt 0 Punkte.

Schreiben	A	B	C	D	E
Teil 1					
Erfüllung	10	7,5	5	2,5	0
Kohärenz	10	7,5	5	2,5	0
Wortschatz	10	7,5	5	2,5	0
Strukturen	10	7,5	5	2,5	0

Schreiben	A	B	C	D	E
Teil 2					
Erfüllung	10	7,5	5	2,5	0
Kohärenz	10	7,5	5	2,5	0
Wortschatz	10	7,5	5	2,5	0
Strukturen	10	7,5	5	2,5	0

Schreiben	A	B	C	D	E
Teil 3					
Erfüllung	4	3	2	1	0
Kohärenz	4	3	2	1	0
Wortschatz	6	4,5	3	1,5	0
Strukturen	6	4,5	3	1,5	0

Bewertungskriterien *Sprechen*

			A	B	C	D	E
AUFGABE 1	Erfüllung *	Sprachfunktionen (Vorschlag, Zustimmung ...) Inhalt Umfang	Sprachfunktionen in Inhalt und Umfang angemessen behandelt	überwiegend angemessen	teilweise angemessen	kaum angemessen	Gesprächsanteil nicht bewertbar
	Interaktion	Das Gespräch beginnen, in Gang halten, beenden Reaktionsfähigkeit	angemessen	überwiegend angemessen	teilweise angemessen	kaum angemessen	
	Wortschatz	Register	situations- und partneradäquat	noch weitgehend situations- und partneradäquat	ansatzweise situations- und partneradäquat	nicht mehr situations- und partneradäquat	Äußerung größtenteils unverständlich
		Spektrum	differenziert	überwiegend angemessen	teilweise angemessen **oder** begrenzt	kaum vorhanden	
		Beherrschung	vereinzelte Fehlgriffe beeinträchtigen das Verständnis nicht	mehrere Fehlgriffe beeinträchtigen das Verständnis nicht	mehrere Fehlgriffe beeinträchtigen das	mehrere Fehlgriffe beeinträchtigen das Verständnis erheblich	
	Strukturen	Spektrum	differenziert	überwiegend angemessen	teilweise angemessen **oder** begrenzt	kaum vorhanden	
		Beherrschung (Morphologie, Syntax)	vereinzelte Fehlgriffe stören nicht	mehrere Fehlgriffe stören nicht	mehrere Fehlgriffe stören teilweise	mehrere Fehlgriffe stören erheblich	
AUFGABE 2	Erfüllung *	Vollständigkeit Inhalt Umfang	Alle 5 Folien in Inhalt und Umfang angemessen behandelt	3–4 Folien in Inhalt und Umfang angemessen behandelt	2 Folien in Inhalt und Umfang angemessen behandelt **oder** alle Folien zu knapp	1 Folie in Inhalt und Umfang angemessen behandelt	Präsentation nicht bewertbar
	Kohärenz	Verknüpfung von Sätzen und Satzteilen nachvollziehbarer Gedankengang	angemessen	überwiegend angemessen	teilweise angemessen	kaum angemessen	
	Wortschatz Strukturen		Wie Aufgabe 1				
AUFGABE 3	Erfüllung	Sprachfunktionen (Rückmeldung, Frage stellen, beantworten) Inhalt Umfang	Sprachfunktionen in Inhalt und Umfang angemessen behandelt	überwiegend angemessen	teilweise angemessen	kaum angemessen	nicht bewertbar
AUFGABE 1, 2, 3	Aussprache	Satzmelodie Wortakzent Einzelne Laute	Keine auffälligen Abweichungen	Wahrnehmbare Abweichungen beeinträchtigen das Verständnis nicht	Abweichungen beeinträchtigen das Verständnis stellenweise	Abweichungen beeinträchtigen das Verständnis erheblich	nicht mehr verständlich

Sprechen	A	B	C	D	E
Teil 1					
Erfüllung	8	6	4	2	0
Kohärenz	4	3	2	1	0
Wortschatz	8	6	4	2	0
Strukturen	8	6	4	2	0

Sprechen	A	B	C	D	E
Teil 2					
Erfüllung	12	9	6	3	0
Kohärenz	4	3	2	1	0
Wortschatz	12	9	6	3	0
Strukturen	12	9	6	3	0

Sprechen	A	B	C	D	E
Teil 3					
Erfüllung	16	12	8	4	0
Teil 1, 2, 3					
Aussprache	16	12	8	4	0

Hörtexte des Testhefts

Beispiel

Auf der Bildungsmesse hören Sie folgende Durchsage.
Achtung, eine Mitteilung für alle Besucher unserer Bildungsmesse. Die Informationsveranstaltung „Englischlernen in der Grundschule", die sich besonders an Studentinnen und Studenten richtet, findet nicht in Halle D, sondern in Halle A statt. Wir beginnen unsere Veranstaltung deshalb nicht um 16.15 Uhr, sondern eine Viertelstunde später, damit alle Interessenten den Weg dorthin finden können. Ich wiederhole: Die Info-Veranstaltung zum Thema „Englischlernen in der Grundschule" beginnt um 16.30 Uhr in Halle A.

Nummer 1 und 2

Sie hören eine Durchsage im Radio.
Und hier eine Meldung der Polizei. Am Montagmorgen ereignete sich auf der Kaiserstraße ein schwerer Verkehrsunfall zwischen einem PKW und einer Straßenbahn der Linie 12. Wegen Aufräumarbeiten wird die Kaiserstraße noch den ganzen Tag gesperrt bleiben. Wir bitten Autofahrer, den Bereich großräumig zu umfahren. In diesem Zusammenhang bittet die Polizei um Ihre Mithilfe. Personen, die den Unfall beobachtet haben, sollen sich unbedingt bei einer Polizeidienststelle melden.

Nummer 3 und 4

Sie hören den Wetterbericht im Radio.
Und nun der Wetterbericht für Nordrhein-Westfalen. Am Freitagabend gibt es noch Regenfälle mit starkem Wind, im Kölner Raum kann es auch etwas schneien. Am Wochenende bleibt es überall trocken, wir erwarten ein Hoch, das uns trotz der kalten Temperaturen endlich etwas Sonne bringt. Es bleibt kalt bei Temperaturen zwischen 0 und 2 Grad.

Nummer 5 und 6

Sie hören eine Nachricht auf dem Anrufbeantworter.
Guten Tag, Frau Gerlach. Hier ist das Sekretariat der Carl-Schurz-Schule. Da Frau Lietsche, die Klassenlehrerin Ihrer Tochter, krank geworden ist, müssen wir leider den Elternabend am nächsten Donnerstag absagen. Wir hoffen, dass Frau Lietsche nächste Woche wieder gesund ist, wollen aber auf jeden Fall versuchen, den Elternabend noch in diesem Monat stattfinden zu lassen. Wir werden Sie dann rechtzeitig informieren. Vielen Dank für Ihr Verständnis und auf Wiederhören.

Nummer 7 und 8

Sie hören eine Nachricht auf dem Anrufbeantworter.
Sie sind verbunden mit dem Anrufbeantworter der Berufsgenossenschaft Hainburg. Wir ziehen um, deshalb ist unser Büro heute geschlossen. Ab morgen erreichen Sie uns in unserem neuen Büro im Fuchsweg 12, täglich zwischen 8 und 12 Uhr und zwischen 15 und 18 Uhr, donnerstags jetzt auch bis 21 Uhr. Unser Infotelefon ist jedoch den ganzen Tag besetzt, bis 19 Uhr. Wählen Sie bitte wie bisher die Vorwahl für Hainburg, die 06182 und danach die 44880.

Nummer 9 und 10

Sie hören eine Nachricht auf dem Anrufbeantworter.
Hallo, Ewa, hier ist Anne. Du, ich habe jemanden kennengelernt. Er heißt Victor, hat wildes, blondes Haar und sieht super aus. Ich finde, er ist auch total sympathisch. Aber ich glaube, er liebt sein teures Auto mehr als alles andere. Das finde ich komisch. Na ja, morgen Mittag treffe ich ihn im Café Central. Kannst du dann vielleicht auch kommen? Wir könnten ja so tun, als ob wir uns zufällig treffen. Ich weiß einfach nicht, ob er der Richtige ist. Melde dich.

Nummer 11 bis 15

Sie nehmen an einem Rundgang durch das neue Bildungs- und Kulturzentrum Mitte teil.
Liebe Besucherinnen und Besucher des neuen Bildungs- und Kulturzentrums, herzlich willkommen. Ich freue mich, dass Sie so zahlreich erschienen sind.
Ja, wie Sie sehen, ist es ein neues, modernes Gebäude mit drei Etagen. Im Haus befindet sich, aber das ist Ihnen sicherlich bekannt, jetzt die Volkshochschule, außerdem die Stadtteilbücherei und das Stadtteilkino Mitte. Die VHS hat ihre Arbeit schon aufgenommen, die Stadtteil-bücherei öffnet nächste Woche und das Kino wird seine ersten Filme Anfang Oktober zeigen.
So, zuerst zeige ich Ihnen jetzt die Räume im Erdgeschoss. Links, gegenüber vom Eingang, ist die Cafeteria. Sie hat auch schon geöffnet. Dort können wir später, wenn Sie möchten, noch etwas trinken. Gegenüber, hinter der großen Glasscheibe ist dann die Stadtteilbücherei. Für zehn Euro jährlich bekommen Sie eine Kundenkarte und können dort Bücher und Medien ausleihen. Die Öffnungszeiten stehen hier auf dem Faltblatt, das ich Ihnen mitgebe. Neu und sehr praktisch ist, dass Sie Ihre Medien am Medienrückgabeautomaten, den Sie hier sehen, 24 Stunden täglich zurückgeben können, auch am Wochenende und an Feiertagen. Sie können natürlich auch ohne Kundenkarte in der Bücherei Bücher oder

aktuelle Zeitungen lesen, nur nach Hause mitnehmen dürfen Sie nichts.

So, am Ende des Ganges ist dann unser Kino, wie gesagt, es nimmt Anfang Oktober seine Arbeit auf, aber hier liegen schon die ersten Programmhefte. Und jetzt gehen wir die Treppe hoch und kommen zur Volkshochschule. Hier im ersten Stock befinden sich die Räume des Kundenservice. Hier können Sie sich für die Kurse anmelden oder sich zu den Sprachkursen beraten lassen. Es gibt zweimal so viel Räume für die Anmeldung wie früher, Sie werden also nicht mehr so lange warten müssen. Dann befinden sich in diesem Stockwerk die Kursräume, ich zeige Ihnen einmal, wie sie aussehen – alle modern ausgestattet – und größer und heller als in der alten VHS.

Gehen wir jetzt in den zweiten Stock.

Hier sind jetzt die Computerräume und, das ist neu, am Ende des Gangs haben wir noch Kunst- und Werkräume eingerichtet, für alle, die handwerkliche Kurse besuchen. Wenn wir jetzt durch diese Glastür gehen, kommen wir zu den Gymnastikräumen, auch groß und hell. Und wir konnten endlich einen Wunsch unserer Kunden erfüllen. Es gibt jetzt Duschen an der VHS. Diese gab es früher nicht und das war oft ein Grund, weshalb die Gymnastikkurse nicht so gut besucht waren.

Im Stockwerk darüber ist dann die Verwaltung der VHS, im Zimmer 303 können Sie auch mit der Leiterin der VHS sprechen, wenn Sie Fragen haben sollten.

Gut, gehen wir wieder nach unten oder nehmen wir den Aufzug, den gibt es natürlich auch. In der Cafeteria können wir gerne noch etwas trinken. Falls Sie Fragen haben, stehe ich gern zur Verfügung. Vielen Dank für Ihre Aufmerksamkeit.

Aufgabe 16 bis 22

Sie warten gerade auf die S-Bahn und hören, wie sich ein Mann und eine Frau über Beziehungen unterhalten.

– Thomas, hast du schon gehört, dass Laura und Michael sich getrennt haben?

+ Wirklich, Anna? Laura und Michael haben sich getrennt? Ich hatte immer den Eindruck, dass sie gut gemeinsam leben können.

– Da hast du eigentlich recht, Thomas. Die beiden waren sehr glücklich, bis die Diskussion auf Kinder kam. Michael wollte unbedingt ein Kind. Und Laura auch, aber noch nicht jetzt. Sie will erst die Uni fertigmachen und hat ja auch noch Zeit.

+ Weißt du, ich kenne Michael ganz gut. Nach seiner letzten Beziehung mit Isa wollte er nur noch alleine sein. Er war depressiv und wollte überhaupt keine Beziehung mehr haben. Nur nicht mehr verletzt werden, hat er mir gesagt. Und wenn er wieder eine Beziehung hätte, dann müsste die fürs Leben sein. Sicherheit ist für ihn alles.

– Du glaubst, daher kommt sein Kinderwunsch?

+ Kann doch sein. Vielleicht denkt er, wenn ein Kind da ist, bleiben die Eltern immer zusammen.

– Gut, wir wissen es nicht ... aber sag mal, Thomas, wie geht es dir? Bist du immer noch Single?

+ Ich war lange alleine, das stimmt, aber ich habe jetzt endlich eine Freundin, aber leider wohnt sie in München.

– Eine Fernbeziehung? Nicht einfach, oder?

+ Ach, es geht ganz gut, wir treffen uns fast jedes Wochenende, manchmal kommt sie nach Köln, manchmal fahre ich runter. Aber klar, auf Dauer, wenn wir zusammenbleiben, müssen wir irgendeine Lösung finden. Alles hängt von unseren Jobs ab.

+ Klar. Was macht sie? Ist sie auch Lehrerin?

– Nein, zwei Lehrer zusammen, das könnte ein bisschen langweilig werden. Nein, sie arbeitet in München bei einer IT-Firma, ich verstehe zu wenig davon, es hat irgendetwas mit Webdesign zu tun. Was ganz gut ist, theoretisch könnte sie von überall arbeiten.

– Du meinst, dass sie auch über das Internet hier in Köln Arbeiten ihrer Firma erledigen könnte?

+ Ja, vielleicht. Oder ich könnte versuchen, das Bundesland zu wechseln und in Bayern zu arbeiten. Mal sehen, wie gesagt, so lange kennen wir uns ja noch nicht. Wir machen jetzt im Sommer erst einmal einen Urlaub zusammen und darauf freuen wir uns beide schon. Und bei dir, Anna?

– Bei mir gibt es nichts Neues. Wir sind jetzt schon fast zehn Jahre zusammen und einfach glücklich. Dann kam Jens, kurz vorher hatten wir geheiratet ... Er ist jetzt fünf geworden und ein super Kind. Er macht uns wirklich viel Freude.

+ Zehn Jahre? Das glaube ich nicht.

– Ja, zehn Jahre. Die Zeit vergeht so schnell, aber das sieht man vor allem, wenn man Kinder hat.

+ Du, da kommt meine S1. Welche S-Bahn nimmst du?

– Eigentlich müsste ich die S5 nehmen, aber ich steig mit dir ein und fahr bis zum Bahnhof. Da kann ich immer noch in die S5 umsteigen.

+ Prima, dann können wir noch ein bisschen reden ...

Aufgabe 23 bis 30

Die Moderatorin Anke Ludewig (+) diskutiert mit Martin Schmidt (–), freiberuflicher Übersetzer, und Eva Kern (*), Stressberaterin, über das Thema Stress.

+ Liebe Zuhörer, herzlich willkommen zu unserer Diskussionsrunde. Es ist schon merkwürdig. Eigentlich müssten wir immer mehr Zeit haben – die moderne Technik hilft uns, weniger Stress zu haben. Wir können online bestellen, sind nicht mehr von den Öffnungszeiten der Geschäfte abhängig, unangenehme Arbeit wird von Maschinen gemacht. Man müsste doch weniger Stress haben. Trotzdem wird der Stress immer größer. Darüber möchte ich heute mit meinen Studiogästen, Herrn Schmidt, freiberuflicher Übersetzer und Frau Kern, Stressberaterin, reden. Frau Kern, zuerst einmal: Was ist eigentlich Stress?

* Ich würde sagen, eine Situation, in der man durch die

Arbeit, z. B. die Angst, den Arbeitsplatz zu verlieren, aber auch durch andere teils private Faktoren, wie beispielsweise eine schlechte Beziehung oder Straßen- oder Fluglärm einfach nicht mehr weiterweiß. Man hat das Gefühl, dass alles zu viel ist. Man fühlt sich schlecht, man ist nervös, man wird langsam krank.

+ Sie sind Stressberaterin. Was machen Sie in Ihrem Beruf?

* Ich arbeite in verschiedenen Firmen und führe dort Gespräche mit Mitarbeiterinnen und Mitarbeitern, die sich gestresst fühlen. Damit die Mitarbeiter durch Stress nicht krank werden, versuche ich, je nach Problem Tipps zu geben, wie man Stress reduzieren oder vielleicht ganz ohne Stress leben kann.

+ Herr Schmidt, Sie arbeiten zu Hause, eigentlich müsste man dann doch weniger Stress haben, oder?

– Ja, ich arbeite zu Hause als Übersetzer. Eigentlich ideal, ich kann meine Arbeitszeit frei einteilen, und klar, die Technik hilft mir auch. Ich muss nicht mehr auf die Post warten, wenn ich auf einen Auftrag warte. Aber das bedeutet auch, dass ich eigentlich nie frei habe, immer schaue ich, ob neue Mails gekommen sind, auch abends und nachts, das Privatleben leidet darunter sehr. Früher, als ich in einer Firma gearbeitet habe, hatte ich immer Probleme mit meinem Chef, auch die festen Arbeitszeiten haben mir nicht gefallen. Irgendwann dachte ich, wenn ich diese Situation ändere, also selbstständig arbeite, würde es mir besser gehen. Aber zufrieden bin ich trotzdem noch nicht.

* Aber gerade, wenn man selbstständig arbeitet, hat man gute Möglichkeiten, etwas gegen Stress zu tun. Man kann seine Zeit frei einteilen, muss aber auch lernen, seine Zeit gut zu organisieren.

– Sie denken an Zeitmanagement. Ja, ich weiß, ich habe viele Bücher dazu gelesen, aber wirklich geholfen hat mir das nicht.

* Kann schon sein, oft sind diese Tipps sehr abstrakt und man weiß nicht, wie man sie in sein Leben integrieren soll. Herr Schmidt, mal etwas Anderes: Was macht Ihnen Spaß? Was sind Ihre Hobbys?

– Naja, ich fahre gern Rad, höre gern Musik, alles, wozu ich im Augenblick keine Zeit mehr habe.

* Haben Sie keine Zeit oder nehmen Sie sich keine Zeit?

– Ich weiß nicht ...

* Sehen Sie: Es gibt ja die bekannten Tipps gegen Stress: Machen Sie langsamer. Machen Sie Pausen. Treiben Sie Sport. Konkret heißt das: Machen Sie einen Wochenplan und tragen Sie in diesen Plan Ihre Pausen ein. Nehmen Sie das ernst. Schalten Sie dann auch den Computer aus. Und wenn Sie mit dem Fahrrad unterwegs sind, lassen Sie Ihr Handy zu Hause. Ich weiß, dass das nicht so einfach ist, aber versuchen Sie es wirklich. Und ganz entscheidend: Ein Tag pro Woche muss frei sein, besser natürlich noch zwei Tage.

– Immer einen Plan machen, das ist dann ja auch schon wieder Stress.

* Aber, Herr Schmidt, nicht alles, was man plant, ist gleich

Stress. Wenn etwas Spaß macht, ist diese Anstrengung positiv.

– Wissen Sie, ich habe ein Problem damit, auch meine Freizeit zu planen. Immer muss ich mich an Termine halten, mein Wunsch wäre mal, ganz ohne Termine zu leben, auch ohne Termine für meine Freizeit. Aber vielleicht muss ich es wirklich mal so versuchen. Und irgendwann nehme ich mir dann möglicherweise automatisch Pausen und brauche keine Terminplanung mehr.

+ Jetzt würde mich natürlich auch interessieren, wie Sie Frau Kern mit Stress umgehen. Denn ich kann mir nicht vorstellen, dass Stress nicht auch für Sie, wie wahrscheinlich in den meisten Berufen, zum Problem werden kann. Wenn man gegen Stresssituationen berät, nimmt man doch bestimmt viele Probleme mit nach Hause. Dann ist es sicher auch schwer, dass man Arbeit und Privates voneinander trennt.

* Da sprechen Sie natürlich ein Problem an. Ja, am Anfang meiner Arbeit war das sicher so. Aber im Laufe der Zeit habe ich gelernt, dass man beides trennen kann und muss. Ich nehme mir keine Unterlagen mit nach Hause, ich gebe meine Telefonnummer nicht bekannt. Wenn es mit einer Kundin oder einem Kunden große Probleme gibt, gibt es ein Hilfenetzwerk verschiedener Sozialarbeiter. Ich kann meine Kunden dann weiterleiten, sodass ich mir keine Sorgen machen muss.

– Und was ist Ihr wichtigster Tipp gegen Stress?

* Spazierengehen, joggen, in ein Konzert gehen, auf jeden Fall raus aus dem Haus. Tapetenwechsel, möchte ich sagen. Es ist nicht gut, wenn man den ganzen Tag in geschlossenen Räumen verbringt.

+ Liebe Zuhörerinnen und Zuhörer, unsere Zeit ist um, liebe Studiogäste, vielen Dank für das Gespräch.

Gesamttest Einheit 6–10
48–56

Beispiel

Sie hören eine Durchsage im Museum.
Liebe Besucher, die nächste Führung durch das Auswandererhaus Bremerhaven beginnt morgen um 9 Uhr. Bei Interesse kommen Sie bitte zum Treffpunkt an der Information in der Eingangshalle. Wir empfehlen Ihnen, sich heute bereits für die Führungen anzumelden, da es morgen eventuell keine freien Plätze mehr gibt. Sie können aber auch einen elektronischen Museumsführer mieten. Diesen gibt es in vier verschiedenen Sprachen und er wird sie durch unsere Ausstellung leiten.

Aufgabe 1 und 2

Sie hören eine Nachricht auf dem Anrufbeantworter.
Guten Tag, Herr Stein, hier Krause. Ich rufe wegen meines Besuchs morgen an. Wir wollten ja noch einmal telefonieren. Vor einer Stunde wurde mein Handy gestohlen und ich rufe jetzt von einer Telefonzelle an. Sie können

mich im Moment telefonisch also nicht erreichen. Es bleibt aber alles wie abgesprochen. Ich komme um 10 Uhr am Hauptbahnhof an. Ich werde mir schnell ein neues Handy besorgen und melde mich dann bei Ihnen, um Ihnen zur Sicherheit meine neue Nummer zu geben. Peter Krause.

Aufgabe 3 und 4

Sie hören eine Sendung im Radio.

... Ich bedanke mich ganz herzlich bei Jan Friedrichs für dieses Interview. Wer Interesse an der Ausstellung seiner Fotos zum Thema „Alt und Jung in unserer Stadt" hat, kann morgen um 11 Uhr zur Eröffnungsfeier in die Galerie „Schöngeist" in der Brunnenstraße 14 kommen. Danach kann die Ausstellung noch bis zum 1. September täglich von 12 bis 20 Uhr besucht werden. Alle weiteren Informationen erhalten Sie im Kulturbüro in der Bahnhofstraße.

Aufgabe 5 und 6

Im Radio hören Sie die folgende Nachricht.

Wie in den vergangenen Jahren findet auch dieses Jahr wieder das Fest der Kulturen statt. Vom 25. bis 28. Mai wird auf zahlreichen Bühnen rund um den Goetheplatz ein buntes Programm mit Musik, Tanz und Theater aus der ganzen Welt geboten. Am Sonntag findet wie immer die große Straßenparade statt, bei der über 4.000 Teilnehmer aus über 80 Nationen ihre Gruppen, Vereine und Kulturen präsentieren. Neu in diesem Jahr: der internationale Flohmarkt auf der Körnerwiese.

Aufgabe 7 und 8

Sie hören den Wetterbericht im Radio.

Und hier noch die Wetteraussichten für Hessen: Heute am Freitag, scheint noch überall die Sonne mit Temperaturen bis 20 Grad, am Wochenende ist es jedoch erst einmal vorbei mit den sommerlichen Temperaturen. Es wird ziemlich kühl, die Höchsttemperaturen gehen auf 12 bis 15 Grad zurück und es kann auch immer wieder zu Regenfällen kommen. Und so wird es auch die kommende Woche bleiben.

Aufgabe 9 und 10

Sie hören eine Durchsage am Bahnhof.

Achtung, Achtung, der EuroCity 43 von Berlin Hauptbahnhof nach Warschau, planmäßige Abfahrt 12.41 Uhr von Gleis 5, hat wegen Bauarbeiten am Berliner Hauptbahnhof zurzeit ungefähr 30 Minuten Verspätung. Voraussichtliche Ankunft gegen 13.11 Uhr. Der Regionalexpress Frankfurt/Oder nach Berlin um 13.00 muss heute leider ausfallen. Bitte beachten Sie die weiteren Durchsagen und die Hinweise auf der Anzeigetafel.

Aufgabe 11 bis 15

Sie nehmen an einem Stadtrundgang entlang der Museen in Leipzig teil und stehen vor dem Grassi-Museum.

Meine Damen und Herren, dieses große Gebäude, vor dem wir jetzt stehen, ist das Grassi-Museum – das ist dann auch Schlusspunkt unseres Stadtrundgangs. Viele werden sich fragen, woher dieser Name kommt. Franz Dominic Grassi, war ein Kaufmann, der hier in Leipzig gelebt hat und nach seinem Tod im Jahr 1880 der Stadt sehr viel Geld überlassen hat, mehr als zwei Millionen Mark. Mit diesem Geld wurden viele Gebäude in Leipzig gebaut, unter anderem das Museum für Völkerkunde und Kunsthandwerk, dort wo heute die Leipziger Stadtbibliothek ist. Da das Museum irgendwann zu klein wurde, kam es zu einem Neubau, hier am Johannisplatz.

Wie Sie hier am Eingang sehen können, ist das Besondere dieses Museums, dass es drei verschiedene Museen beherbergt. Das Museum für Angewandte Kunst, das Museum für Musikinstrumente und das Museum für Völkerkunde. Drei Museen also in einem Gebäude. Das Museum ist täglich außer montags geöffnet, es gibt Einzeltickets für jedes Museum oder Kombitickets für den Besuch von zwei oder drei der Museen. Viele Museen in Leipzig verlangen keinen Eintritt, aber dieses Museum hier muss einen kleinen Beitrag erheben. Es gibt auch ein Museumscafé, in dem man sich etwas ausruhen kann, wenn man alle drei Museen an einem Tag besucht.

Einmal im Monat, an jedem ersten Sonntag, gibt es auch einen organisierten Rundgang durch alle drei Museen, der Ihnen einen ersten Einblick in die Vielfalt aller ausgestellten Objekte geben soll. Dieser Rundgang dauert zwei Stunden und startet immer um 14 Uhr hier in der Eingangshalle.

Wir gehen jetzt ins Gebäude, damit ich Ihnen zeigen kann, wo die Kasse ist. Dort bekommen Sie auch Informationen zu allem, was ich Ihnen bisher erzählt haben und vor allem zu den aktuellen Sonderausstellungen. Ich habe alle drei Museen letzte Woche besucht. Was mir persönlich besonders gut gefallen hat, war das Klanglabor im Museum für Musikinstrumente. Dort kann man Instrumente, die Sie bestimmt noch nie gesehen haben, ausprobieren. In diesem Museum ist auch Fotografieren erlaubt.

Aber wie gesagt, alle Details erfahren Sie am Infostand an der Kasse. Dort hinten in der Mitte.

Damit endet unser Rundgang entlang der Leipziger Museen. Ich hoffe, es war für Sie interessant und würde mich freuen, wenn Sie Interesse an weiteren Führungen hätten. Ich gebe Ihnen noch einen Prospekt zu den Leipziger Stadtrundfahrten mit dem Bus. Wenn Sie diese Tour noch nicht gemacht haben, sollten Sie unbedingt daran teilnehmen. Da im Moment das Wetter leider nicht so gut ist, und eine Rundfahrt mit dem Fahrrad, die wir auch anbieten, etwas nass werden könnte, wäre das eine gelungene Alternative.

Aufgabe 16 bis 22

Sie sind in einem Café und hören, wie sich ein Mann und eine Frau übers Wohnen unterhalten.

+ Hallo Maria, was gibt's Neues? Du hast doch eine neue

Wohnung gesucht?

– Ja, und ich bin umgezogen, letzte Woche. Ich wohne jetzt in einem Haus, das sich Mehrgenerationenhaus nennt. Dort leben Menschen verschiedenen Alters zusammen: Kinder, Jugendliche und ältere Menschen.

+ Das wundert mich jetzt gar nicht. Du hast ja Sozialarbeit studiert, aber ist das nicht zu viel? Dann bist du ja privat immer noch bei deiner Arbeit.

– Nein, nein, es ist kein Heim, es ist ein ganz normales Mietshaus. Die älteren Menschen sind alle fit, es ist nicht so, dass wir uns um sie kümmern müssen.

+ Und was ist dann das Besondere?

– Naja, es wird viel organisiert. Aber man muss nur mitmachen, wenn man will. Es gibt jeden Montag eine Hausversammlung, wenn man Lust hat, kann man dahin gehen. Und dann hat das Zusammenleben viele Vorteile. Es ist immer jemand da um auf Kinder, Hunde oder die Oma aufzupassen. Im Gegenzug erledigen andere Mieter handwerkliche Arbeiten, Gartenarbeit, Einkaufen. Ist wie in einer großen Familie.

+ Wie bist du denn auf die Idee gekommen, dorthin zu ziehen?

– In meiner alten Wohnung gab es überhaupt keine Kontakte mit den anderen Mietern. Die Wohnung wurde immer teurer und dann habe ich erfahren, dass die Stadt jüngere Mieter für dieses Haus sucht. Ich habe mich beworben und natürlich hat mir meine Berufsausbildung auch dabei geholfen, die Wohnung zu bekommen.

+ Du bist also zufrieden. Gibt es denn gar keine Konflikte?

– Doch, natürlich. Zum Beispiel haben Jüngere und Ältere nicht immer die gleichen Vorstellungen von Ruhe oder Sauberkeit. Da muss man eben gemeinsam darüber sprechen und Regeln finden, damit sich alle wohl fühlen und möglichst problemlos zusammenleben können. Aber dieses Problem hatte ich in meiner alten Wohnung auch, nur mit dem Unterschied, dass nicht darüber gesprochen wurde und sich bei jedem Konflikt sofort jemand bei der Hausverwaltung beschwert hat. Aber erzähl mal von dir? Du warst mit deiner Wohngemeinschaft doch auch nicht so zufrieden, oder?

+ Ja, ich wohne immer noch mit Anja und Karin zusammen und es ist nicht einfach.

– Dann zieh doch zu uns, da gibt es vielleicht noch Platz. Ich könnte fragen.

+ Ach nein, weißt du, ich möchte jetzt lieber mal alleine wohnen, meine Ruhe haben. Vielleicht ziehe ich auch aufs Land, da sind die Wohnungen billiger, und ich hätte auch Lust, in der Natur zu wohnen.

– Du, da fällt mir ein, ein Freund von mir wohnt in Eddersheim, das ist ja nicht weit von hier, und er sucht unbedingt eine Wohnung in der Stadt. Außerdem möchte er mit anderen Studenten zusammenwohnen. Ich gebe dir mal seine Adresse, vielleicht könnt ihr euch ja mal treffen und versuchen, einen Wohnungstausch zu machen.

+ Gute Idee, meine Mitbewohnerinnen hätten auch gern wieder einen Mann in der Wohnung.

– Na dann, versuchen wir's. Warte mal, ich habe die Adresse doch gespeichert …

Aufgabe 23 bis 30

Die Moderatorin Rebecca Schmidt (+) diskutiert mit Herrn Werner (–) und Frau Lohmann (*) von der Umweltinitiative Nord zum Thema „Sollte man Plastiktüten verbieten?"

+ Es soll bald Schluss sein mit den Plastiktüten. In Supermärkten zum Beispiel werden sie meistens schon nicht mehr kostenlos verteilt, jetzt gibt es Politiker, die ein allgemeines Verbot von Plastiktüten vorschlagen. Mit unseren Studiogästen möchte ich heute über das Thema „Sollte man Plastiktüten verbieten?" diskutieren.

– Wir alle wissen, dass Plastik schädlich für die Umwelt ist. Wenn wir uns die Umweltprobleme betrachten, ist die Zeit der Plastiktüten einfach vorbei. Allein für ihre Produktion braucht man unglaubliche Mengen Erdöl, und nachdem man sie benutzt hat, landen sie auf dem Müll. Das ist das nächste Problem. Was Sie gesagt haben, dass die Tüten heute meistens schon etwas kosten, ist natürlich ein Anfang. Aber was mir nicht gefällt, sind Verbote. Immer werden neue Regeln aufgestellt, vielleicht sollte man die Bürger einfach mal fragen, was ihre Meinung ist. Und nicht vorschreiben, wie man einkaufen muss.

* Gut, aber manchmal geht es eben nicht anders. Allerdings kann ich mir nicht vorstellen, dass es zu einem europaweiten Verbot von Plastiktüten kommen wird. Aber die Diskussion darüber führt schon dazu, dass die Menschen beim Einkaufen nachdenken und das ist eine gute Sache. Allerdings wird es oft zum Problem, wenn es um die eigene Bequemlichkeit geht. Heute sagt fast jeder, dass ihm Umweltschutz wichtig ist, nur wenn es an die eigene Bequemlichkeit geht, gibt es Widerstände. Warum also nicht einmal beim Einkaufen anfangen, an die Umwelt zu denken?

– Und daran, Tüten, wie jedes Verpackungsmaterial, wiederzuverwenden, mehrfach zu benutzen. Das Problem ist ja, dass jedes Jahr weltweit unglaubliche Mengen dieser Tüten einfach weggeworfen werden. Milliarden dieser Plastiktüten gelangen in die Umwelt, in Flüsse und Meere. Aber ich möchte noch einmal auf unsere Ausgangsfrage zurückkommen. Verbot – ja oder nein? Ich finde, es hat sich schon vieles verändert, auch ohne Verbot. Plastiktüten kosten mittlerweile etwa zehn bis 25 Cent pro Stück. Und diesen Betrag könnte man ja für den Umweltschutz allgemein verwenden. Man könnte den Preis für die Plastiktüten auch noch weiter erhöhen, das würde ich für eine gute Sache halten.

* Ob man durch den Preis alles regeln kann? Da bin ich mir nicht sicher. Wenn die Benzinpreise steigen, wird trotzdem nicht weniger Auto gefahren. Beim Einkaufen nachdenken, darauf kommt es an.

+ Aber wir wollten ja darüber sprechen, ob Verbote sinnvoll sind. Was wäre denn, wenn es keine Plastiktüten mehr geben würde? Wie könnte eine Alternative aussehen?

– Eine Alternative für Plastiktüten? Wenn es wirklich keine Plastiktüten mehr geben würde, würde man sich schnell daran gewöhnen und beim Einkaufen nicht vergessen, etwas zum Tragen mitzunehmen. Etwas für die Umwelt zu tun, muss nicht schwierig sein.

* Ja, der Meinung bin ich auch: eine Tasche von zu Hause mitnehmen, und zwar eine, die man immer wieder benutzen kann. Ich finde, es gibt viele gute Alternativen zur Plastiktüte. Stofftaschen zum Beispiel. Und die kann man unendlich oft verwenden.

– Die kosten aber mindestens einen Euro das Stück. Natürlich kann man sie immer wieder verwenden, nur wer denkt daran, immer eine beim Einkauf dabei zu haben? Also wird man immer wieder neue kaufen, die dann auch nur irgendwo herumliegen. Die Hersteller von Stofftüten werden sich freuen, sie verkaufen dann mehr …

+ Und viele Geschäfte verwenden auch Tüten aus Papier …

* … die aber auch nicht unproblematisch sind. Auch für ihre Produktion braucht man sehr viel Energie und sehr viel Wasser. Und Bäume fällen, damit man Tüten aus Papier herstellen kann, ist auch nicht gerade umweltfreundlich. Papiertüten sind nicht sehr stabil, man kann sie oft schlecht wieder benutzen. Aber ich finde, nicht auf die Tüte kommt es an, sondern darauf, wie oft man sie benutzt. Wir sollten uns verabschieden von der Wegwerfmentalität.

+ Das heißt?

* Was ich vorher gesagt habe: Bewusst einkaufen, nicht nur nachdenken, was man kauft, sondern wie man kauft. Die umweltfreundlichste Tüte ist die, die man gar nicht braucht.

– Und auch hier ist schon einiges geschehen. Wenn ich im Supermarkt einkaufe, höre ich immer öfter von Kunden auf die Frage der Kassiererin: „Möchten Sie eine Tüte?", als Antwort: „Nein, ich brauche keine". Ich denke, wir sind schon auf dem richtigen Weg. Das Umweltbewusstsein nimmt zu, ob es nun ums Energiesparen, Verkehrsmittel oder auch Plastikmüll geht. Aber es ist ein langer Weg und die Menschen müssen es akzeptieren, sie müssen überzeugt werden, ohne Verbote.

+ Gut, liebe Studiogäste. Wir müssen zum Ende kommen. Vielleicht konnte diese interessante Diskussion dazu beitragen, weiter nachzudenken, wie man auch andere Produkte, die schädlich für die Umwelt sind, reduzieren kann.

Beispiel

Sie hören eine Durchsage im Supermarkt.
Liebe Kunden, heute haben wir für Sie in unserer Gemüseabteilung die folgenden Sonderangebote: Spargel, neue Ernte, Handelsklasse 1, das Pfund für 3 Euro 33, Blumenkohl aus der Region für 1 Euro 75, Chinakohl, heute nur noch für 1 Euro 29, Feldsalat und grüner Salat für 99 Cent. Paprika rot-grün-gelb, das Netz ebenfalls für nur 99 Cent. Und wenn Sie etwas mehr ausgeben wollen und etwas Besonderes suchen: Ab heute verkaufen wir in unserer Obstabteilung auch exotische Früchte: Mangos, Litschi und Papayas. Wir freuen uns auf Ihren Einkauf.

Aufgabe 1 und 2

Sie hören den Wetterbericht im Radio.
Das waren die Nachrichten und nun noch der Wetterbericht. Endlich kommt der Sommer. Heute ist es in Bayern noch etwas kühl, wir müssen auch noch mit starkem Wind rechnen, ab morgen scheint aber immer mehr die Sonne bei steigenden Temperaturen. Am Wochenende erwarten wir Tageshöchsttemperaturen bis zu 24 Grad, bei bis zu zehn Stunden Sonne und wolkenlosem Himmel. Auch wenn gegen Abend einige Gewitter möglich sind, steht einem Schwimmbadbesuch nichts im Wege.

Aufgabe 3 und 4

Sie hören eine Durchsage im Radio.
Seit gestern wird in Frankfurt am Main der 75-jährige Peter Urban vermisst. Herr Urban war zu Fuß auf dem Weg von Bockenheim zum Stadtteil Rödelheim. Er ist circa 1,75 m groß und hat kurzes graues Haar. Er trägt eine dunkle Jacke, ein kariertes Hemd und eine schwarze Hose. Herr Urban kann sich schwer orientieren und hat gesundheitliche Probleme. Aufgrund einer Herzschwäche bewegt er sich nur sehr langsam. Hinweise über seinen Aufenthalt nimmt jede Polizeidienststelle entgegen.

Aufgabe 5 und 6

Sie hören eine Durchsage im Möbelhaus.
Liebe Gäste, willkommen bei Möbel-Komfort. Bei uns werden Sie sich wohlfühlen. Damit für Sie und Ihre Familie das Einkaufen noch angenehmer wird, bieten wir Ihnen als besonderen Service unsere Kinderbetreuung an. In unserem Kinderparadies im ersten Stock können Kinder bis acht Jahre spielen und basteln. Für Ihre Kleinen gibt es Kinderfilme. Und alles natürlich unter Aufsicht. So können Sie ungestört einkaufen, Wohn- und Schlafzimmermöbel heute besonders günstig. Und vergessen Sie nicht, unser Komfort-Restaurant zu besuchen …

Aufgabe 7 und 8

Sie hören eine Nachricht auf dem Anrufbeantworter.
Hallo Jessica, hier Claudia. Ich habe einen Vorstellungs-

termin und kann deshalb am Montag nicht zu unserer Kursabschlussparty kommen. Und der Termin ist außerhalb. Ich schaffe es also auch nicht, später zu kommen. Grüß bitte alle von mir. Jetzt eine Bitte: Ich wollte doch einen Salat mitbringen. Kannst du vielleicht einen machen? Und ganz wichtig, gib den anderen doch meine Handynummer, falls sie die noch nicht haben. Ich möchte mit allen in Kontakt bleiben. Danke. Wir telefonieren …

Aufgabe 9 und 10

Im Radio hören Sie die folgende Durchsage.
Achtung Autofahrer auf der A3 Köln Richtung Frankfurt: Auf Höhe der Ausfahrt Limburg Süd befinden sich nach einem Unfall Reifenteile auf der Fahrbahn. Bitte fahren Sie langsam. Auf der A7 Hamburg Richtung Göttingen ist die linke Spur wegen eines Unfalls kurz hinter Hildesheim gesperrt. Hier kommt es zu längeren Staus. Wir bitten alle Autofahrer, im Bereich Hildesheim besonders vorsichtig zu fahren. Und noch eine gute Nachricht zur A7: Die Baustelle auf der A7 Kassel – Hannover zwischen Echte und Seesen gibt es nicht mehr. Hier können Sie wieder normal fahren.

Aufgabe 11 bis 15

Sie nehmen an einer Schifffahrt auf dem Main teil.
Meine Damen und Herren, liebe Kinder, herzlich willkommen auf unserer Fahrt auf dem Main – der Fluss, der durch Frankfurt fließt. Der Main ist ein Nebenfluss des Rheins und ca. 530 km lang. Wir stehen hier am Eisernen Steg, eine der ältesten Brücken Deutschlands. Diese Brücke ist nur für Fußgänger und wurde schon 1868 erbaut.
Ich möchte Ihnen einen kurzen Überblick geben, was Sie erwartet: Zu Beginn unserer Fahrt flussabwärts in Richtung Griesheim werden Sie die Skyline Frankfurts vom Wasser aus sehen, keine andere Stadt in Deutschland hat so viele Hochhäuser. Mehr als 30 Gebäude sind über 100 Meter hoch. Auf der anderen Seite des Flusses können Sie dann die zahlreichen Museen betrachten, auch das bekannte Städel-Museum, in dem Sie Kunst aus 700 Jahren sehen können. Wir erreichen dann den Westhafen, danach drehen wir um und fahren zurück in die andere Richtung. Wieder am Eisernen Steg vorbei fahren wir Richtung Osten. Sie werden auf der rechten Seite das Ausgeh- und Kneipenviertel Sachsenhausen sehen. Und schräg gegenüber erwartet Sie eine weitere Sehenswürdigkeit: der Neubau der Europäischen Zentralbank. Dieses Gebäude wurde im März 2015 nach fünfjährigen Bauarbeiten eröffnet, ein Hochhaus der Superlative, bestehend aus zwei Bürotürmen, von 165 bis 185 Metern Höhe.
Und schon werden wir auf der anderen Seite des Flusses die Gerbermühle erreichen, ein Ausflugslokal, das weit über die Grenzen Frankfurts hinaus bekannt ist. Im 16. Jahrhundert erbaut, war sie früher, wie der Name schon sagt, eine Mühle. Heute ist sie ein beliebtes Ausflugsziel

mit einem schönen Garten, außerdem gibt es hier auch ein Hotel.
Nicht zuletzt hat die Gerbermühle eine geschichtliche Bedeutung, war sie doch ein beliebtes Ausflugsziel des Dichters Johann Wolfgang von Goethe in den Jahren 1814 und 1815.
Dort werden wir eine Stunde Pause machen. Sie haben dann die Möglichkeit, am Main spazieren zu gehen oder in der Gerbermühle etwas zu essen oder zu trinken. Gegen 16 Uhr werden wir wieder zurück zum Eisernen Steg fahren. Am Schluss unserer kurzen Schifffahrt, gegen 16.30 Uhr, bekommen Sie von uns noch ein kleines Büchlein mit Informationen über Frankfurt. Gratis für Sie, mit weiteren touristischen Tipps zum Beispiel zum Frankfurter Nachtleben und nicht zuletzt zu einer Stadtrundfahrt mit unserem Doppeldeckerbus, die Sie am Ende unserer Fahrt beim Kapitän buchen können. Diese Fahrten, die wir nur empfehlen können, finden alle am Wochenende, also morgen und übermorgen, statt, mit einigen Überraschungen – mehr wollen wir im Augenblick nicht verraten.
So, ich höre jetzt erst einmal auf, unsere Fahrt hat ja auch schon begonnen, entspannen Sie sich und genießen Sie einfach.

Aufgabe 16 bis 22

Sie sitzen im Bus und hören, wie sich ein Mann und eine Frau über ihre Berufe unterhalten.
+ Hallo Susanne, wir haben uns ja lange nicht mehr gesehen.
– Ja, ich bin nur noch selten hier. Ich bin beruflich fast immer unterwegs.
+ Wieso? Als Buchhalterin? Das war doch dein Job, als wir uns das letzte Mal gesehen haben. Hast du Karriere gemacht und reist jetzt in der Welt herum?
– Schön wär's, nein. Aber ich habe einen neuen Job. Etwas ganz Anderes …
+ Erzähl mal, nichts mehr im Büro?
– Nein. Ich habe die Büroarbeit irgendwann nicht mehr ausgehalten, den ganzen Tag am Schreibtisch sitzen, Stress mit Chef und Kunden. Nein, ich fahre jetzt LKW.
+ Wie bitte? Ich weiß ja, dass du immer gern Auto gefahren bist, aber …
– Ja, und vor allem große Autos haben mich schon als Kind fasziniert. Naja, dann habe ich Thomas kennengelernt, er ist LKW-Fahrer und ich bin ein paar Mal mit ihm mitgefahren und habe gemerkt, dass mir das auch gefallen könnte.
+ Aber du musstest doch eine Ausbildung machen, oder?
– Klar, die Ausbildung zur Berufskraftfahrerin, so nennt sich das. Und danach habe ich sofort einen Job gefunden.
+ Und wo?
– Bei einer Spedition. Es ist ein kleiner Betrieb, wir fahren nur hier in der Umgebung. Ich mache zum Glück keine internationalen Transporte. Deswegen habe ich nicht so

viel Stress wie viele meiner Kollegen, die durch die ganze Welt fahren müssen.

+ Und wie ist die Arbeit?

– Früh aufstehen, dann wird der LKW geladen – das mache ich natürlich nicht allein – und dann geht es los. Wir, ich fahre mit einem Kollegen zusammen, bringen dann die Sachen zu den Kunden. Wir transportieren fast alles, hauptsächlich Lebensmittel oder Baumaterial oder so. Manchmal helfe ich auch bei Umzügen. Weißt du, ich finde es super, dass ich den ganzen Tag draußen und unterwegs bin. Das gibt mir immer so ein Gefühl von Freiheit. Und ich habe keinen Chef, der mir immer sagt, was ich tun soll. Das ist super!

+ Ist denn alles so toll? Das kann ich mir nicht vorstellen.

– Natürlich nicht. Negativ ist der Termindruck. Die Kunden haben ihre Geschäfte nur zu bestimmten Zeiten geöffnet, und wenn es Staus auf den Straßen gibt, habe ich ein Problem.

+ Sag mal, was mich noch interessieren würde … Gibt es immer noch viele Vorurteile von deinen männlichen Kollegen? LKW-Fahrer ist doch immer noch ein typisch männlicher Beruf.

– Naja, man muss sich schon manchmal ein paar Sprüche anhören. Viele Männer glauben ja immer noch, dass Frauen nicht einparken können, aber die meisten finden es eigentlich ganz cool. Viele wundern sich nur und sagen „Ich hätte nicht gedacht, dass Frauen dazu Lust haben". Das Wichtigste ist, dass ich meinen Beruf liebe. Aber jetzt haben wir nur über mich geredet. Was machst du denn so? Ich steige an der nächsten Halte-stelle aus, wollen wir noch einen Kaffee trinken?

+ Ja gern, ich habe nichts vor, dann erzähle ich dir gleich etwas von mir.

Aufgabe 23 bis 30

Die Moderatorin Anne Wahl (+) diskutiert mit Peter Schneider (–) vom Einzelhandelsverband und Helen Wirth (*), Gewerkschaftsvertreterin zum Thema Ladenöffnungs-zeiten: „Sollen sonntags Geschäfte und Läden normal öffnen dürfen?"

+ Liebe Hörerinnen und Hörer, willkommen zur Diskus-sion über das Thema „Sollen sonntags Geschäfte und Läden normal öffnen dürfen?" Dazu haben wir einen Vertreter des Einzelhandelsverbandes, Herrn Schneider, und eine Vertreterin der Gewerkschaft, Frau Wirth, eingeladen.
Aktuell ist es doch so, dass es in jedem Bundesland ein Ladenöffnungsgesetz gibt, prinzipiell müssen die Geschäfte an Sonn- und Feiertagen geschlossen sein, das gilt in ganz Deutschland. Es gibt aber Ausnahmen.

– Richtig, und auch diese Ausnahmen regeln die Bundes-länder. Ausnahmen bedeutet: An wie vielen Sonntagen im Jahr darf verkauft werden und in welchen Monaten? Und auch das ist in jedem Bundesland anders. Ich finde das ziemlich chaotisch.

* Allerdings gibt es immer mehr Ausnahmen von diesem Gesetz. Immer öfter haben die Geschäfte sonntags auf.

Das ist etwas, was mir gar nicht gefällt.

+ Besprechen wir doch zuerst einmal, weshalb man dieses Gesetz Ihrer Meinung nach eigentlich braucht. Oder weshalb nicht?

– Gute Frage, weshalb haben wir noch dieses Verbot? Ich finde, jeder sollte selbst entscheiden, wann er sein Geschäft aufmachen will. Wir brauchen kein Gesetz dafür. Viele Deutsche finden es doch toll, wenn sie im Urlaub in anderen Ländern auch sonntags einkaufen können, aber hier zu Hause sind sie dann dagegen. Das wundert mich, ehrlich gesagt. Wenn es in anderen Ländern ohne Regeln funktioniert, warum sollte das in Deutschland nicht auch gehen?

* Natürlich ist es schön und praktisch, wenn wir als Kunden jederzeit einkaufen können. Aber was ist mit den Angestellten, die dann das ganze Wochenende arbeiten müssten? Wenn es keine Regelungen mehr für die Öffnungszeiten von Geschäften geben würde, dann würde das schnell auch andere Arbeitszeiten betreffen. Irgendwann müssten wir dann wahrscheinlich alle auch am Sonntag arbeiten.

+ Aber viele Menschen arbeiten doch schon sonntags: Krankenschwestern, Busfahrer, Kellner, Pflegekräfte, ist das heute nicht normal?

* Ja, für viele Menschen ist der Sonntag heute ein Werktag wie jeder andere in der Woche, das mag schon sein. Aber fragen Sie doch mal die Sonntagarbeiter, ob sie freiwillig arbeiten. Das werden nur ganz wenige sein. Und, was ist normal? Der Sonntag ist kein Tag wie jeder andere. Sonntags ist keine Schule, sonntags gibt es die meisten Freizeitveranstaltungen und so weiter und so weiter. Schauen Sie mal, der Arbeitsstress hat in den letzten Jahren immer mehr zugenommen. Viele von uns haben schon sehr flexible Arbeitszeiten, umso wichtiger ist der arbeitsfreie Sonntag – sozusagen als eine Ruheinsel.

– Denken Sie aber bitte auch daran, dass längere Öff-nungszeiten einen positiven Effekt auf den Arbeits-markt haben. Im Moment müssen die Angestellten zwar oft noch Überstunden machen, was zum Beispiel für Frauen mit Kindern ein großes Problem sein kann, aber man könnte doch einfach ein paar mehr Leute einstellen, die keine Familie haben und für die es kein Problem ist, sonntags zu arbeiten. Es gibt genug Menschen, die Arbeit suchen, und die sich über eine Stelle freuen würden. Wenn die Arbeit am Sonntag dann auch noch gut bezahlt wird, sind alle zufrieden, auch die Angestellten.

* Aber Herr Schneider, die Mehrarbeit sonntags ist nicht immer freiwillig! Finden Sie es denn nicht auch toll, mal einen Tag Ruhe zu haben, muss man wirklich jeden Tag einkaufen gehen? An einem Tag in der Woche braucht man doch mal eine Pause, um sich von der Hektik des Alltags auszuruhen.

– Ja, dagegen habe ich ja gar nichts. Soll doch jeder frei entscheiden, wann er seinen Ruhetag haben möchte, wie oder wann er einkaufen möchte. Dass die Leute einkaufen möchten, wann sie wollen, zeigt doch auch der Onlinehandel. Um zum Thema zurückzukommen: Sehr viele Sachen werden gerade sonntags gekauft. Und der Handel sollte darauf reagieren, das kann er, wenn es keine Verbote mehr gibt, zu verkaufen.

* Sie meinen, verkaufsoffene Sonntage helfen gegen die Konkurrenz aus dem Internet?

– Genau.

+ Gibt es denn Erfahrungen, mit Geschäften, die sonntags aufhatten? Ist der Umsatz wirklich gestiegen?

* Nein, die Erfahrungen in den Innenstädten, wo die Geschäfte manchmal sonntags öffnen dürfen, zeigt, dass sich der Gesamtumsatz des Einzelhandels nicht erhöht hat. Die Konkurrenz wird stärker. Kleinere Geschäfte können längere Öffnungszeiten oft nicht einhalten, Gewinner sind die großen Ketten.

– Aber um das abschließend beurteilen zu können, muss man es doch erst einmal machen. Geben wir doch die Öffnungszeiten frei und schauen wir mal, wie es sich entwickelt.

+ Leider ist unsere Sendezeit gleich vorbei. Irgendwann, vielleicht später im Chat, könnten wir auch noch über die Unterschiede zwischen Stadt und Land diskutieren. Wir reden ja immer von der Großstadt. Ich zum Beispiel wohne in einem kleinen Dorf. Hier haben jetzt viele Supermärkte samstags auch bis 20 Uhr geöffnet, aber sie sind immer leer. Keiner geht hier um diese Zeit noch einkaufen.

– Aber keiner muss ja länger aufhaben, wenn er nicht will. Ich sage ja auch nicht, dass die Geschäfte sonntags geöffnet sein müssen, sondern nur, dass jeder frei entscheiden können muss …

+ Nun gut, wir müssen jetzt zum Ende kommen. Ich möchte mich recht herzlich bei meinen Gesprächspartnern für die anregende Diskussion bedanken. Liebe Hörerinnen und Hörer, im Chat können Sie mit Herrn Schneider und Frau Wirth bis 22 Uhr noch weiter über das Thema diskutieren …

Lösungen des Testhefts

Test 1
Zeitpunkte

1

1. falsch – 2. richtig – 3. falsch – 4. richtig – 5. richtig –
6. falsch – 7. richtig

2

1. hatte – 2. liebte – 3. entschied – 4. begannen –
5. konnte – 6. wollte – 7. gab – 8. blieb – 9. sah – 10. fand

3

2. Ihr telefoniert, während ihr an der Haltestelle auf den
Bus wartet. – 3. Während ich im Supermarkt an der Kasse
warte, schreibe ich E-Mails. – 4. Du siehst fern, während
du Pizza isst. – 5. Während sie bügeln, lernen sie Vokabeln.
– 6. Und während er schläft, träumt er von mehr Zeit.

4

1d – 2c – 3a – 4b – 5g – 6e – 7f

5

1. Zum Arbeiten – 2. arbeiten – 3. zum Lesen –
4. zum Treffen – 5. zum Essen – 6. entspannen

Test 2
Alltag

1

1e – 2a – 3g – 4b – 5c – 6h – 7d – 8f

2

1. weil – 2. weil – 3. darum/deshalb/deswegen – 4. weil –
5. darum/deshalb/deswegen – 6. darum/deshalb/
deswegen

3

1 c: ist sie immer müde – 2 a: sie so viel Arbeit hat –
3 b: hat sie oft Rückenschmerzen – 4 e: sie viele Überstunden macht – 5 d: sucht sie Hilfe.

4

1e – 2j – 3h – 4a – 5b – 6g – 7d – 8c – 9f – 10i

5

1. Sie sollten mit Ihrem Chef sprechen. – 2. Du könntest
mit deinem Freund in den Urlaub fahren. – 3. Du müsstest mehr Sport treiben. – 4. Sie könnten einen Yogakurs
machen. – 5. Sie könnten ins Kino gehen oder ein

spannendes Buch lesen. – 6. Du solltest öfter Musik hören
und dich entspannen.

Test 3
Männer – Frauen – Paare

1

1b – 2a – 3c – 4b – 5a

2

1c: sich das Leben ihrer Großmütter vorzustellen.
2e: sich um Haushalt und Kinder zu kümmern.
3a: berufstätig zu sein und Geld zu verdienen.
4f: nach der Geburt zu Hause zu bleiben.
5b: mehr Plätze anzubieten.
6d: Familie und Beruf zu verbinden.

3

1. Meinung – 2. finde – 3. sagen – 4. Recht – 5. stimme –
6. sehe – 7. richtig

4

1g – 2i – 3h – 4a – 5b – 6e – 7f – 8c – 9d

5

1. Katja Lange und Florian Beck zum „Paar des Jahres"
gewählt wurden. – 2. dass sie seit vier Jahren glücklich
verheiratet sind. – 3. dass sie weiter als Schauspieler
arbeiten wollen. – 4. dass sie sehr beschäftigt sind und
keine Zeit zum Streiten haben.

6

1. unglücklich – 2. unromantisch – 3. verständnislos –
4. humorlos – 5. unehrlich

Test 4
Arbeit im Wandel

1

1. falsch – 2. falsch – 3. richtig – 4. falsch – 5. falsch –
6. falsch – 7. richtig – 8. richtig

2

1. Fluss – 2. Bergwerk – 3. Gold – 4. Bevölkerung –
5. Arbeitsunfall – 6. Schrebergarten – 7. Einkaufszentrum

3

a) 1. e – 2. e – 3. en – 4. en – 5. en – 6. en – 7. en – 8. e –
9. en – 10. e – 11. er – 12. en – 13. es – 14. en – 15. e – 16.
en – 17. e – 18. e – 19. en – 20. en

b) 1e – 2c – 3a

4

1. bekannten – 2. traditionellen – 3. kleine – 4. glatten –
5. teure – 6. dienstliche – 7. starke – 8. vollen – 9. frischen
– 10. steilen – 11. gesetzlichen – 12. hohen

Test 5
Schule und lernen

1

1f – 2b – 3e – 4c – 5a

2

1. Grundschule/Realschule – 2. Gesamtschule/Schul-
system – 3. Gymnasiasten/Studienplatz – 4. Zeugnis –
5. Stundenplan – 6. Klassenraum – 7. Hausmeister

3

2. Wenn wir doch mehr Sport machen könnten! –
3. Wenn wir doch weniger Klassenarbeiten schreiben
würden! – 4. Wenn wir doch schon mit der Schule fertig
wären. – 5. Wenn wir doch später mit der Schule
anfangen würden! – 7. Ich wünschte, ich könnte meinem
Kind beim Lernen helfen! – 8. Ich wünschte, mein Kind
würde lieber zur Schule gehen. – 9. Ich wünschte, mein
Kind hätte bessere Zeugnisse! – 10. Ich wünschte, die
Lehrer wüssten mehr über die Kinder!

4

1. denen sie sich gut verstehen – 2. der spannend ist –
3. in denen sie spielen können – 4. die lernen wollen –
5. in der es nicht so viele Schüler gibt – 6. mit denen man
gut zusammenarbeiten kann – 7. den ihre Kinder mögen
– 8. die seine Schüler ihm stellen

Test 6
Klima und Umwelt

1

1e – 2c – 3b – 4h

2

1. Die Menschen werden umweltbewusster leben. – 2. Sie
werden nicht mehr so oft mit dem Flugzeug verreisen. –
3. Man wird mehr öffentliche Verkehrsmittel benutzen. –
4. Wir werden Strom und Wasser sparen. – 5. Ich werde
weniger Fleisch und Käse essen.

3

1e: Wegen des Klimawandels – 2b: Wegen der Erderwärmung – 3d: Wegen der Hitzewelle – 4c: Wegen des
Sturms – 5f: Wegen der Umweltfolgen des Reisens –
6a: Wegen der CO_2 Produktion

4

1. Je wärmer es auf der Erde wird, desto schneller schmelzen
die Gletscher. – 2. Je schneller die Gletscher schmelzen, desto
öfter gibt es Lawinen. – 3. Je öfter es Lawinen gibt, desto
mehr Skigebiete müssen schließen. – 4. Je mehr Skigebiete
schließen müssen, desto weniger Wintersporttouristen
kommen. – 5. Je weniger Wintersporttouristen kommen,
desto stärker sinkt die Zahl der Arbeitsplätze.

5

1. Nicht der Autoverkehr, sondern der Flugverkehr ist das
größte Umweltproblem. – 2. Nicht in den Bergen, sondern in den Küstenregionen gibt es die meisten Wetterkatastrophen. – 3. Nicht nur die Politiker, sondern alle
Leute müssen etwas für die Umwelt tun.

Test 7
Das ist mir aber peinlich!

1

a) 1f – 2c – 3a – 4d

b) 1b – 2c – 3f – 4h – 5a – 6e – 7d – 8g

2

1. Tina nimmt ihre Kamera ins Museum mit, obwohl man
dort nicht fotografieren darf. – 2. Obwohl Stefan das
indische Essen nicht schmeckt, macht er der Köchin ein
Kompliment. – 3. Obwohl Tanja kein Japanisch spricht,
kann sie ein paar Wörter sagen. – 4. Ben geht mit
Badeschuhen in die Kirche, obwohl das verboten ist.

3

1. Nachdem Peter verschlafen hatte, fuhr er zu schnell mit
dem Auto zur Arbeit. – 2. Nachdem er einen Unfall
gehabt hatte, besuchte ihn seine Familie im Krankenhaus.
– 3. Nachdem Peter aus dem Krankenhaus gekommen
war, blieb er vier Wochen zu Hause. – 4. Nachdem Peter
wieder gesund geworden war, kaufte er einen neuen
Wecker. – 5. Nachdem Peter einen neuen Wecker gekauft
hatte, verschlief er nie wieder.

4

2. leben – 3. wirkt – 4. passt – 5. wächst – 6. folgt

Test 8
Generationen

1

a5 – b3 – c7 – d4 – e1 – f8 – g2 – h11 – i10 – j6 – k9

2

1. Seit ich im Generationenhaus lebe, fühle ich mich viel jünger. –
2. Seit Mama und ich hier wohnen, habe ich viel mehr Freunde
zum Spielen. – 3. Ich kann in Ruhe arbeiten, seit Oma Marta auf
meine Tochter aufpasst. – 4. Ich habe wieder eine Aufgabe, seit

ich mich um die kleine Mia kümmere.

3

1. ihrer – 2. ihres – 3. unseres – 4. meiner – 5. ihrer –
6. ihrer – 7. meiner – 8. ihrer – 9. unserer – 10. ihrer

4

1. Das perfekte Haus hat nicht nur genug Zimmer für alle,
sondern auch einen großen Garten. – 2. Die Bewohner
sind weder zu laut noch zu leise. – 3. Die Rentner spielen
nicht nur mit den Kindern, sondern helfen ihnen auch bei
den Hausaufgaben. – 4. Die alten Leute müssen weder
alleine einkaufen, noch alleine essen. – 5. Alle haben nicht
nur viel Spaß miteinander, sondern helfen sich auch bei
Problemen. – 6. Es ist aber nicht nur immer schön,
sondern manchmal auch schwierig.

Test 9
Migration

1

1. falsch – 2. richtig – 3. falsch – 4. richtig – 5. richtig

2

1. wurde ... eröffnet – 2. werden ... gezeigt – 3. werden ...
erzählt – 4. wurde ... entwickelt – 5. wird ... gesprochen –
6. wird ... gedruckt

3

1b – 2f – 3d – 4a – 5g – 6h – 7e – 8c

4

1. Amina, deren Mann schon vorher ausgewandert war,
kam 1970 nach Stuttgart. – 2. Hamit, dessen Job gut
bezahlt war, wollte in Deutschland bleiben. – 3. Aminas
Kinder, deren Heimat Deutschland ist, wollen nicht nach
Syrien zurück.

5

2. Sie lässt sie die Tomaten halbieren. – 3. Sie lässt sie die
Kartoffeln kochen. – 4. Sie lässt sie die Suppe
abschmecken. – 5. Sie lässt sie das Brot schneiden.

6

2. Dann mischt man die Zutaten für die Füllung. –
3. Man formt den Teig und die Füllung zu Taschen. –
4. Schließlich kocht man die Maultaschen 10 bis
15 Minuten.

Test 10
Europa

1

1b – 2d – 3g – 4a – 5h – 6c – 7f – 8e

2

1. Freiheit – 2. Vergangenheit – 3. Sicherheit –
4. Schwierigkeiten – 5. Unabhängigkeit – 6. Möglichkeit –
7. Mehrsprachigkeit

3

1. von – 2. an – 3. für – 4. über – 5. auf – 6. über –
7. Wovon – 8. Woran – 9. Wofür – 10. Worüber –
11. Worauf – 12. Worüber

4

1. Die Wohnungssuche ist oft schwierig. Trotzdem hat
Inken schnell ein Zimmer gefunden. – 2. Inken macht
einen Niederländisch-Intensivkurs. Trotzdem macht sie
noch viele Fehler. – 3. Sprachenlernen braucht Zeit.
Trotzdem würde Inken gern sofort Niederländisch
können.

5

1. Man kann entweder ein Jahr im Ausland verbringen
oder die Sprache im eigenen Land lernen. – 2. Man kann
sich entweder bei einer Sprachschule anmelden oder
einen guten Privatlehrer finden. – 3. Man kann entweder
einen Online-Kurs machen oder sich einen Tandem-
Partner suchen.

6

2. Sie brauchen nicht zu studieren. – 3. Sie brauchen keine
Wohnung zu suchen. – 4. Sie brauchen keine E-Mails zu
schreiben.

Gesamttest
Einheit 1–5

Lesen

1 richtig – 2 falsch – 3 richtig – 4 richtig – 5 falsch –
6 falsch
7c – 8b – 9c – 10b – 11a – 12b
13f – 14d – 15O – 16i – 17j – 18e – 19b
20 nein – 21 ja – 22 ja – 23 nein – 24 nein – 25 ja –
26 nein
27b – 28c – 29a – 30b

Hören

1 falsch – 2b – 3 falsch – 4a – 5 falsch – 6c – 7 richtig –
8b – 9 falsch – 10c
11a – 12c – 13a – 14a – 15c
16 richtig – 17 falsch – 18 richtig – 19 falsch – 20 falsch –
21 richtig – 22 falsch
23c – 24b – 25b – 26c – 27b – 28a – 29c – 30c

Lesen

1 falsch – 2 falsch – 3 falsch – 4 richtig – 5 falsch –
6 richtig
7b – 8a – 9a – 10c – 11b – 12b
13e – 14O – 15g – 16b – 17h – 18d – 19a
20 ja – 21 ja – 22 nein – 23 nein – 24 ja – 25 nein –
26 nein
27a – 28b – 29b – 30c

Hören

1 falsch – 2b – 3 richtig – 4a – 5 richtig – 6a – 7 richtig –
8c – 9 richtig – 10a
11c – 12b – 13b – 14a – 15a
16 falsch – 17 richtig – 18 richtig – 19 falsch – 20 falsch –
21 richtig – 22 falsch
23b – 24c – 25b – 26c – 27b – 28b – 29b – 30c

Lesen

1 richtig – 2 falsch – 3 falsch – 4 falsch – 5 richtig –
6 richtig
7b – 8c – 9c – 10b – 11a – 12c
13j – 14O – 15f – 16i – 17g – 18c – 19b
20 ja – 21 nein – 22 nein – 23 nein – 24 nein – 25 ja –
26 ja
27c – 28a – 29b – 30a

Hören

1 richtig – 2c – 3 falsch – 4c – 5 falsch – 6b – 7 falsch –
8a – 9 richtig – 10c
11b – 12b – 13a – 14b – 15c
16 falsch – 17 richtig – 18 richtig – 19 falsch – 20 falsch –
21 falsch – 22 richtig
23b – 24b – 25c – 26c – 27b – 28c – 29b – 30a

Bildquellenverzeichnis des Testhefts